D1722429

Die Armenier
Schicksal · Kultur · Geschichte

DA Verlag Das Andere

TESSA HOFMANN

DIE ARMENIER

SCHICKSAL · KULTUR · GESCHICHTE

Verlag und Autorin danken allen, die Texte, Übersetzungen, Fotos und Karten für dieses Buch zur Verfügung gestellt haben. Ganz besonders danken wir dem Jerewaner Handschriftenarchiv Matenadaran für die kostenlose Überlassung von zwölf Abbildungen von Buchmalereien.

Inhalt

Drei Jahrtausende Unterdrückung und Behauptung

Annäherung an ein entferntes Land 9
Armenische Geschichte: ein parteilicher Überblick 16
Die große Tragödie eines kleinen Volkes 31
Der Kampf ums Überleben 46
Arzach (Karabach) – umkämpfte Festung der Armenier 51

Vertraute Fremde, fremde Heimat: Das Leben im Exil 79

Der innere Zusammenhalt 89
»Bindestrich Identitäten«: Armenier in ihren Gastländern 105
Der »weiße Genozid« 109

Die Glaubenswelt

Vorchristliche Religionen 113
Die armenisch-apostolische Kirche 123
»Ketzer« und »Irrlehren« 130
Missionare, Märtyrer und Proselytenmacherei 139
Kirchliche Verfassung 149
Dogmatische und liturgische Besonderheiten 156

Die Welt der Zeichen 159

Sprache und Schrift
Die Sprache 163
Die Schrift 167

Armeniens Literatur 171
Die altarmenische Literatur 175
Die neuarmenische Literatur 211
Die armenische Literatur der Sowjetzeit 224
Die Literatur der Diaspora 240

Die Malerei 246
Die Buchmalerei 256
Bildbetrachtungen

Die Anfänge 258
Vom Grabestempel bis zur Paradiespforte 261
Evangelistenporträts 267
Titelblätter 273
Symbolik 275
Szenische Darstellungen 284

Die Baukunst 292
Kreuzsteine 315

**Wir und Armenien:
Eine Bitte statt eines Schlußwortes** 325

Kontaktadressen 333

Glossar 335

Zeittafel 344

Benutzte und weiterführende Literatur 358

Drei Jahrtausende
Unterdrückung und Behauptung

Annäherungen an ein entferntes Land

Nach biblischer Überlieferung lag das verlorene Paradies im Quellgebiet von Euphrat, Tigris und Arax, den Flüssen Armeniens. Später landete Noahs Arche am heiligen Berg Ararat, dem höchsten und eindrucksvollsten der armenischen Vulkankegel. Doch die modernen Karten verzeichnen nur noch ein winziges Restgebilde des ehemaligen Armenien, ohne die alten Landmarken Euphrat, Tigris und Ararat.

Es handelt sich um die vormalige Sowjetrepublik Armenien im südlichen Transkaukasus, die mit 29 800 km² flächenmäßig kleinste der 15 Unionsrepubliken der einstigen UdSSR. 1990 nahm sie, in Anlehnung an den bürgerlichen Vorgängerstaat von 1918, die Bezeichnung »Republik Armenien« an. Diese Republik umfaßt jedoch lediglich einen Bruchteil des historischen Siedlungsraumes, der sich über 400 000 km² zwischen dem Pontos im Norden, dem Kleinen Kaukasus im Osten, dem Antitaurus im Südwesten sowie der mesopotamischen Tiefebene im Süden erstreckte. 300 000 km² dieser gewaltigen Fläche bildeten das von den Römern so genannte »Großarmenien« (»Armenia maior«), an das sich westlich »Kleinarmenien« (»Armenia minor«) zwischen dem Euphrat und der Stadt Sebaste (heute: Sivas) anschloß. Südwestlich, von Kleinarmenien durch das Taurus-Gebirge getrennt, folgte Kilikien, ein fruchtbarer Landstrich am östlichen Mittelmeer, mit dem heutigen Adana als Hauptstadt.

Das Armenische Hochland ist zweierlei zugleich: Brücke zwischen Vorderasien und Europa sowie trennender Gebirgsriegel. Dieser Doppelcharakter prägte sein Schicksal vom Beginn sei-

ner Geschichte an. So befindet es sich zwar in handelsmäßig günstiger, strategisch jedoch fataler Zentrallage zwischen den angrenzenden Hochebenen Anatoliens und Irans, zwischen Mesopotamien und Kaukasien.

Bedeutende Landhandelswege des Altertums kreuzten sich hier: die über den Kaukasus beziehungsweise die kaspischen Küstenwege verlaufende Nord-Süd-Verbindung zwischen Osteuropa und Kleinasien mit der vom Iran zum Schwarzen Meer verlaufenden Ost-West-Achse sowie der nach Indien und China führenden Seidenstraße. Wer Armenien besaß, kontrollierte nicht nur den Fernhandel, sondern auch die Einfallswege zu den reicheren Nachbarstaaten. Das weckte Begehrlichkeiten und machte das Armenische Hochland vom Beginn seiner überlieferten Geschichte zum Zankapfel der anrainenden östlichen und westlichen Hegemonialmächte: Im Osten waren dies der Iran und ab 1827 Rußland. Im Westen wechselten Rom, Byzanz sowie die Türken einander in der Herrschaft über Armenien ab.

Doch obwohl ihre Heimat oftmals durch Raubzüge und Eroberungen verwüstet wurde, obwohl die Eroberer sie zerstückelten und viermal teilten, gelang den Armeniern mehr als das bloße Überleben. Trotz Knechtung, Vertreibung und selbst blutigster Verfolgungen begründeten immerhin fünf Adelsgeschlechter Königsdynastien, die im Glücksfall sogar autonom über Armenien herrschten. Es handelte sich um die Jerwandiden (570 – 2. Jh. v. Chr.), Artaschiden (191 – 12 v. Chr.), Arschakiden (53 – 387/428), Bagratiden (862 – 1045) sowie Rubeniden (1080 – 1375). Die Entstehung einer armenischen Staatlichkeit ermöglichte und begünstigte die Entwicklung und Ausprägung einer Nationalkultur, die nach allgemeiner armenischer Auffassung zwar europäisch und christlich bestimmt war, zugleich aber

Landschaft am Aragaz,
dem dritthöchsten Berg Armeniens.

Das historische Armenien

auch unverkennbare Züge ihrer orientalischen Umgebung besitzt.

Doch nicht allein Armeniens geographische Lage prägte sein Schicksal. Dieses wurde ebenso durch seine physikalische Beschaffenheit bestimmt. Die Durchschnittshöhe des Hochlandes beträgt 1700 m. Die Klimaverhältnisse sind rauh und extrem kontinental: kurze, aber bitterkalte Winter, auf die lange, trockene und glühend heiße Sommer folgen. Zahlreiche, meist von Südost nach Nordwest verlaufende Gebirgszüge gliedern das Land in wirtschaftliche und politische Einzelregionen, von denen einige sich dank ihrer abgeschiedenen oder schwer zugänglichen Lage zu idealen Rückzugs- und Widerstandsgebieten in Zeiten der Verfolgung und Unterdrückung entwickelten: Sassun in Südarmenien, Arzach (Karabach) und Sjunik in Nordost-armenien, der kleine Stadtstaat Sejtun im Antitaurus. Hier an der Peripherie, und nicht in den oftmals eroberten und verwü-steten wirtschaftlichen, politischen und kulturellen Zentren Ar-meniens, überlebten sein Kampf- und Widerstandsgeist, sowie die Reste seiner Staatlichkeit. Die Zersplitterung Armeniens in eigenständige Regionen erschwerte zugleich jegliche politische Zentralisierung, förderte den ohnedies stark ausgeprägten Regionalismus und den anarchischen Individualismus seiner Einwohner, begünstigte aber auch das Überleben unter Fremd-herrschern. Denn so schutzlos Armenien als Ganzes deren Will-kür preisgegeben war, so unwirksam erwiesen sich letztlich alle Versuche, das niemals unter einer Zentralgewalt geeinte Land in den Griff zu bekommen. Dank seiner Gebirgsnatur entzieht sich Armenien einer vollständigen Vereinnahmung und Unter-werfung.

Und noch ein Drittes bedingt die Eigenart des armenischen Vol-kes: Armenien ist arm. Seine herbe Schönheit, die Erhabenheit seiner weitläufigen, stellenweise wild zerklüfteten Landschaf-ten und die Majestät seiner alten, erloschenen Vulkanriesen täu-schen darüber nicht hinweg. Wasserarmut und ein allzu steiniger Boden sind seit alters der Fluch des armenischen Bauern, der erst tonnenweise Gestein abtragen muß, bevor er ein Stück Land beackern kann. Nur durch vermehrten Fleiß und Erfin-dungsreichtum lassen sich die naturbedingten Nachteile wett-machen. Nicht zufällig entstanden gerade im Armenischen Hochland frühe und hochentwickelte Bewässerungskulturen.

Unterschiedlichste, bisweilen sogar gegensätzliche Faktoren prägen mithin den Geist und das Wesen des armenischen Volkes. Denn um unter den extrem widrigen natürlichen und politischen Verhältnissen ihrer Heimat überleben zu können, benötigen die Armenier sowohl Anpassungsbereitschaft und Aufgeschlossenheit, als auch ein beinahe stures Beharrungsver-mögen, märtyrergleichen Widerstandsgeist sowie strengen Konservatismus. Sie mußten biegsam wie das sich dem Sturm unterwerfende Schilfrohr sein und zu anderen Zeiten sich standhaft wie eine Eiche auf dem Berggipfel vom Wind peitschen lassen. Bei extremer Ausprägung schlagen solche Qualifikationen freilich in Untugenden um und legen weniger schmeichelhafte Beschreibungen nahe.

Schon der römische Historiker Cornelius Tacitus (ca. 60−117) bezeichnete die Armenier als »gens ambigua« als »zwielichtiges Volk«. Vom Standpunkt römisch-imperialistischen Denkens aus waren damit die Anpassungsversuche kleiner Völker an wechselnde politische Zwänge abgetan. Noch drastischer drückten sich europäische Autoren im 19. und frühen 20. Jahrhundert aus, die die Armenier damals während eines der tragischsten Abschnitte ihrer Geschichte kennengelernt hatten. Sie erlebten die armenische Anpassungsfähigkeit als devote, charakterlose Unterwerfung unter Willkür und fremdes Diktat, als Doppelzüngigkeit und Doppelmoral, während der armenische Widerstandsgeist im Extremfall zur intoleranten Sturheit, philisterhaften Selbstgerechtigkeit und dogmatischen Prinzipienreiterei ausartete. Von welcher Warte aus auch ge- oder verurteilt wurde, eine Beobachtung teilten viele Autoren: Im Charakter und Verhalten der Armenier vereint sich das scheinbar Unvereinbare − kompromißlose Freiheitsliebe und eine daraus ableitbare Neigung zum politischen Liberalismus mit striktem Konservatismus im Familien- und Sozialleben. Ähnliche Paradoxien zeigen sich im künstlerischen und intellektuellen Temperament der Armenier, befähigen diese zu ihren faszinierenden Gratwanderungen zwischen Erneuerung und Bewahrung. Das Ergebnis war eine Hochkultur, die uns in beinahe allen ihren Erscheinungsformen nicht nur durch die Fülle ihrer Ausdrucksmittel beeindruckt, sondern mehr noch durch die Synthese verschiedenster Fremdeinflüsse und deren Umarbeitung zu völlig eigenständigen Aussagen.

Armenische Geschichte: ein parteilicher Überblick

Die Armenier blicken auf eine Geschichte von dreieinhalb Jahrtausenden zurück. Sie kann hier auch nicht annähernd repräsentativ wiedergegeben werden. Statt dessen folgt ein Überblick aus armenischer Sicht, der jene Ereignisse würdigt, die der armenischen Erinnerung wichtig erscheinen. Und das Erinnern ist eine der ausgeprägtesten Eigenarten der geschichtsbewußten Armenier, ebenso das Wissen um die geschichtliche Relativität: Denn im Verlauf ihrer wechselhaften Geschichte wurden die Armenier so oft Zeugen des Aufstiegs und Verfalls von Reichen, ja ganzen Völkern, daß sie dem Machtanspruch gegenwärtiger Herrscher gelassen begegnen, wissend, daß auch deren Tage gezählt sind und die Geschichte das Wort *ewig* nicht kennt. Diese Bedingtheit der Gegenwart stets vor Augen, gelangen Armenier bei der Vergangenheitsbetrachtung ebenfalls zu eigenständigen Ergebnissen.

Zum Gradmesser für die Beurteilung wurde das Überleben, allerdings nicht um jeden Preis, zumindest nicht um den der Erniedrigung. Bis in die Gegenwart hinein haben sich Armenier allzu großem Druck und allzu starker Unterdrückung stets widersetzt. Darum ist armenische Geschichtsschreibung weniger eine Aufzählung von glänzenden Siegen, als eine Chronik des Widerstands und des Opfermuts. Ihrer Veranlagung nach sind die Armenier kein kriegerisches Volk, wohl aber im Verzweiflungsfall mutig und kämpferisch. Geschichtliche Größe bemessen sie nicht nach den Erfolgen des Staates, nicht nach seinen Eroberungen und seinen Stärken, sondern nach den kulturellen Leistungen der Völker. Als Bauern und Handwerker wußten Armenier stets von der Mühsal und der Dauer des Pflügens, Säens und Pflanzens, des Bauens und Bewahrens, ebenso

Die armenische Lebensweise und Kultur sind zutiefst
von Seßhaftigkeit und Ackerbau geprägt.
Der historische Stich zeigt einen Bauern, mit Ochsen pflügend.

von den Verheerungen des Krieges und der rohen Willkür. Jegliche Todesmystik, jeglicher Gewaltkult sind diesem zutiefst lebensbejahenden Volk innerlich fremd geblieben. Der Barbarei der Zerstörung Widerstand geleistet, sie stets verneint und die Kraft zum ständigen Neuanfang seit Jahrtausenden gefunden zu haben, macht die wahre Größe, Weisheit und Würde armenischer Existenz aus.

Die armenische Geschichtsbetrachtung greift weit in die Vergangenheit zurück. Aus vielen guten Gründen sehen sich die Armenier als Erben jener altkleinasiatischen Kulturen, deren Träger zur churritischen Sprachfamilie zählten und deren erste Staatenbildung zunächst wohl nur lose Stammesverbände waren. In mittelhethitischen Quellen werden die Hajassa (15.–13. Jh. v. Chr.) im Dreieck der Städte Erzincan-Trapesunt-

Erzurum, in mittelassyrischen Inschriften die »acht Länder von Uruartri« bzw. »40 Könige der Nairi-Länder« westlich des Wan-Sees erwähnt. Der hethitisch belegte erste Vorgängerstaat Hajassa scheint in der armenischen Eigenbezeichnung des Landes — »Hajastan« — sowie im Volksnamen (»haj/k«=Armenier) fortzuleben. Möglicherweise ist aber schon das um 1670 v. Chr. in Ägypten auftauchende churritisch-kanaanitische Reitervolk der Hyksos mit den »hajk« identisch. Denn zumindest Teile der Hyksos stammten aus dem Armenischen Hochland, bevor sie über Syrien und Nordmesopotamien in den Vorderen Orient eindrangen.

Im 9. Jahrhundert v. Chr. schlossen sich die Nairi-Völker zu dem mächtigen Staat Biainili zusammen, dessen Zentrum die Stadt und Festung Wan am gleichnamigen See wurde. Der Nachwelt ist Biainili unter der Bezeichnung seiner assyrischen Nachbarn als Urartu geläufiger. Seine Leistungen auf dem Gebiet der Rinder- und Pferdezucht, des Obstbaus und der Melioration beeindrucken bis heute; noch immer funktionieren zum Beispiel Teile jenes 71 Kilometer langen Kanals, den König Menua

(810–785 v. Chr.) in der Wan-Ebene bauen ließ und der spätere Generationen so in Erstaunen versetzte, daß sie ihn der halblegendären assyrischen Königin Schamiram (Semiramis) zuschreiben. Eine weitere urartäische Kulturleistung stellt die Metallverarbeitung dar, bei der auch kompliziertere Techniken vollendet beherrscht wurden (z. B. Schmieden, Treiben, Ziselieren, Bronzeguß im Wachsausschmelzverfahren).

Auf dem Höhepunkt seiner Machtentfaltung umfaßte Urartu das Gebiet zwischen den drei Seen Wan, Sewan und Urmia. Durch die Kämpfe mit seinem ständigen Rivalen Assyrien bald geschwächt, ging Urartu jedoch an den Angriffen der iranischstämmigen Skythen (ca. 585 v. Chr.) und endgültig dann an denen der Meder zugrunde. Die Ethnogenese des armenischen Volkes fällt in diese Untergangsphase. Die dreisprachigen Säuleninschriften des persischen Großkönigs Darios I. bei Behistun erwähnen erstmals »Arminya«, den heute allgemein bekannten Landesnamen, zugleich aber noch Urartu als Synonym für »Arminya«, was die Identität von Urartu und Armenien belegt.

Seine größte politische und militärische Machtentfaltung erlangte Armenien unter seinem kriegerischen König Tigran II. (95–55 v. Chr.), der, mit seinem Schwiegervater Mithridates VI., dem Herrscher des Pontischen Reiches, verbündet, geschickt eine vorübergehende Schwäche der damaligen vorderasiatischen Großmächte Rom und Parthien nutzte und sein Herrschaftsgebiet bis zum Kaspischen und Mittelmeer ausdehnte, unter Einschluß von Kilikien, Kommagene und Nordsyrien. Freilich war dieses Großreich nur von kurzer Dauer. Tigrans Syrienfeldzug rief Rom auf den Plan, dessen Feldherr Pompejus 66 v. Chr. Armenien seine südlichen Eroberungen wieder abnahm und Tigran in die Gefolgschaftspflicht zwang. Im Bewußtsein des

Das Zentrum der Urartäer, des Vorgängervolkes der Armenier, lag in Tuschpa nahe der heutigen Stadt Wan. Ein Stich aus dem 19. Jahrhundert zeigt die urartäische Felsenfestung.

König Trdat III. erhob im Jahre 301
das Christentum zur Staatsreligion Armeniens.

armenischen Volkes lebt jedoch nicht die Erinnerung an diese Niederlage, auch nicht die Erinnerung daran, daß Tigran von seinem eigenen Sohn verraten wurde, sondern vielmehr der Stolz auf die einstige militärische Bedeutung im Gegensatz zu den folgenden Jahrhunderten der politischen Ohnmacht und Erniedrigung.

Die für Armenien folgenreichsten Ereignisse fallen jedoch in die Periode der Arschakidenherrschaft. Bezeichnenderweise sind sie überwiegend geistesgeschichtlicher Art. Im Jahre 53 gelangte mit Trdat I. ein Bruder des im Iran herrschenden parthischen Arschakiden Wararsch (Vologeses) I. zur Macht. Die Arschakiden hielten sich in Armenien sogar 200 Jahre länger als im Iran, wo sie 228 von den Sassaniden gestürzt und blutig verfolgt wurden. Der Kampf um die Königsmacht wuchs sich zum Religionskrieg aus: Bemüht um die Wiederherstellung der einstigen Größe des persischen Achämenidenreiches, versuchten die Sassaniden, auch in dem zu ihrer Einflußsphäre gehörenden armenischen Gebiet die altiranische Awesta-Lehre (Masdaismus) und den damit verbundenen Feuerkult neu zu beleben. Das trieb den armenischen Arschakidenkönig Trdat III. (287–330) dazu, die bisherige Ostorientierung der Arschakiden aufzugeben und sich römischer Unterstützung zu vergewissern. Religionspolitisch antwortete Trdat auf die persische Herausforderung mit dem Versuch, der masdaistischen Mission erst eine Wiederbelebung des altarmenischen Götterglaubens entgegenzusetzen, wandte sich dann aber der neuen Religion des Christentums zu, das er 301 zur Staatsreligion erhob. Seine feste Verankerung im Volk sicherte Anfang des 5. Jahrhunderts die Übersetzung der Bibel in die Landessprache, ein damals revolutionäres und, von wenigen Ausnahmen abgesehen, beinahe beispielloses Unterfangen, da die Heilige Schrift kanonisch an die biblischen Sprachen Griechisch, Aramäisch beziehungsweise Altsyrisch sowie, im westkirchlichen Bereich, an das Lateinische gebunden war.

Mit der Einführung und Verankerung des Christentums schufen

die Arschakiden jene spirituelle und kulturelle Grundlage, die auch über die Ära dieses Herrscherhauses hinaus das Volk einte und zum Widerstand gegen fremde Assimilationsversuche befähigte. 428 löste der sassanidische Schah das armenische Königshaus auf und ersetzte die Arschakidenkönige durch »Marspane« (Statthalter), die bis 634 über Ostarmenien herrschten. Zu dieser Zeit hatte das armenische Christentum bereits den Charakter einer Volksreligion angenommen. Religiöses Bekenntnis und nationale Identität verschmolzen zu einer fortan untrennbaren Einheit, wobei der Kirche, in Ermangelung einer nationalen weltlichen Macht, auch die Aufgabe zukam, armenische Grundinteressen zu verteidigen. Als Schah Jesdegerd II. (439–457) um 449 mit blutigen Verfolgungen den Armeniern den Feuerkult aufzuzwingen versuchte, rief die armenische Kirche zum Widerstand auf. So kam es am 26. Mai des Jahres 451 auf der Ebene von Awarajr zur Entscheidungsschlacht: Unter der Führung des armenischen Adeligen Wardan Mamikonjan stellten sich 60 000 Krieger den dreifach überlegenen Persern, im Stich gelassen auch von der damaligen christlichen Hegemonialmacht Byzanz. Wardan, acht seiner Generäle und 1026 armenische Glaubenskämpfer fielen in diesem ungleichen Kampf. Im Orient gelten jedoch Grundsatz- und Glaubenstreue mehr als rein militärische Stärke und Überlegenheit. Der Kult um die Märtyrer von Awarajr, derer das armenische Volk und seine Kirche alljährlich am »Festtag der Wardaner« (Wardanank) gedenken, entspringt einer solchen Sichtweise. In der Rückschau erscheint die militärisch aussichtslose Schlacht als Glaubenssieg. Denn es bedurfte des Märtyrertodes Wardans und seiner Getreuen, um die Flamme des Aufruhrs in Armenien soweit anzufachen, daß der Kampf letztendlich zum Sieg führte. Wardans Neffe Wahan Mamikonjan setzte den Guerillakrieg bis 484 fort und erreichte, daß Persien schließlich die Zwangsbekehrungen einstellte und Armenien Glaubensfreiheit gewährte. Ein halbes Jahrhundert darauf brach das einst mächtige Sassanidenreich unter den Angriffen der Araber zusammen. Persien, das kurz zuvor seinen armenischen Nachbarn den eigenen

Glauben aufzuzwingen versucht hatte, wurde nun selbst mit Feuer und Schwert zur Annahme einer fremden Religion, des Islam, getrieben, was auch zu einer weitreichenden kulturellen Arabisierung führte. Das viel schwächere Armenien aber überlebte die zweihundertjährige Oberherrschaft der Kalifen ohne vollständige Unterwerfung, ohne Verleugnung seines Glaubens und seiner Kultur. Armeniens Chronisten verzeichnen sowohl milde, tolerante arabische Herrscher, vor allem aus der Omaijaden-Dynastie, als auch äußerst grausame Glaubensunterdrückung mit Kreuzigungen, Scheiterhaufen, Klosterzerstörungen und Mönchsverfolgungen gegen Ende des 8. Jahrhunderts, als die Araber versuchten, die christlich geprägte Landeskultur auszulöschen und den armenischen Adel zu vernichten. Unter dem Kalifat der Abbassiden wurde der Steuerdruck so unerträglich, daß sich die Bevölkerung 747 und 771, erneut unter der Führung der charismatischen Mamikonjan-Familie, gegen die Araber erhob.

Ein selbstkritischer Blick auf die Vergangenheit verbietet Armeniern allerdings den ausschließlichen Stolz auf die ruhmvolle Widerstandsgeschichte. Die Geschichte des 8. und 9. Jahrhunderts ist ebenso reich an Beispielen verhängnisvoller Zwiste im armenischen Hochadel: Der arabische Bürgerkrieg (744–750) und die arabisch-byzantinische Gegnerschaft, ausgetragen auf armenischem Boden, spalteten zwei der führenden Adelsfamilien, die probyzantinischen Mamikonjan sowie die den Omaijaden ergebenen Bagratiden, deren Angehörige sich mit und ohne Zutun der rivalisierenden Großmächte auf das grausamste verfolgten und niedermetzelten. Als Ergebnis dieser Adelskämpfe gingen die Mamikonjan, denen Armenien seine vornehmsten und tapfersten Freiheits- und Glaubenskämpfer verdankte, unter, ebenso einige andere Adelshäuser aus vorarabischer Zeit (Rschtuni, Kamsarakan). Schließlich aber bewogen eine byzantinische Intervention, innere Schwierigkeiten des Kalifats sowie die an seiner Ostgrenze herandrängenden Türken die Araber zum Einlenken. Schon 806 mußten sie ein armenisches Fürsten-

tum unter dem Bagratiden Aschot Msaker anerkennen. Seinem Enkel Aschot I. verlieh der Kalif 862 den Königstitel, und der byzantinische Kaiser Basileios I., selbst armenischer Abstammung, sandte zum Zeichen seiner Anerkennung des Thronanspruchs eine Krone.

Für die Armenier bildet das etwa 200 Jahre während Bagratidenreich eine Glanzzeit ihrer Geschichte, zumal es seine Unabhängigkeit unter äußerst schwierigen Bedingungen – als christliches Bollwerk in einer zunehmend islamischen Umwelt, aber auch gegen die wachsenden Ansprüche der Byzantiner – behaupten mußte. Seine Blüte erreichte es unter dem politisch wie militärisch erfolgreichen König Gagik I. (989–1020), der auch die Hauptstadt Ani prachtvoll ausbauen ließ. Ani, als »Stadt der 1001 Kirchen« berühmt und auf einer Felszunge unmittelbar an der heutigen armenisch-türkischen Staatsgrenze gelegen, beeindruckt selbst noch als Ruinenstadt und trotz Vernachlässigung und Zerstörung durch die Türken. Zur Zeit seiner Blüte aber besaß diese Metropole die für die damalige Zeit außerordentlich große Einwohnerzahl von 100 000 und konnte es hinsichtlich ihres Reichtums und der Schönheit ihrer weltlichen wie sakralen Repräsentativbauten mit vergleichbaren westeuropäischen Städten aufnehmen.

Doch nicht einmal dem mächtigen König Gagik gelang es, die innere Schwäche und die äußeren Feinde des Bagratidenstaates endgültig zu überwinden. Nominell besaßen zwar die Bagratidenherrscher die Oberhoheit über sämtliche armenische Fürsten, doch einzelne Territorialfürstentümer, darunter die Könige von Georgien oder der südarmenischen Provinz Waspurakan, versagten immer wieder ihre Gefolgschaft; das Fürsten- beziehungsweise Königtum Waspurakan (seit 868

Noch als Ruine beeindruckt Ani, die Hauptstadt des nordarmenischen Bagratidenreiches (9. bis 11. Jh.).
Blick auf die Kathedrale vom Haupteingang der Stadt aus.

bzw. 908) war mit Billigung des Kalifats entstanden und wurde durch die von den Abbassiden begünstigten Arzruni von der Wan-Insel Achtamar aus regiert.

Das christliche Byzanz förderte solche zentrifugalen Kräfte im armenischen Nachbarland noch stärker als vor ihm die Perser und Araber. Es erlangte dadurch den traurigen Ruhm, eigentlicher Totengräber eines wehrhaften und blühenden christlichen Staates geworden zu sein, zudem des letzten, der Byzanz im Osten vor den im 11. Jahrhundert aus Mittelasien anstürmenden seldschukischen Türken schützte. Denn nachdem sich die Byzantiner ab 966 eine armenische Provinz nach der anderen einverleibt und 1045, durch Verrat und Betrug, sich sogar der zuvor mehrfach erfolglos berannten BagratidenHauptstadt Ani bemächtigt hatten, schlug ihre politische Kurzsichtigkeit auf sie zurück; nun rächte sich auch, daß sie die Bevölkerung ganzer Landstriche nebst Fürsten nach Kappadokien beziehungsweise Kilikien hatten umsiedeln lassen, ohne daß es den Byzantinern gelungen wäre, die so entvölkerten Gebiete zu befestigen und erfolgreich gegen die Türken zu verteidigen. 1064 mußten sie Ani den Seldschuken überlassen, die seine Einwohner alsbald niedermachten oder in die Sklaverei verkauften. Am 19. August 1071 kam es bei Manaskert (Manzikert) zur byzantinisch-seldschukischen Entscheidungsschlacht, bei der Byzanz Armenien für immer verlor.

Ein armenisches Sprichwort besagt, daß eine mächtige Eiche Hunderte von Jahren grünt, und selbst wenn sie fällt, wird sie für weitere einhundert Jahre Blätter treiben. So erging es auch der Bagratiden-Dynastie. Ein Seitenzweig dieses tatkräftigsten und durchsetzungsfähigsten aller armenischen Adelshäuser etablierte ab dem 10. Jahrhundert eine bis zum Anschluß an Rußland (1806) während Königsdynastie im georgischen Nachbarland, dem im Machtvakuum zwischen Byzanz, den Kreuzfahrerstaaten, Iran sowie dem Seldschuken-Sultanat von Iconium im 12. und 13. Jahrhundert sogar der Aufstieg zur transkaukasischen Großmacht gelang. Die im Dienste des

georgischen Bagratiden-Hauses stehenden armenischen Feld-
herren aus der Sakarjan-Familie konnten Ende des 12. Jahrhunderts Teile Nordostarmeniens mit den bedeutenden Städten
Ani und Kars den Seldschuken entreißen und damit eine bis
zum Mongoleneinfall (1235/6) währende Renaissance einlei-
ten. Die Widersprüchlichkeit der armenischen Geschichte wollte es, daß zudem an der östlichen und nördlichen Peripherie des
Bagratiden-Reiches Reste dieses Staates in jenen Kleinstaaten
(Taschir, 979—1185; Sjunik, 970—1170) überlebten, deren
Herrscher sich einst den Königen von Ani wiedersetzt hatten.

Der kräftigste Sproß aus dem gefällten Stamm des Bagratiden-
Reiches erblühte jedoch in Kilikien südlich des Armenischen
Hochlandes. Hierher, wo schon zu Zeiten Tigrans des Großen
im Altertum zahlreiche armenische Siedlungen entstanden
waren, flohen nach der Seldschuken-Invasion Zehntausende
Armenier. Ein Abkömmling der Bagratiden-Familie, Prinz
Ruben, gründete dort 1080 ein neuarmenisches Reich.

Sein Nachfolger Lewon I. erhielt mit Zustimmung von Papst
Coelestin III. und Kaiser Heinrich VI. 1198 die Königswürde für
seine den Kreuzrittern unter Kaiser Barbarossa geleisteten
Dienste. Der Niedergang der Kreuzfahrerstaaten ließ den
kilikisch-armenischen Herrscher Hetum I. (1226—1270) das
Schutzbündnis mit dem mongolischen Großchan Moengke
suchen, was den Armeniern Kilikiens zugleich den Haß der
islamischen Welt eintrug, zumal sich armenische Vasallentrup-
pen an der mongolischen Eroberung Bagdads (1258) beteiligten. Den Siegen der ägyptischen Mameluken über die Mongolen folgte 1375 die Einnahme der kilikischen Hauptstadt Sis
und damit das Ende des ersten und einzigen armenischen
Reiches außerhalb des historischen Siedlungsgebiets.

Von der einstigen Residenz der Arzruni, der Herrscher
Südostarmeniens, blieb nur die Ruine der Palastkirche
(Kirche des Hl. Zeichens, 915—921).

Die große Tragödie eines kleinen Volkes

Vom Verlust seiner Eigenstaatlichkeit konnte sich Armenien nie wieder erholen. Den Verwüstungen des Seldschuken-Einfalls folgten ab 1235 die etwa einhundertjährige Mongolenherrschaft mit drastischen Steuererhebungen sowie drei kurze, aber verheerende Einfälle des mittelasiatischen Gewaltherrschers Timur Lenk (1387 bis 1394), seit Ende des 14. Jahrhunderts dann die Herrschaft und Machtkämpfe der rivalisierenden Turkmenenreiche der sogenannten »Weißhammel« und »Schwarzhammel«.

1472 fiel der größere Landesteil noch einmal an Persien, während im Westen die Osmanen Fuß faßten. Die für Armenien äußerst verlustreichen türkisch-persischen Vormachtkämpfe währten bis zur zweiten persisch-türkischen Teilung 1639, nach der Persien nur noch die Provinzen Jerewan und Nachitschewan im Osten blieben, die ihm dann im Oktober 1827 Rußland abnahm. Schon zuvor hatte sich Rußland im Zuge seiner Südexpansion Teile des östlichen Transkaukasus einverleibt, darunter 1804 das armenische Arzach (türk.: Karabach), dessen christlich-armenischer Geschlechteradel die Russen als Befreier begrüßte, da zwei Fünftel des bis dahin halbautonomen Arzach 1770 unter die Herrschaft eines islamischen Usurpators aus Chorassan gefallen waren. Schien also die armenische Bevölkerung Transkaukasiens zu Beginn der Herrschaft des christlichen Rußland Grund für die Hoffnung auf eine Verbesserung ihrer Situation zu haben, so lagen die Dinge im Osmanischen Reich günstiger.

Wie alle nichtmuslimischen Bürger litten die Armenier unter einer Vielzahl rechtlicher, steuerlicher und sozialer Benachteiligungen. Als »Ungläubige« durften sie keine Waffen besitzen, waren vom Militärdienst ausgeschlossen und bezahlten für diese »Freistellung« zudem eine Sondersteuer. Besonders drückend war die Lage der westarmenischen Landbevölkerung: Fern vom politischen Machtzentrum Konstantinopel lebend, war sie völlig rechtlos der Willkür der korrupten und zugleich oft schwachen osmanischen Regionalbehörden ausgeliefert, die nicht verhindern konnten oder wollten, daß die Armenier nicht nur von den osmanischen Steuerbeamten bis aufs Blut geschröpft wurden, sondern überdies den örtlichen Kurdenhäuptlingen willkürlich festgelegte Schutzgelder und Steuern entrichten mußten, wollten sie die Entführung ihrer Töchter und Frauen, die Vernichtung ihrer Ernten oder das Niederbrennen ihrer Höfe verhindern. Die halb unabhängigen Kurdenstämme, von den osmanischen Sultanen einst im Kampf gegen Persien in Westarmenien angesiedelt und mit Privilegien ausgestattet, schalteten und walteten nach eigenem Gutdünken, terrorisierten wohl auch die türkische Land- und Stadtbevölkerung, hielten sich aber in erster Linie an die absoluten Parias der osmanischen Gesellschaft, die armenischen Bauern.

An diesen Verhältnissen änderten auch verschiedene osmanische Reformerlasse ab 1839 nichts, die den Sultanen von Westeuropa diktiert worden waren. Statt eine rechtliche Gleichstellung aller osmanischen Bürger ungeachtet ihrer Religionszugehörigkeit zu bewirken, riefen sie die Opposition konservativ-muslimischer Kreise hervor, die sich über die Einmischung Europas empörte. Mit Sultan Abdul Hamid II. setzte sich die antireformistische Reaktion endgültig durch. Dieser von 1876 bis 1908 regierende Gewaltherrscher stellte dem laizistischen Emanzipationsbestreben seiner Vorgänger als Reichsideologie den Panislamismus entgegen, der zumindest die Unabhängigkeitsbestrebungen unter den muslimischen Völkern des zerfallenden Vielvölkerstaates auffangen sollte. Die Freiheitsbewegungen der christlichen Völker, insbesondere der Armenier, ließ Abdul Hamid dagegen in Blut ertränken, was ihm den Beinamen der »rote« oder »blutige Sultan« einbrachte.

Zahlreiche Festungen schützten die durch das Königreich Kilikien führenden Fernhandelswege. Zu ihnen gehört die Burg Lewonberd (auch: Lewonkla, Amroz), 1272 von König Lewon III. errichtet.

1877/78 griff Rußland, das sich als Schutzmacht der von den Osmanen unterdrückten Christen des Balkans und Kleinasiens verstand, militärisch in Westarmenien ein. Aber die Chancen, die für die Armenier in einem Sieg der Russen gelegen hätten, wurden auf dem Berliner Friedenskongreß im Juli 1878 zerredet, den vor allem England zur Revision des russischen Friedensdiktats erzwungen hatte. (Die dankbaren Osmanen räumten dafür England das Recht zur Besetzung Zyperns ein.) Armenien, solcherart zum ersten Mal Gegenstand des Völkerrechts geworden, geriet alsbald unter die Räder internationaler Politik: Zwar verpflichtete der Berliner Friedensvertrag die Türkei zu Reformen in ihren »sechs westarmenischen Provinzen«, einschließlich größerer Verwaltungsautonomie, der Beteiligung der Christen an der Verwaltung sowie ihres Schutzes vor den Übergriffen von Kurden und Tscherkessen, doch fühlte sich anschließend keiner der sechs europäischen Unterzeichnerstaaten zu wirklichem Durchgreifen zugunsten Armeniens veranlaßt. Frankreich, England, Rußland und Deutschland verfolgten im Orient gegensätzliche Eigeninteressen, und so blieb es selbst dann noch bei Protestnoten und mündlichen Botschafterbeschwerden, als Sultan Abdul Hamid II. in den 1890er

Jahren den Druck auf die Armenier immer mehr verstärkte. Ergebnislos schleppten sich die europäisch-osmanischen Verhandlungen über die »armenischen Reformen« fast vier Jahrzehnte bis zum Ausbruch des Weltkrieges 1914 hin, der den Türken den willkommenen Anlaß lieferte, ihre Reformzusagen endgültig zu widerrufen.

Unter dem Eindruck der europäischen Untätigkeit und Gleichgültigkeit reifte bei den Armeniern seit 1880 die Überzeugung, ihr Schicksal in die eigenen Hände nehmen zu müssen. So entstanden zunächst Geheimbünde und Selbstverteidigungsgruppen, ab 1885 auch, nach dem Vorbild der russischen Sozialisten, die teilweise bis heute bestehenden drei wichtigsten politischen Parteien der Armenier: Armenakan, Hntschak und Daschnakzutjun. Ihr Ziel war eine größere Regionalautonomie für Westarmenien, seitens des Hntschak sogar die Loslösung vom Osmanischen Reich sowie die Errichtung eines sozialistischen, unabhängigen armenischen Staates.

Doch der Unterdrückungsapparat des Sultans arbeitete schneller: Zwischen 1894 und 1896 kam es zu den ersten systematischen Armenierverfolgungen, bei denen landesweit der Tötungs- und Beutegier der aufgestachelten muslimischen Bevölkerung sowie der von Abdul Hamid wenige Jahre zuvor gebildeten kurdischen Kavallerie freier Lauf gelassen wurde. Die Durchführung dieser Pogrome, denen bis zu 300 000 Armenier zum Opfer fielen, verlief im ganzen Reich so einheitlich, daß europäische Augenzeugen von einer staatlichen Lenkung sprachen.

Es versteht sich von selbst, daß die politischen Führer der Armenier fortan die Zusammenarbeit mit jenen oppositionellen

Seit dem 12. Jahrhundert drangen kurdische Nomaden in das Armenische Hochland ein.
Der Stich zeigt ein Lager kurdischer Nomaden.

Kräften suchten, die auf den Sturz Abdul Hamids II. hinarbeiteten und die Wiedereinführung der von ihm außer Kraft gesetzten fortschrittlichen Verfassung von 1876 versprachen. Doch als im Juli 1908 die von den Armeniern unterstützten Jungtürken der Despotie Abdul Hamids ein Ende setzten, verschlimmerte sich die Lage eher noch. Schon im April 1909 wurden in und um die kilikische Stadt Adana weitere 30 000 Armenier abgeschlachtet. Am 23. Januar 1913 riß das jungtürkische »Komitee für Einheit und Fortschritt« durch einen Militärputsch die Staatsgewalt endgültig an sich. Die scheinbar so freiheits- und gleichheitsliebenden Jungtürken hatten sich seit 1908 immer deutlicher zu nationalistischen, ja rassistischen Fanatikern entwickelt. Außenpolitisch strebten sie den Panturanismus an, das heißt die Vereinigung sämtlicher turksprachigen Völker von Kleinasien bis nach Sinkiang (»Ostturkestan«) in China. Für Nicht-Türken war in diesem türkischen Großreich kein Platz vorgesehen. Sie sollten entweder — wie die muslimischen Araber und Kurden — durch Türkisierung gezähmt und assimiliert oder — wie die zahlenmäßig größten christlichen Völker Kleinasiens, die Armenier und Griechen — vernichtet beziehungsweise vertrieben werden. Insbesondere die Armenier standen diesen panturanischen Plänen buchstäblich im Wege: Ihr Siedlungsgebiet schob sich wie ein Keil zwischen die kleinasiatischen und die transkaukasischen Türken in Aserbeidschan. Und da sich die Armenier im Verlauf ihrer Geschichte als außerordentlich widerstandsfähig gegenüber sämtlichen Assimilationsversuchen erwiesen hatten, reifte bei der jungtürkischen Führung der Plan zu ihrer Vernichtung heran.

Der Ausbruch des Weltkrieges bot gute Voraussetzungen dafür. Europas Regierungen und Völker, nun damit beschäftigt, sich gegenseitig abzuschlachten, waren zeitweilig von den blutrünsti-

Diese Frau und ihr Kind gehörten zu den zwei Millionen Armeniern, die von der türkischen Regierung ab Frühjahr 1915 auf Deportationsmärschen in den Tod getrieben wurden.

gen Vorgängen »hinten, fern in der Türkei« abgelenkt. So regte sich kein Protest, als Ende Februar 1915 sämtliche Armenier im Staatsdienst beurlaubt und alle armenischen Soldaten der osmanischen Armee von Kampfpositionen abgezogen wurden. Ein Teil der Offiziere kam vor das Kriegsgericht und wurde erschossen, die Soldaten steckte man in Arbeitsbataillone, wo sie bei schlechtester Verpflegung Straßenbauarbeiten verrichteten oder Lasten schleppen mußten. Hunger, fehlende Unterkünfte sowie der Einsatz noch bei schlimmsten Witterungsverhältnissen ließen sie massenhaft zu Opfern von Seuchen und Unterernährung werden. Wurde ihre Arbeitskraft nicht mehr gebraucht, metzelte man die einstigen Soldaten des Sultans nieder.

Nachdem die Armenier des Osmanischen Reiches entwaffnet und des größten Teils ihrer wehrfähigen männlichen Bevölkerung beraubt worden waren, setzte Ende April die Ausrottung ihrer vor allem in der Hauptstadt Konstantinopel konzentrierten intellektuellen und politischen Elite ein. In der Nacht vom 24. zum 25. April 1915 sowie in den folgenden Nächten wurden 600 führende Armenier unter dem willkürlichen Vorwurf des Hochverrats verhaftet und nach drei Tagen Haft im Zentralgefängnis der Stadt ins Landesinnere verschleppt, um vor ein Kriegsgericht gestellt zu werden. Unter ihnen befanden sich Intellektuelle, Ärzte, Kaufleute und Parlamentsabgeordnete. Da sich jedoch keine Anklage konstruieren ließ, beschloß man, die politischen Führer nach Diyarbakir zu schicken. Auf diesen Transporten wurde die Mehrheit der 600 Verhafteten erschlagen oder erschossen; ein Dutzend der nach Diyarbakir deportierten Armenier wurde dort während der Verhöre zu Tode geprügelt.

Phase drei des Vernichtungswerks setzte Ende März mit den ersten Deportationen der übrigen Bevölkerung ein, die unter dem Vorwand, ihre angebliche Kollaboration mit den Kriegsgegnern der Türkei – Rußland, England und Frankreich – verhindern zu müssen, in die nordsyrischen Wüstengebiete getrieben wurde: Ab Mai 1915 nahm der als »Umsiedlung« verharmloste Geno-

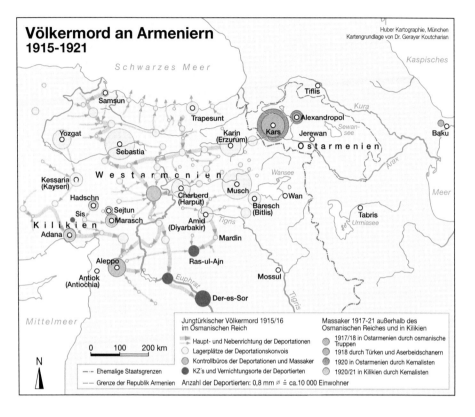

Huber Kartographie, München
Kartengrundlage von Dr. Gerayer Koutcharian

Völkermord an Armeniern
1915-1921

Schwarzes Meer

Kaspisches

Samsun

Tiflis

Trapesunt

Kura

Yozgat

Karin
(Erzurum)

Kars

Jerewan

Sewan-
see

Baku

Sebastia

Alexandropol

Ostarmenien

Arax

Kessaria
(Kayseri)

Westarmenien

Wansee

Meer

Hadschn

Charberd
(Harput)

Musch

Wan

Sis

Sejtun

Baresch
(Bitlis)

Tabris

Kilikien

Marasch

Amid
(Diyarbakir)

Tigris

Urmiasee

Adana

Mardin

Aleppo

Ras-ul-Ajn

Mossul

Antiok
(Antiochia)

Euphrat

Tigris

Der-es-Sor

Mittelmeer

0   100   200 km

N

Jungtürkischer Völkermord 1915/16 im Osmanischen Reich	Massaker 1917-21 außerhalb des Osmanischen Reiches und in Kilikien
Haupt- und Nebenrichtung der Deportationen	1917/18 in Ostarmenien durch osmanische Truppen
Lagerplätze der Deportationskonvois	1918 durch Türken und Aserbeidschanern
Kontrollbüros der Deportationen und Massaker	1920 in Ostarmenien durch Kemalisten
KZ's und Vernichtungsorte der Deportierten	1920/21 in Kilikien durch Kemalisten

Ehemalige Staatsgrenzen
Grenze der Republik Armenien

Anzahl der Deportierten: 0,8 mm ∅ ≙ ca.10 000 Einwohner

zid seinen vollen Lauf. In Wahrheit handelte es sich um die systematische und massenhafte Ausrottung der armenischen Bevölkerung Kilikiens, Westarmeniens und später der übrigen Provinzen des Osmanischen Reiches: Zu Fuß, bei glühender Sommerhitze und ohne ausreichende Verpflegung wurden Frauen, Kinder und Alte rücksichtslos südwärts getrieben, bewacht und gequält von verrohten Feldgendarmen, die sie häufig absichtlich auf Umwege führten, damit die Deportierten schneller erschöpft würden. Eingeleitet wurden diese Todesmärsche in der Regel von grauenvollen Massakern, begleitet von Überfällen und Metzeleien der örtlichen muslimischen Bevölkerung, was die Behörden nicht nur duldeten, sondern sogar unterstützten und organisierten. Am Ende des Marsches aber stand, wie es der türkische Innenminister zynisch ausdrückte, das »Nichts«:

Denn wer alle Gefahren und Strapazen des Marsches überlebt hatte, gelangte an seinem Ende in Konzentrationslager am Euphrat, deren größte und berüchtigste die Lager Der-es-Sor und Ras-ul-Ajn im heutigen Syrien waren. Sadistische Beamte ließen dort Zehntausende Armenier erschlagen oder in erdölhaltigen Höhlen verbrennen, um Platz für die Nachrückenden zu schaffen.

Innerhalb von nur anderthalb Jahren, so schätzte die deutsche Botschaft in Konstantinopel am 4. Oktober 1916, waren anderthalb von 2,5 Millionen armenischer Vorkriegsbevölkerung im Osmanischen Reich vernichtet worden. Zählt man hierzu noch die Opfer vorheriger und folgender Massaker, steigt die Gesamtzahl der in weniger als fünf Jahrzehnten – 1878 bis 1922 – von Türken vernichteten Armenier auf über zwei Millionen. Mit den Ermordeten und Vertriebenen erlosch für immer die alte Kultur der westarmenischen Land- und Kleinstadtbevölkerung.

Die überlebenden Armenier aber blieben allein mit ihrer sozialen Not, ihren bedrückenden Erinnerungen und ihrer politischen Verzweiflung. Jedes Volk, die Türken allen voran, stahl sich aus der Verantwortung für dieses erste große Staatsverbrechen des 20. Jahrhunderts. Denn aus Angst vor Wiedergutmachungsforderungen bestritten alle bisherigen türkischen Regierungen die Tatsache des Genozids. Die am 27. Mai 1915 vom türkischen Parlament beschlossene Zwangsumsiedlung wird bis heute offiziell als eine durch angeblich drohenden armenischen Verrat bedingte kriegsnotwendige Maßnahme hingestellt. Eine türkische Auschwitzlüge war entstanden, und sie gedieh prächtig auf dem Nährboden von Verdrängung und Gleichgültigkeit, die die Welt dem geschundenen armenischen Volk schon wenige Jahre später entgegenbrachte. Die Armenier sahen ihre Toten so gleich zweifach gemordet: physisch und durch die Verleugnung ihrer Leiden, ja ihrer Existenz.

Doch auch auf den Türken lasten der Genozid an den Armeniern und die kaum bewältigte Vergangenheit schwer. Und je

mehr Zeit vergeht, um so schwerer fällt es, den Wust von faust-
dicken Geschichtslügen, Verdrehungen und Bagatellisierungs-
versuchen zu durchbrechen:

Wie wir sehen, gehört zu den Fundamenten der Türkischen Republik der
Völkermord an den Armeniern. Es ist deswegen ›verständlich‹, daß dieses
Thema, das die Nationalidentität und den Nationalstaat derart mitgeprägt hat,
tabuisiert wurde.

Das stellte im Mai 1992 auf einem Workshop des Hamburger
Instituts für Sozialforschung Taner Akcam, ein türkischer Wissenschaftler, fest, der sich entschlossen hat, den Völkermord an
den Armeniern uneingeschränkt zu verurteilen:

Ich halte jede Form der Konstruktion eines logischen Zusammenhangs zwischen den »Aktivitäten der Armenier (ihrer Schuld und ihren Eigenschaften)«
und dem Völkermord und alle Diskussionen, die vom Standpunkt dieser Logik
aus operieren, für sehr problematisch. Denn mit dieser Logik verlieren wir die
Chance, derartige Massenmorde moralisch zu verurteilen [...] Es muß gelingen,
den Zusammenhang zwischen Massenmorden und den Dingen, die sie recht-
fertigen könnten, zu zerreißen. Solange wir dies nicht schaffen, werden wir
Schwierigkeiten haben, ein Verständnis zu entwickeln, das Verbrechen an der
Menschlichkeit grundsätzlich verurteilt.

Vorerst ist dies eine Einzelstimme. Aber sie ist möglicherweise
repräsentativ für Teile der jüngeren türkischen Generation, die
es immer unerträglicher finden, buchstäblich mit Millionen
Leichen im Keller der türkischen Gegenwartsgeschichte zu leben. Auf jeden Fall bedeutet eine solche Stimme, sollte sie nicht
vorzeitig erstickt werden, eine große Hoffnung, für Türken
ebenso wie für Armenier.

Schuld an der armenischen Tragödie trägt indessen nicht nur die
Türkei. Schon vor und mehr noch nach dem Ersten Weltkrieg lag
die Verantwortung auch bei der internationalen Gemeinschaft.
Die Entente-Staaten, deretwegen die Armenier nach offizieller
türkischer Lesart zwangsumgesiedelt worden waren, vergaßen
in den Nachkriegsjahren schnell ihre Versprechen, für die Gründung eines armenischen Staates innerhalb gesicherter Grenzen
einzutreten. Bald schon lag Westeuropa mehr an einem guten

Einvernehmen mit den Türken und den Millionen Muslimen in ihrem zerfallenden Reich, als an den 2,7 Millionen überlebenden Armeniern. Auf dem Lausanner Friedenskongreß (1923) war darum nur noch vom »Schutz der nichtmuslimischen Minderheiten« in der unter Mustafa Kemal politisch neu erstarkten Türkei die Rede, nicht aber von einem armenischen Volk, seinen Heimatrechten oder gar einem armenischen Staat, wie ihn noch der Friedensvertrag von Sèvres im August 1920 vorsah.

Lord Curzon, der britische Delegierte, bezeichnete resigniert diese Behandlung der Armenischen Frage »als einen der größten Skandale der Welt«, und der norwegische Polarforscher Fridtjof Nansen, als Flüchtlingskommissar des Völkerbundes engagiert, doch ergebnislos für die Rechte der Armenier streitend, nannte sie das »betrogene Volk«.

Und Deutschland? Es war im Ersten Weltkrieg ein politisch und militärisch einflußreicher Verbündeter der Türkei gewesen. Ein dichtes Netz konsularischer Vertretungen überzog das Osmanische Reich, und aus fast allen damaligen Provinzhauptstädten erreichten — über die deutsche Botschaft in Konstantinopel — das Auswärtige Amt in Berlin Berichte, die das Ministerium ausführlich über den Ablauf und den Umfang der Armeniervernichtung informierten. Schon am 7. Juli 1915 teilte der deutsche Botschafter Wangenheim mit, daß es sich bei den »Armeniergreuln« um einen Völkermord handele, denn die Tatsache, daß selbst weit von den Kriegsgebieten lebende Armenier deportiert würden, und »die Art, wie die Umsiedlung durchgeführt wird, zeigen, daß die Regierung tatsächlich den Zweck verfolgt, die armenische Rasse im türkischen Reich zu vernichten«.

Doch die deutsche Reichsregierung, sorgsam darauf bedacht, wegen der christlichen Armenier nicht ihr Waffenbündnis mit der Türkei zu gefährden, beließ es bei halbherzigen diplomatischen Protesten. Den Untertanen des deutschen Kaisers wurden die Verbrechen des türkischen Verbündeten verschwiegen. Zensurerlasse der Militärbehörden verboten jegliche wahrheitsgemäße oder gar kritische Armenienberichterstattung.

Und einige deutsche Offiziere machten sich aktiv mitschuldig, wenn es galt, armenischen Widerstand gegen die Deportation durch militärische Belagerungen zu brechen wie in Urfa oder am Mussa Ler, dem berühmten Musa Dagh aus Franz Werfels gleichnamigen Roman.

Ab 1918 fanden führende Jungtürken wie der politisch für die Durchführung der Armeniervernichtung verantwortliche ehemalige Innenminister Talaat Pascha, Zuflucht in Berlin – obwohl sie in der Heimat 1919 als Kriegsverbrecher zum Tode verurteilt worden waren und die türkische Nachkriegsregierung Deutschland zur Auslieferung der flüchtigen Jungtürken aufgefordert hatte. Mustafa Kemal sorgte allerdings nach seiner Machtergreifung für den raschen Abbruch dieser von den alliierten Siegern eingesetzten Kriegsverbrecherprozesse, worauf armenische Rächer 1920 und 1921 in Berlin, Rom und Tiflis eigenmächtig Vergeltung an jungtürkischen Führern übten. Für kurze Zeit horchte die deutsche Öffentlichkeit auf, als im Juni 1920 der armenische Mörder Talaat Paschas vor einem Geschworenengericht stand und freigesprochen wurde. Danach versank dieses unrühmliche Kapitel deutsch-türkischer Beziehungen erneut in Vergessenheit.

Bilden die deutschen Verbrechen an Millionen Juden und Osteuropäern eine heute oft verdrängte Hypothek neuester deutscher Geschichte, so wird die etwas länger zurückliegende deutsche Mitverantwortung am türkischen Genozid erst gar nicht zur Kenntnis genommen. Dabei bestehen zahlreiche Parallelen zwischen den Staatsverbrechen des Ersten und des Zweiten Weltkrieges: die »Vernichtung durch Arbeit«, angewandt erstmals auf die armenischen Arbeitssoldaten, der Einsatz von Viehwaggons als Transportmittel zum Vernichtungsort und medizinische Experimente an den Opfern, vor allem Typhusimpfungen an armenischen Soldaten und Zivilisten. Der Prototyp der Gaskammer befand sich in einem als »Dampfbad« getarnten Raum in der Schwarzmeer-Hafenstadt Trapesunt, die Opfer waren armenische Kinder. Adolf Hitler, durch seinen

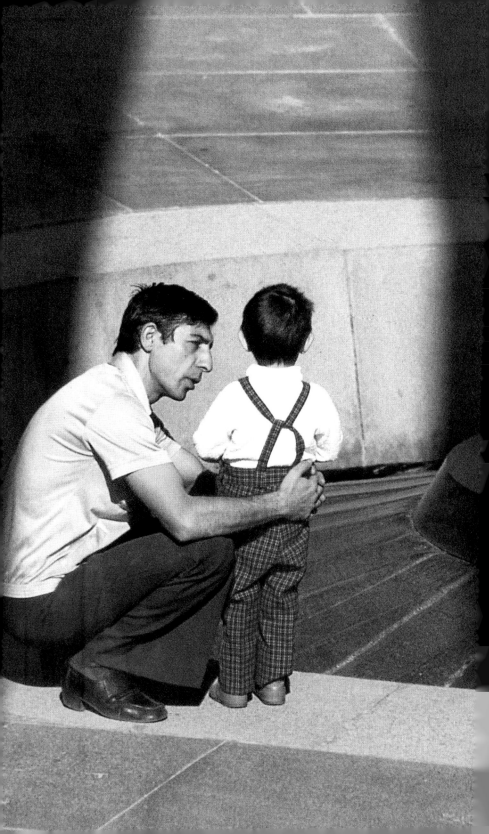

früheren Berater Erwin von Scheubner-Richter, den einstigen Vizekonsul in Erzurum, vermutlich gut über die Armeniervernichtung der Türken informiert, wies kurz vor dem deutschen Überfall auf Polen 1939 die Befehlshaber der Wehrmacht auf die Vergeßlichkeit des Weltgewissens selbst bei Kapitalverbrechen hin:»Wer redet heute noch von den Armeniern?«

Der Kampf ums Überleben

Als nach der Oktoberrevolution 1917 das Vielvölkerreich der Zaren zerbrach, bildeten sich im transkaukasischen Süden, sozusagen als Zerfallsprodukte, drei kurzlebige Republiken: Georgien, Aserbeidschan und Armenien, letzteres die schwächste und kleinste der drei. Am Beginn der kurzen Wiedergeburt armenischer Staatlichkeit steht ein heroisches Ereignis, das den Armeniern so teuer und kostbar ist wie ihr alljährliches Gedenken an die Glaubensschlacht von Awarajr im 5. Jahrhundert. Denn als die türkische Armee im Mai 1918 weit nach Osten bis in die Ararat-Ebene vorgestoßen war und sich eben daran machte, auch Jerewan sowie das religiöse Zentrum Etschmiadsin zu überrennen, wo Tausende Flüchtlinge aus den westarmenischen Grenzprovinzen Zuflucht gesucht hatten, sammelte das armenische Volk in einer gewaltigen Anstrengung noch einmal all seine Kräfte und stellte sich bei Sardarapat der türkischen Übermacht. Die Armenier wußten, daß sie im Falle eines türkischen Sieges ein ähnliches Schicksal erwartete wie ihre westarmenischen Landsleute 1915. Den sicheren Tod vor Augen, ihren heiligen Berg Ararat im Rücken, vollbrachten Soldaten und zivile Freiwillige, darunter Mönche, Frauen und Kinder, in einer drei Tage dauernden Volksschlacht das Wunder des Sieges. An der Stätte des Kampfes entstand

An der ewigen Flamme des Völkermordmahnmals in Jerewan:
Die Erinnerung an die Opfer und Leiden des armenischen Volkes
wird von einer Generation an die nächste weitergegeben.

46

1968 ein eindrucksvolles Mahnmal: ein stilisierter Glockenturm zu Erinnerung an das Sturmgeläut sämtlicher Kirchen der Ararat-Ebene während der Schlacht, flankiert von zwei geflügelten Stieren, den urartäischen Symbolen für Stärke und Tapferkeit.

Doch dem Wunder von Sardarapat folgte kein weiteres. Die am 28. Mai 1918 gegründete Republik Armenien starb einen langsamen und qualvollen Tod, da sie von Anfang an nicht nur tiefe innere Krisen meistern, sondern sich auch äußerer Bedrohungen erwehren mußte. Jeder zweite Einwohner war ein obdachloser, hungriger Flüchtling aus Westarmenien oder den türkisch besetzten transkaukasischen Gebieten, und die türkischen Okkupanten nahmen der Bevölkerung nicht nur das Vieh, das Saat- und Erntegut ab, sondern plünderten sie buchstäblich bis zum letzten Nagel und Fensterrahmen aus. Seuchen, Kälte, Hunger und die Massaker, die sämtliche türkischen Angriffe begleiteten, verringerten bis Ende 1920 die Bevölkerung der Republik um fast eine halbe Million.

Nach dem Friedensvertrag von Sèvres fiel die Türkei im September 1920 ein zweites Mal in der Republik Armenien ein, während gleichzeitig im Südosten die Rote Armee eingriff. Im Zangengriff der damals vorübergehend verbündeten Sowjetrussen und Türken, ohne Aussicht auf Hilfe von den westlichen Alliierten, entschied sich die armenische Regierung für das geringere Übel und trat in der Nacht vom 2. zum 3. Dezember 1920 die Staatsgewalt an ein prosowjetisches Revolutionskomitee ab. Allerdings behielt Sowjetarmenien noch bis Ende 1922 einen halbautonomen Status. Dann vereinigte Stalin, sozusagen aus erzieherischen Gründen und zur Unterdrückung des »regionalen Nationalismus«, Armenien, Georgien und Aserbeidschan zu einer Föderativen Sozialistischen Transkaukasischen Sowjetrepublik, ohne Rücksicht darauf, daß schon Anfang 1918 ein derartiger Verbund, damals noch freiwillig geschlossen, am Interessengegensatz der drei größten Völker des Transkaukasus gescheitert war. Erst Ende 1936 erhielten Armenien,

Georgien und Aserbeidschan − zumindest auf dem Papier − den Status von souveränen sowjetischen Unionsrepubliken. Es sollte weitere 55 Jahre dauern, bevor sie es wagten, von ihrem in der sowjetischen Verfassung garantierten Recht auf Austritt aus der Union Sozialistischer Sowjetrepubliken auch tatsächlich Gebrauch zu machen.

Zu den allerersten »Amtshandlungen« der Kommunisten in Armenien gehörte die Verfolgung und Deportation von echten und vermeintlichen Anhängern beziehungsweise Mitgliedern der Vorgängerregierung, obwohl ein von beiden Seiten anläßlich der Machtübergabe unterzeichneter Vertrag ausdrücklich deren Straffreiheit vorsah. Wie in der übrigen Sowjetunion auch, wurden Ende der 20er Jahre sogenannte »bürgerliche Spezialisten« verfolgt, während es in den Jahren des stalinistischen Terrors 1936 bis 1939 sogar reichte, mit angeblichen »Volksfeinden« auch nur befreundet zu sein, um selbst Opfer von Repressionen zu werden. Zahlreiche armenische Künstler und Intellektuelle, die nur 20 Jahre zuvor mit knapper Not den türkischen Völkermord überlebt hatten, starben jetzt in Stalins Konzentrationslagern oder Gefängnissen.

Auch die sowjetische Außenpolitik brachte von Anfang an Enttäuschungen. Über die Köpfe der Armenier hinweg verzichtete Sowjetrußland auf Westarmenien (Vertrag von Moskau, März 1921) und sogar auf die Gebiete von Kars und Ardahan, die zwischen 1878 bis 1914 zum russischen Reich gehört hatten. Im Oktober 1921 mußten die Regierungen der jungen Sowjetrepubliken Transkaukasiens in Kars bilaterale Freundschaftsabkommen mit der Türkei unterzeichnen. Die kommunistische Marionettenregierung Armeniens bestätigte bei dieser Gelegenheit die Gebietsabtretungen, die Rußland ein

Ein stilisierter Glockenturm erinnert in Sardarapat an das Sturmgeläut während der dreitägigen türkisch-armenischen Entscheidungsschlacht Ende Mai 1918 an dieser Stelle.

halbes Jahr zuvor zu Lasten Armeniens gemacht hatte. Der Ararat und die Ruinen der Bagratiden-Hauptstadt Ani liegen seit damals außerhalb der Republik Armenien, wenn auch in qualvoller Sichtweite.

Noch unverständlicher und schmerzlicher waren die innenpolitischen Grenzziehungen, denn die Kommunisten zerstükkelten Ostarmenien noch stärker als vor ihnen die Zaren: Sowjetarmenien mußte etwa 20 000 km^2 an seine beiden »Schwesterrepubliken« Georgien und vor allem Aserbeidschan abtreten, das den Löwenanteil erhielt. Auf türkischen Wunsch unterstellte Sowjetrußland schon im Frühjahr 1921 Nachitschewan (5 500 km^2) aserbeidschanischer Verwaltung, worauf die Aserbeidschaner fast alle Armenier, die dort die Massaker des Jahres 1919 überlebt hatten, aus Nachitschewan vertrieben und armenischen Flüchtlingen aus Nachitschewan die Rückkehr verweigerten. Demographisch betrachtet, ist Nachitschewan seither nicht mehr armenisch.

Umgekehrt liegen die Verhältnisse in Arzach. Diese altarmenische Provinz ist im Ausland bekannter unter der im 14. Jahrhundert aufgekommenen turksprachigen Bezeichnung »Karabach« (»Schwarzer Garten«). Nach dem sowjetischen Zensus von 1989 lebten im Autonomen Gebiet Berg-Karabach 189 000 Menschen, davon 145 000 (77%) Armenier und 40 600 (21%) Aserbeidschaner. 1921 hatte der armenische Bevölkerungsanteil sogar 94,4% betragen. Trotz solcher demographischer Eindeutigkeit sowie unter Mißachtung des schon vom sowjetischen Staatsgründer Lenin anerkannten nationalen Selbstbestimmungsrechts wurde Arzach ab Juli 1921 ebenfalls aserbeidschanischer Herrschaft unterstellt, wobei nur ein Drittel (4 400 km^2), nämlich der zentrale Teil, zu einem autonomen Gebiet erklärt wurde. Dieser Autonomiestatus jedoch hat die armenische Bevölkerung nie vor systematischer Erniedrigung und Unterdrükkung, vor wirtschaftlicher, sozialer und kultureller Benachteiligung, vor Gewalttaten und Pogromen durch die aserbeidschanischen Behörden und Einwohner bewahren können.

Arzach (Berg-Karabach) –
umkämpfte Festung der Armenier

Arzach und die sich nördlich anschließende armenische Provinz Utik bildeten im Altertum den Nordosten Armeniens; Grenzfluß war die Kura, an deren rechten Ufer sich »Aran« erstreckte, ein von einem kaukasischen Volk bewohntes Gebiet, das die Armenier Arwank, die Römer Albanien nannten, das aber mit dem Balkanland Albanien nichts außer dem Namen gemeinsam hat. Als die Perser 428 Ostarmenien vollständig unter ihre Herrschaft gebracht hatten, schlossen sie Albanien, Arzach und Utik zu einer Verwaltungseinheit zusammen. Wenn auch dieser Zustand nur ungefähr ein Jahrhundert währte, so führte er doch zu einer häufigen Gleichsetzung von Arzach-Utik mit Albanien, das seinerseits die Islamisierung und anschließende Turkisierung des östlichen Transkaukasus nicht überdauerte.

Diese politisch einst harmlose Begriffsverwirrung haben sich die Wortführer des aserbeidschanischen Nationalismus zu eigen gemacht. Indem sie zunächst ein direktes Gleichheitszeichen zwischen den turkstämmigen Aserbeidschanern und den untergegangenen Albanern setzten, behaupten sie im nächsten Schritt eine territoriale Deckungsgleichheit zwischen Albanien und den armenischen Grenzprovinzen Arzach und Utik. Wie so oft bei ethnisch-territorialen Konflikten, wird hier die antike und frühmittelalterliche Geschichte zum hochexplosiven Minenfeld. Sie wird als Beweismittel für politische Ansprüche und Machtverhältnisse mißbraucht, unter Ausblendung sämtlicher Details, die ein anderes Bild ergeben könnten. Während die Armenier darauf verweisen, daß Arzach in einem altarmenischen Geographiewerk aus dem 7. Jahrhundert als Provinz Armeniens bezeichnet wurde, bestreiten die Aserbeidschaner den historisch begründeten Anspruch Armeniens auf Arzach mit der kühnen Behauptung, eine armenische Bevölkerung gebe es dort erst seit der russischen Eroberung Transkaukasiens im 19. Jahrhundert: Rußland habe damals Armenier aus dem Iran und dem Osmanischen Reich in Karabach angesiedelt, um die islamisch-turkstämmige Bevölkerung zurückzudrängen. Vielleicht liegt die Wahrheit in der Mitte. Vielleicht könnten sich Armenier und Aserbeidschaner das Erbe Albaniens teilen. Denn die Bevölkerung des im 9. Jahrhundert endgültig untergegangenen christlichen Albanien mag sich zum einen in die gebirgigen Regionen des benachbarten Arzach zurückgezogen und dort mit den christlichen Armeniern vermischt haben, zum anderen in der erst von den Arabern islamisierten und anschließend weitgehend turkisierten Bevölkerung des östlichen Transkaukasus aufgegangen sein. Auch das Kaukasusvolk der Lesginen, von denen zwei Drittel in Aserbeidschan ansässig sind, sieht sich als direkte Nachfahren der Albaner, vermutlich mit größerer Berechtigung als die Aserbeidschaner.

Im Bewußtsein der heutigen Armenier Arzachs spielt das albanische Erbe dagegen die geringste Rolle. Sie haben sich stets bedingungslos als Armenier gefühlt und als solche zur Wehr gesetzt, so daß sie bei ihren Landsleuten im Rufe einer geradezu sagenhaften Tapferkeit stehen und Arzach zum Inbegriff armenischer Freiheitsliebe und Selbstbehauptung wurde. Die historische Provinz Arzach gliederte sich in einen Gebirgteil sowie die in der Kura-Senke liegenden Gebiete, die gemeinsam mit der Provinz Utik den »weißen Garten« (pers.: Bach-e-sephid) bildeten. Wie alle Ebenen war auch diese viel leichter angreifbar als etwa der Gebirgshorst Karabach. Im »Schwarzen Garten« verschanzt, boten die Armenier sämtlichen Eroberern ernsthaften Widerstand, zumal diese wehrhaften Bergbauern ein straffes Netz traditioneller Selbstverteidigungsgruppen besaßen, das von Hundert- und Tausendschaftsführern befehligt wurde.

In den Bergen Arzachs hielten sich darum Reste armenischer Staatlichkeit bis in die Neuzeit. Der persische Schah Nadir gewährte 1735 den fünf damals über Berg-Karabach herrschenden armenischen Fürsten (Meliken) aus Dank für ihre Unterstützung seines Kampfes gegen die Türken sogar innere Autonomie. Mit solchen Privilegien war es nach Nadirs Ermordung 1747 vorbei. Im Chaos der politischen Krise, die nun das persische Reich befiel, gelang es einem islamischen Stamm aus Chorassan, sich im Süden Berg-Karabachs festzusetzen; sein Anführer unterwarf bis 1770 zwei der fünf regierenden armenischen Fürstenhäuser und ließ sich in der alten armenischen Festungsstadt Schuschi nieder, wo er den hochtrabenden Titel »Chan von Karabach« führte.

Mit diesem wie anderen Chanaten im östlichen Transkaukasus ging es schon ein halbes Jahrhundert später zu Ende, als Rußland im Zuge seiner transkaukasischen Eroberungen 1804 den Persern als erstes ihr Chanat Karabach abnahm. Die Hoffnungen, die die Karabacher Armenier in das christliche Rußland gesetzt hatten, trogen freilich: Rußland lag nichts ferner als eine Wiederherstellung armenischer Staatlichkeit. Es vereinte nicht einmal seine ostarmenischen Neuerwerbungen zu einer Verwaltungseinheit, sondern beließ Karabach beim Gouvernement Jelisawetpol, wie zur Zarenzeit die Stadt und das Gebiet um Gandsche (arm.: Gandsak) hießen.

Rußlands Kolonialstrategen trugen durch solche willkürlichen Einteilungen von Verwaltungseinheiten erheblich zur Verwirrung der Verhältnisse im multinationalen Transkaukasus bei. Ohne Rücksicht auf geographische, historische, wirtschaftliche und schon gar nicht ethnische Zusammenhänge wurden Völker geteilt und mit anderen gegen ihren Willen vereint. Die russischen Behörden und Statthalter verstanden es zudem, sich der kulturellen, religiösen und historischen Gegensätze zwischen den christlichen Armeniern und den muslimischen Aserbeidschanern als Blitzableiter für soziale Spannungen zu bedienen. Die Krisen und schließlich der Zerfall des Zarenreiches waren von Armenierpogromen begleitet, die die zaristischen Behörden oft sogar selbst provoziert hatten. Während der russischen Sozialrevolution von 1905 kam es im östlichen Transkaukasien zum »armenisch-tatarischen Krieg« (Februar 1905 bis Juli 1906), dessen Ausgangspunkt und Zentrum Baku war. Dort lebten viele Armenier als Unternehmer wie als Arbeiter auf den Erdölfeldern. Dieser urbanen Bevölkerung standen die Aserbeidschaner gegenüber, ein in seiner Mehrheit bäuerliches Volk, dem zugleich die meisten Großgrundbesitzer des östlichen Transkaukasiens entstammten. Im Russischen wurden die Aserbeidschaner bis in die 1930er Jahre als »Tataren« bezeichnet, ein Sammelbegriff, den man unterschiedslos für alle turkstämmigen Muslime benutzte. Der Landesname Aserbeidschan wurde erst ab der Wende vom 19. zum 20. Jahrhundert auch auf den östlichen Transkaukasus angewandt.

Von Baku sprang der Flächenbrand sozialen und ethnischen Hasses auf Nachitschewan und die Gouvernements Jelisawetpol, Tiflis sowie Jerewan über, das damals noch zur Hälfte von »Tataren« bevölkert war. Überall gingen armenische Häuser in Flammen auf, wurden Armenier massakriert und vertrieben. Doch trotz der Parteinahme, die die russischen Behörden während dieser und späterer Unruhen für die »Tataren« beziehungsweise gegen die christlichen Armenier — in russisch-orthodoxen Augen »Schismatiker« — an den Tag legten, gelang es den Armeniern in der Arzacher Hauptstadt Schuschi, im Gouvernement Tiflis und sogar in Baku selbst, sich dank der von der Daschnakzutjun-Partei aufgebauten Selbstverteidigungsgruppen gegen die Aserbeidschaner zu behaupten. Denn im Unterschied zum Osmanischen Reich oder der Grenzregion Nachitschewan waren die transkaukasischen Armenier nicht wehrlos, sondern gut bewaffnet und gut organisiert. Sie schlugen nach den ersten »tatarischen« Angriffen so heftig zurück, daß mancherorts die Zahl der aserbeidschanischen Toten die der Armenier um das Doppelte übertraf.

Der Untergang des Zarenreiches löste Ende 1917 noch heftigere

Krisen aus. Das machtpolitische Vakuum, das Rußland auf der strategisch wie wirtschaftlich bedeutenden Landenge zwischen Kaspischem und Schwarzem Meer hinterließ, lockte neue Anwärter auf die regionale Vormachtrolle an, zumal Armenier, Aserbeidschaner und Georgier, zerstritten und einander zutiefst mißtrauend, weder gemeinsam noch einzeln in der Lage waren, Rußlands Erbe anzutreten. Ihr Ruf nach Schutzmächten brachte Deutschland und vor allem die Türkei ins Spiel, die traditionelle Schutzmacht der turkstämmigen Muslime Transkaukasiens, für kurze Zeit auch England. Sie alle trieb die Gier nach unerschlossenen Absatzmärkten, billigen Arbeitskräften, Einflußgebieten und Rohstoffquellen, vor allem aber nach dem Erdöl von Baku.

Proportional zur Heftigkeit dieser Kämpfe um die Neuverteilung der Macht stieg die Zahl der Opfer ethnischer Konflikte. Der erste »armenisch-tatarische Krieg« hatte Tausenden das Leben gekostet, der zweite — 1918 bis 1920 — Zehntausenden. Die Präsenz türkisch-osmanischer Truppen im östlichen Transkaukasus trug viel zu dieser Eskalation bei. Das blutigste Ereignis, der Bakuer Armenierpogrom vom 15. bis 17. September 1918, ging der Eroberung dieser Stadt durch die Türken unmittelbar voraus; bis zu 30 000 Armenier wurden damals von Aserbeidschanern umgebracht. Doch auch Arzach brannte erneut. Es widersetzte sich zwar heftig den zu einer »islamischen Armee« vereinten 12 000 aserbeidschanischen Freiwilligen und 6 000 türkischen Soldaten sowie ihren kurdischen Hilfstruppen, trotzdem wurde seine Hauptstadt Schuschi zweimal von den turko-aserbeidschanischen Streitkräften eingenommen: im Oktober 1918 und am 23. März 1920. Brandschatzungen, Plünderungen und Massaker an der armenischen Bevölkerung begleiteten beide Siege. Bevor Türken und Aserbeidschaner am 3. April 1920 Schuschi räumten, ließ der aserbeidschanische Nationalistenführer und Armenienhasser Chosrow Bek Sultanow einige armenische Würdenträger, darunter den Arzacher Bischof Wahan, enthaupten und ihre Köpfe auf Lanzen ausstellen. Ende 1918 von den Engländern zum »vorläufigen General-gouverneur von Karabach und Sangesur« ernannt, erfüllte Sultanow in der kurzen Zeit seiner Schreckensherrschaft im Frühjahr 1920 sein Versprechen, Arzach dem Erboden gleichzumachen.

Arzach blieb damals weitgehend auf sich selbst gestellt. Armeniens politische Sprecher stritten 1919 und 1920 auf den alliierten Friedenskonferenzen in Paris und Sèvres nicht allzu heftig für Arzach. Ihre Hauptaufmerksamkeit galt den unter türkischer Herrschaft stehenden westarmenischen und kilikischen Gebieten. Auf ein Tauschgeschäft Arzach gegen Westarmenien wollten sie sich nicht einlassen; die Größenordnungen schienen zu ungleich. So verlor Armenien am Ende alles: Kilikien und Westarmenien an die unter Mustafa Kemal wiedererstarkte und international bald respektierte Türkei, Arzach an Aserbeidschan. Denn ab April 1920 hatten sich die Machtverhältnisse im Transkaukasus erneut geändert. Rußland, nun sowjetisiert, trat wieder als Hegemonialmacht hervor, vertrieb Türken und Westeuropäer aus der Region und »sowjetisierte« erst Aserbeidschan einschließlich Arzach, fünf Monate später Armenien und im April 1921 Georgien.

Nachdem Rußlands Hoffnungen auf eine baldige Weltrevolution verflogen waren, beschlossen seine Machthaber, wenigstens im eigenen Land ein gewaltiges Sozialexperiment durchzuführen: den Aufbau einer klassenlosen Gesellschaft ohne die Ungleichheit der Geschlechter oder gar Völker. Man war davon überzeugt, daß soziale Gerechtigkeit auch den ererbten Völkerhaß überwinden könne. Heute wissen wir, daß dieser Versuch fehlschlug, nachdem er mindestens 20 Millionen Menschen das Leben gekostet hatte. Zur Bekämpfung »nationaler Vorurteile« bei der Schaffung eines einheitlichen »Sowjetvolkes« wurden nicht nur Mischehen gefördert und Nationalkulturen als rückschrittlich bekämpft, sondern bildlich gesprochen, ganze Völker in Zwangsehen getrieben; ganze Landstriche wurden entvölkert und mit bunt zusammengesetzten Populationen aus den unterschiedlichsten Gegenden des Sowjetreiches neu besiedelt.

Der Internationalismus erwies sich indessen als eine der größten Lügen der Sowjetgesellschaft, denn tatsächlich herrschte durchaus von Anfang an eine von Nationalinteressen geprägte Hackordnung unter den Sowjetvölkern, bei der sich die stärkeren auf Kosten kleinerer territoriale wie machtpolitische Vorteile verschafften. An der Spitze dieser Hierarchie stand das russische Staatsvolk beziehungsweise die sowjetische Parteiführung in der russischen Hauptstadt Moskau. Sie behandelte Transkaukasien ganz nach Gutdünken und Konjunkturlage als Aufmarschgebiet seiner Truppen, als Lieferanten hochwertiger Lebensmittel und Rohstoffe, aber auch als romantisch verklärtes Urlaubsgebiet privilegierter Kader. Diese Politik stützte sich nicht zuletzt auf willfährige Statthalter, die Moskau unter den nationalen kommunistischen Parteien Transkaukasiens rekrutierte und die, schon im Eigeninteresse, für den ungestörten Fortgang der Ausplünderung und ökologischen Verwüstung ihrer Heimat sorgten. Freilich war der Grad der »Loyalität«, den die nationalen Sowjetregierungen an den Tag legten, unterschiedlich. Bei Armeniens Kommunisten mischten sich vermutlich die traditionelle armenische Rußlandorientierung und Turkophobie mit der realistischen Einsicht in die eigene Ohnmacht. Denn Armenien war wirtschaftlich wie politisch zu schwach, um Moskau die Stirn zu bieten. Seine Nachbarn Georgien und Aserbeidschan nahmen sich mehr Eigenmächtigkeiten heraus und durften ihrerseits nach Gutdünken über die Siedlungsgebiete kleinerer Völker verfügen: Georgien über Osseten und Abchasen, Aserbeidschan über Arzach und im Norden über das Siedlungsgebiet von etwa 450 000 Lesginen, im Süden über die Heimat der etwa 500 000 iranisch-stämmigen Talyschen. Wer diese Ordnung der Machtverhältnisse in Frage stellte, fand sich schnell als nationalistischer Störenfried im Gulag

Arzacher Gebirgslandschaften
(Bezirk Mardakert)

wieder. Die hierarchische Gliederung in Unionsrepubliken, autonome Republiken, Gebiete und Kreise taugte in der Praxis wenig. Das Recht, eigenständig Gesetze zu erlassen, besaßen nur die Unionsrepubliken, mit Einschränkungen auch die autonomen Republiken. Ein Schutz von Streuminoritäten bestand, mit Ausnahme der privilegierten Sonderstellung der russischen Sprache und Kultur, nicht einmal auf dem Papier.

Die Auflehnung der Abchasen und Osseten gegen Georgien beziehungsweise der Armenier Arzachs gegen Aserbeidschan entsprang deshalb keinem abstrakten Separatismus, sondern realen Nöten und vorenthaltenen Entscheidungskompetenzen. Die Armenier Arzachs hatten den Zwangsanschluß an Aserbeidschan niemals akzeptiert und lehnten sich trotz aller aserbeidschanischen Repressionen immer wieder gegen die Regierung in Baku auf. Aserbeidschan versuchte seinerseits, Arzach kultur- und wirtschaftspolitisch auszuhungern, damit die Intellektuellen und die jungen Leute aus der Region fortzögen, möglichst weit fort, vorzugsweise nach Jerewan oder gar Moskau, wo Ende der 70er Jahre mehr Arzacher Armenier als in Arzach selbst lebten. Doch die ethnische »Ausdünnung« des Armenieranteils in Arzach war noch nicht weit genug vorangeschritten, als in den späten 80er Jahren der Zerfall der Sowjetunion einsetzte. Die Arzacher Armenier hatten sich in sämtlichen Liberalisierungsphasen der Sowjetunion klageführend an die Partei- und Regierungsführung in Moskau gewandt, unter Chruschtschow, Breschnjew und natürlich Ende 1987 unter Gorbatschow. Sie überreichten jedesmal eindrucksvolle Petitionen, die Zehntausende unterschrieben hatten, und ihre Emissäre versuchten, in Moskau ein offenes Ohr für die Nöte der fernen Heimat zu finden. Aber selbst den Reformern um Gorbatschow fiel nichts Besseres zu Arzach ein, als das Problem auf altgewohnte Weise auszusitzen, die Wortführer der Betroffenen abzuwimmeln und schließlich offene Drohungen auszustoßen.

Allerdings ließen sich die Arzacher in den Zeiten von Perestrojka und Glasnost nicht mehr länger hinhalten. Mit Massen-

Politisch-administrative Gliederung Armeniens und Arzachs (Berg-Karabach)

demonstrationen, Sit-ins und Streiks erreichten sie, daß ihre »Regierung«, der Gebietssowjet der Volksdeputierten, am 20. Februar 1988 einen für die bisherigen sowjetischen Verhältnisse geradezu ungeheuerlichen Beschluß faßte, nämlich bei der aserbeidschanischen Regierung einen Antrag auf »Entlassung« aus der aserbeidschanischen Sowjetrepublik und gleichzeitig bei der Regierung Armeniens einen Antrag auf Aufnahme zu stellen. Mehr war gar nicht möglich, denn die autonomen Gebiete besaßen keine gesetzgeberischen Kompetenzen zur eigenmächtigen Loslösungserklärung. Wie zu erwarten, lehnte Aserbeidschan dieses Ansinnen ab, während die moskauhörige kommunistische Regierung Armeniens erst unter massivem Druck der Opposition dem Aufnahmeantrag Arzachs zustimmte. Nun entstand eine Patt-Situation, aus der auch die sowjeti-

61

sche Verfassung keinen Ausweg wies, garantierte sie doch sowohl das nationale Selbstbestimmungsrecht wie auch die Unverletzbarkeit der Grenzen der Unionsrepubliken. Als Schiedsrichter trat daraufhin das Präsidium des Obersten Sowjets der UdSSR auf, das am 18. Juli 1988 für die Beibehaltung des Status quo stimmte.

Inzwischen aber war die Freiheitsbewegung weder in Arzach selbst, noch in Armenien mehr zu unterdrücken, zumal sich die armenisch-aserbeidschanischen Beziehungen dramatisch verschlechtert hatten. Denn nur fünf Tage nach dem »aufrührerischen« Beschluß des Arzacher Gebietssowjets fielen in der aserbeidschanischen Industriestadt Sumgait organisierte Banden über ihre armenischen Mitbürger her, demütigten, mißhandelten und töteten ihre Opfer – nach offiziellen Angaben waren es »nur« 32, laut der sowjetischen Nachrichtenagentur TASS handelte es sich jedoch um 400. Die Täter waren mit Hieb- und Stichwaffen ausgerüstet, die zuvor eigens in Sumgaiter Fabriken und Werkstätten hergestellt worden waren. Sie verfügten auch über Adressenlisten, Lastwagen und Lautsprecher, so daß der Verdacht entstehen mußte, daß das Blutbad an höchster Stelle – in Baku oder sogar Moskau – vorbereitet oder zumindest duldend hingenommen worden war, zumal keine politische Auseinandersetzung, geschweige denn eine Bewältigung dieses ersten Pogroms in der sowjetischen Geschichte stattfand. Drahtzieher und Hintermänner mußten sich niemals gerichtlich verantworten. Die Regierungsspitze der Sowjetunion fand kein Wort des Bedauerns oder der Verurteilung für den Sumgaiter Pogrom, das sowjetische Zentralfernsehen informierte erst nach zwei Monaten ausführlicher.

Armenien fühlte sich von Moskau verraten und betrogen, in Aserbeidschan dagegen begriff man, daß armenisches Leben und Eigentum wohlfeil waren. Weitere Pogrome folgten bald: im November 1988 in der Stadt Gandsche (damals Kirowabad), danach im Januar 1990 in Baku, wo sich die Greuelszenen von Sumgait wiederholten. Einige Opfer wurden mit Benzin übergossen und lebendig verbrannt, darunter auch eine Schwangere. Die Armenier flüchteten in Panik zu Hunderttausenden – nicht nur als Opfer von Pogromen, sondern auch vor der individuellen Willkür, die immer mehr den Alltag beherrschte: fristlose Entlassungen, willkürliche Festnahmen, die stets von Mißhandlungen begleitet waren, Belästigungen auf der Straße. Allein im Zeitraum zwischen 1988 bis 1990 flohen etwa 300 000 Armenier aus Aserbeidschan, die Flüchtlinge aus Arzach selbst nicht mitgerechnet.

Doch auch die aserbeidschanische Minderheit Armeniens – etwa 180 000 bis 194 000 Menschen – floh im Spätherbst 1988. Zwar war es in Armenien zu keinen vergleichbaren Massenausschreitungen gekommen, aber die Furcht der Aserbeidschaner vor armenischen Vergeltungsschlägen war nach den Armenierpogromen in Sumgait und Gandsche groß und wurde durch einzelne Ausbrüche armenischen Hasses bestätigt. Weder die sowjetische Zentralregierung noch die Regierungen Aserbeidschans und Armeniens waren auf die Aufnahme und Versorgung so großer Flüchtlingsströme vorbereitet. Armenien, das am 7. Dezember 1988 von einem der schwersten Erdbeben in seiner erdbebenreichen Geschichte heimgesucht worden war, fiel die Integration der Flüchtlinge aus Aserbeidschan besonders schwer. Sowohl in Armenien als auch in Aserbeidschan waren die Landsleute aus dem jeweiligen Feindesland nicht gerade willkommen, verkörperten sie doch weitgehend die Kultur und Sprache des verhaßten Nachbarn. Aserbeidschan setzte zudem »seine« Flüchtlinge aus Armenien wie Bauern im politischen Schachspiel ein, indem es ihnen nicht erlaubte, in die Wohnungen der aus Baku vertriebenen Armenier einzuziehen, sondern sie zwang, sich in der Krisenregion Arzach anzusiedeln. Menschen, die aus Furcht vor Gewaltausbrüchen geflohen waren, wurden mutwillig noch heftigeren Konflikten ausgesetzt.

Arzach, der Ursprung und Mittelpunkt all dieser Leiden, blieb natürlich von der Verschärfung und Militarisierung des Konflikts nicht verschont. Schon am 21. September 1988 hatte dort

die sowjetische Regierung den Ausnahmezustand verhängt und damit eine Reihe von elementaren Bürger- und Grundrechten ausgeschaltet. Am 12. Januar 1989 unterstellte das Parlament der UdSSR, der Oberste Sowjet, Arzach der direkten Herrschaft der Zentralregierung. Arkadi Wolski, ein Gorbatschow-Vertrauter, wurde als Sonderbevollmächtigter dorthin entsandt. Wolski zeigte sich ergriffen von dem Elend, das er vorfand: Nirgends in der ganzen UdSSR, so gestand er ein, habe er eine so vernachlässigte Region gesehen. Doch seine Politik war von den alten Unterdrückungsstereotypen geprägt: Als erstes entließ Wolski den politisch unbequemen Gebietssowjet, die einzige halbwegs demokratisch legitimierte Eigenvertretung der Arzacher Armenier, und ersetzte ihn durch ein fünfköpfiges »Sonder-Organisationskomitee«, in dem sich die armenische Mehrheitsbevölkerung mit nur zwei Vertretern als Minderheit wiederfand. Sie reagierte deshalb mit Mißtrauen und Ablehnung auf Wolskis Maßnahmen und beharrte auf der Wiedereinsetzung des alten Sowjets.

Doch auch die Aserbeidschaner versagten Wolski die Zusammenarbeit. Für sie war er lediglich ein Statthalter der verhaßten moskowitischen Kolonialmacht. Statt dessen versuchte Baku, den fünf Bezirken des Autonomen Gebiets Berg-Karabach seine eigenen Verwaltungsstrukturen aufzuzwingen. Am 28. November 1989 verbuchte es einen entscheidenden politischen Sieg: Die Sonderverwaltung Moskaus wurde per Parlamentsbeschluß aufgehoben und Arzach, unter Beibehaltung des Ausnahmezustandes, wieder vollständig Aserbeidschan unterstellt. Der erste und einzige zaghafte Versuch der sowjetischen Regierung, Arzach dem direkten Zugriff Aserbeidschans zu entziehen, war fehlgeschlagen. Danach fehlte es der sowjetischen Regierung sowohl an Entschlußkraft wie auch an der

450 000 Menschen verloren
bei dem Erdbeben vom 7. Dezember 1988 ihr Heim,
meist auch den Arbeitsplatz.

notwendigen politischen Autorität, um noch wirksam in die interethnischen Kämpfe einzugreifen. Armenier und Aserbeidschaner waren sich selbst und den Folgen der einst von der kommunistischen Führung geschaffenen Territorialprobleme überlassen. Lediglich die »Sicherheitskräfte« Armee und OMON – Truppen des zentralen sowjetischen Innenministeriums, die nach ihren brutalen Einsätzen im Baltikum als »schwarze Barette« im Ausland bekannt wurden – blieben in Arzach stationiert. Es ist höchst strittig, inwiefern sie durch ihren Einsatz größere Zusammenstöße verhinderten und die Armenier oder die aserbeidschanische Minderheit Arzachs schützten. Auf jeden Fall gehen zahlreiche Menschenrechtsverletzungen auf das Konto dieser Verbände, die sich immer mehr verselbständigten wie einst die Truppen des zerfallenden Römischen Reiches: willkürliche Festnahmen und Haftstrafen bis zu 30 Tagen ohne ordentliche Gerichtsverfahren, Razzien und Hausdurchsuchungen in armenischen Dörfern, bei denen Soldaten die Haushalte ausplünderten, Sparkassenbücher und Wertgegenstände raubten und anschließend mutwillig das Mobiliar zertrümmerten; gezielte und ungezielte Schüsse auf Passanten, in Wohngegenden… All diese Aktivitäten galten offiziell dem Kampf gegen illegale Milizen, die sich seit Ende 1988, vor allem aber 1990 auf aserbeidschanischer wie armenischer Seite gebildet hatten und mit der »Verteidigung der Heimat« bzw. der Notwendigkeit der Eigenverteidigung gerechtfertigt wurden.

Am 25. Juli 1990 erließ der sowjetische Staatspräsident Michail Gorbatschow ein Dekret, in dem er die Regierungen der Unionsrepubliken ultimativ zur Entwaffnung und Neutralisierung der »nicht in der sowjetischen Verfassung vorgesehenen bewaffneten Gruppen« aufforderte. Eine solche Anordnung war in Arzach mit seiner langen Partisanen-Tradition gar nicht oder nur unter Anwendung größten Terrors durchzusetzen. Und genau dazu kam es nun. Ungehindert von den zentralen Sicherheitskräften entsandte Baku ab September 1990 aserbeidschanische OMON-Einheiten nach Arzach, um Gorbatschows

Entwaffnungsbefehl zu erfüllen. Ihr eigentliches Ziel bestand jedoch in der Einschüchterung und Vertreibung möglichst vieler Armenier.

Den Anfang machten die nordwestlich des autonomen Gebiets gelegenen, einst zum historischen Arzach gehörenden armenischen Gebiete in den Bezirken Daschkessan, Kedabek, Chanlar und Schahumjan (1991 umbenannt in Geranboj). Dort hatten sich bis Ende 1988 noch etwa 40 000 Armenier allen Vertreibungsversuchen zum Trotz gehalten. Ihre politische Forderung, in den Bestand des Autonomen Gebiets Berg-Karabach aufgenommen zu werden, hatten sie jedoch nie verwirklichen können.

Eine erste Massenflucht aus Nord-Arzach setzte im November 1988 ein. Ein Großteil floh damals in die Kleinstadt Spitak, wo wenig später das Epizentrum des nordarmenischen Erdbebens lag und Flüchtlinge wie Einheimische unter den Mauern der Gebäude begraben wurden. Doch in den Bezirken Schahumjan und Chanlar widersetzten sich noch immer etwa 20 000 Armenier ihrer Vertreibung. Im Winter 1989/90 wurden dann die Dörfer Asad und Kamo aufgegeben, nachdem sie wochenlang eingekesselt waren und unter Beschuß gelegen hatten. Ein Jahr darauf, im April 1991, vertrieben aserbeidschanische OMON- und KGB-Einheiten mit Unterstützung der sowjetischen Truppen die Einwohner von 25 weiteren Dörfern. Eine Untersuchung der Menschenrechtskommission des russischen Parlaments wertete den Vorgang als Genozid im Sinne der UN-Völkermordkonvention.

Ende 1991 löste sich die Sowjetunion auf, und Rußland, das weitgehend das militärische Erbe der UdSSR übernahm, ordnete den Abzug der Truppen an: zuerst aus Arzach, dann aus Aserbeidschan, Armenien und Nachitschewan. Ein Großteil des Waffenpotentials der GUS-Streitkräfte sollte dabei in den Besitz der jeweiligen Stationierungsgebiete übergehen, was aber bislang nur in Aserbeidschan und Nachitschewan geschah. Dies war der vorläufig letzte Akt einer seit Ausbruch des Karabach-Konflikts durch Rußland beziehungsweise die sowjetische Partei- und Regierungsführung betriebenen Ungleichbehandlung zu Lasten Armeniens. Die Motive sind vielfältig. Entscheidend war wohl die Rücksichtnahme auf die etwa 50 Millionen meist turkstämmigen Muslime innerhalb der einstigen UdSSR. Außerdem mußte gerade Rußland fürchten, daß Arzach, sollte es seine Unabhängigkeit von Aserbeidschan je durchsetzen, die Separationsbestrebungen anderer kleiner Völker, nicht zuletzt in den autonomen Gebieten der Russischen Föderation, ermutigen würde.

Der Abzug der sowjetischen Einheiten aus Arzach Anfang Dezember 1991 lieferte Aserbeidschan die Möglichkeit, nun ungehindert eine militärische »Lösung« des Karabach-Konflikts einzuleiten. Denn noch immer regte sich Widerstand im »Schwarzen Garten«, trotz Deportationen und Pogromen, trotz des Versuchs, Arzach durch eine vollständige Blockade aller Schienen- und Straßenwege (seit 1989) sowie einen Wirtschaftsboykott (seit 1990) auszuhungern. Der Hubschrauberverkehr zwischen Armenien und Karabach bildete bis Mai 1992 die einzige Verbindung zur Außenwelt – eine für Piloten wie Passagiere lebensgefährliche Route, da immer wieder Hubschrauber abgeschossen wurden. Lehrer, Ärzte und sämtliche übrigen Staatsangestellten Arzachs haben seit 1990 kein Gehalt mehr bezogen. Die Blockade hat in dem fast völlig isolierten Gebiet ohnedies die Geld- durch die Tauschwirtschaft ersetzt.

Seit Dezember 1991 befinden sich Arzach und Aserbeidschan im offenen Krieg. Es ist ein Kampf Davids gegen Goliath, denn der völlig erschöpften Bevölkerung Arzachs von weniger als 150 000 steht ein Staat mit einer Bevölkerung von 7,1 Millionen (Stand 1. 1. 1990) gegenüber. Und je länger dieser zermürbende Krieg dauert, umso geringer werden die Chancen für die Arzacher Armenier, der zahlenmäßigen und technischen Überlegenheit Aserbeidschans standzuhalten, trotz ihrer größeren Disziplin und stärkeren Motiviertheit und trotz der armenischen

Überlegenheit im Boden- und Nahkampf. Das moderne Kriegsgerät, das die GUS-Truppen Aserbeidschan zur Verfügung gestellt haben, umfaßt »leistungsfähige« Kampfbomber, und es finden sich in der zerfallenden GUS-Armee genügend Freiwillige, die für einen Stundenlohn von 1500 Rubel bereit sind, ihren Sold aufzubessern, indem sie Einsätze gegen die renitenten Bergbauern fliegen. Aserbeidschan bietet zudem russischen und ukrainischen Offizieren einen Monatslohn von 50000 Rubel, also das Zehnfache ihres üblichen Solds. 800 Offiziere der ehemaligen Sowjetarmee dienen inzwischen in der aserbeidschanischen Nationalarmee.

Arzachs Hauptstadt Stepanakert liegt nun, nach monatelangem Beschuß und zunehmenden Bombenangriffen, weitgehend in Trümmern. Neben den etwa 50000 noch in Stepanakert verbliebenen Einwohnern drängen sich in dessen Ruinen 40000 Flüchtlinge aus den von Aserbeidschan eroberten Gebieten im Norden und Osten Arzachs. Lediglich zwei Brunnen versorgen die Stadt, der Aserbeidschan schon im November 1991 Strom und Wasser sperrte. Die Nahrungsmittelvorräte sind erschöpft, eine Feldbestellung war 1992 wegen der ununterbrochenen Kampfhandlungen fast unmöglich. Die unausweichliche Hungerkatastrophe vor Augen, richteten sich die Anstrengungen der Arzacher Militärführung vor allem darauf, den Würgegriff der aserbeidschanischen Blockade zu lockern und einen Korridor in das benachbarte Armenien zu schlagen. Das gelang im Mai 1992, als die Armenier während heftiger innenpolitischer Krisen in Aserbeidschan für kurze Zeit eine Offensive starten konnten. Damals durchbrachen sie bei der Kreisstadt Latschin, wo die Entfernung zu Armenien nur etwa sieben Kilometer beträgt, die Blockade.

Arzach droht zum Massada der Armenier zu werden. Seine Einwohner haben für ihr Land und ihre Freiheit, zuletzt um ihr bloßes Überleben gekämpft. Land, Freiheit und Leben bilden eine Einheit. Fehlt das eine, sind die übrigen in Frage gestellt. Ein Bauer, der seinen Acker wegen Dauerbeschuß nicht mehr bestellen kann, der seine Toten nur nachts begraben kann und dessen Kinder allenfalls nachts Keller und Bunker verlassen dürfen, um frische Luft zu atmen, wird siegen oder fliehen müssen, will er nicht verhungern.

Auf der kleinen Bühne des östlichen Transkaukasus agieren überraschend viele Akteure, um im Drama »Arzach« mitzuspielen. Als Protagonisten treten natürlich Aserbeidschan und Armenien auf. In beiden Ländern hat die anti- beziehungsweise nichtkommunistische Demokratiebewegung der späten 80er Jahre die Karabachfrage zum Hauptthema erhoben. Von der außerparlamentarischen Opposition als volksfeindlich, unpatriotisch und moskauhörig attackiert, versuchten aserbeidschanische wie armenische Kommunisten ihre Machtposition zu sichern, indem sie sich in immer radikaleren Bekundungen ihres Patriotismus überboten und somit die Lunte an das Pulverfaß nationaler Leidenschaften und Ambitionen legten. Die schmale Basis an Verhandlungs- und Verständigungsspielraum war danach schnell zerredet, zumal in Aserbeidschan die etablierte Nomenklatura den Ausbruch nationalen Volkszorns gegen Armenier wohlwollend duldete, wenn nicht gar selbst inszenierte. Doch die Tage der Kommunisten waren gezählt. In Armenien endete ihre Herrschaft im Sommer 1990, in Aserbeidschan zwei Jahre später. Lewon Ter-Petrosjan und Ebulfes Eltschibej, die neuen, nun demokratisch gewählten Staatsoberhäupter Armeniens und Aserbeidschans, sahen sich mit einem gesteigerten Nationalgefühl ihrer Wähler konfrontiert, an das sie vor ihrer Wahl selbst appelliert hatten. Beide reagierten unterschiedlich, der jeweiligen Stärke oder Schwäche ihres Landes gemäß.

Eltschibej hatte seinen Landsleuten im Wahlkampf die Erfüllung zweier nationaler Ziele versprochen: die Vereinigung Nord- und Südaserbeidschans sowie die »Rückeroberung« Arzachs. Nach der Wahl mußte er kleinlaut zugeben, daß die sofortige Verwirklichung des ersten Ziels zum außenpolitischen Eklat, ja zum Krieg mit dem Iran führen würde, der seine aserbeidschanischen Besitzungen kaum freiwillig abtreten würde.

70

Das machte die »Rückeroberung Karabachs« noch mehr zur nationalen Prestigeangelegenheit. Tausende Menschenleben hat der aserbeidschanische Versuch, Arzach in die Botmäßigkeit zurückzuzwingen, inzwischen gekostet, und zwar nicht nur das Leben der verhaßten Armenier, sondern ebenso das der eigenen Leute. Dazu kommen Angehörige der sowjetischen beziehungsweise GUS-Truppen sowie andere Opfer, die zwischen die Fronten gerieten – wie die weitgehend kurdische Bevölkerung im Bezirk Latschin, dem Korridorgebiet zwischen dem einstigen Autonomen Gebiet Berg-Karabach und der Republik Armenien. Noch höher lagen bei allen betroffenen Völkern die Zahlen der Verwundeten sowie der von den Kriegshandlungen Vertriebenen.

Auch Lewon Ter-Petrosjan trat erheblich bescheidener auf, nachdem er am 4. August 1990 zum armenischen Parlamentspräsidenten gewählt worden war. Er und seine Partei, die 1989 gegründete »Armenische Gesamtnationale Bewegung« (HHSch), verdankten ihren politischen Aufstieg vorwiegend der Karabachfrage, die seit Mitte Februar 1988 zum Hauptanliegen der armenischen Demokratiebewegung geworden war. Zu jener Zeit zeigte das Fernsehen der staunenden Welt beinahe allabendlich Bilder von Massenkundgebungen in Jerewan, an denen sich zeitweilig bis zu einer Million Menschen beteiligten. Die aserbeidschanischen Pogrome und Moskaus Repressionen ließen schon bald Armeniens Karabachbewegung in eine allgemeine Konfrontation mit Moskau und der sowjetischen Führung umschlagen. Die Zauberformel für sämtliche ungelösten Probleme Armeniens lautete nun »staatliche Souveränität«. Die ungedeckten Wechsel, die die HHSch auf dieses Ziel ausstellte, mußten jedoch bald platzen. Seine Unabhängigkeit brachte Armenien weder der Vereinigung mit Arzach noch der erhofften internationalen Unterstützung näher. Umgeben von Nachbarstaaten, die bestenfalls gleichgültige Neutralität wahrten wie Georgien oder der Iran, beeilte sich Armenien unter der Regierung Petrosjan, gutnachbarschaftliche Beziehungen vor allem zur Türkei aufzubauen. Die Türken hatten bereits Ende 1989 einen Tausch »Sicherheit der armenischen Grenzen gegen politisches Wohlverhalten« angeboten. Sie erwarteten von Armenien den Verzicht auf die Forderung nach einem Schuldeingeständnis für den türkischen Genozid von 1915/16. Die Rücksichtnahme des armenischen Präsidenten auf die Türkei geht so weit, daß er seinem Außenminister, dem US-amerikanischen Armenier Raffi Howhannisjan, den Rücktritt nahelegte, weil dieser bei einem Türkeibesuch die türkische Regierung heftig wegen ihrer anhaltenden Leugnung des Völkermordes kritisiert hatte. Lewon Ter-Petrosjans Regierung opferte noch weitere Grundwerte bisheriger armenischer Politik, in erster Linie die Forderung nach dem Anschluß Arzachs an die Republik Armenien. Inzwischen verlangt die Regierung Armeniens lediglich die Verwirklichung des nationalen Selbstbestimmungsrechts.

Arzach hat aus diesem Rückzieher die Konsequenzen gezogen. Da es weder zu Armenien gehören kann, noch weiter zu Aserbeidschan gehören will, hat es sich am 2. September 1991 zur unabhängigen Republik Berg-Arzach ausgerufen, nachdem Aserbeidschan seinerseits am 30. August seinen Austritt aus der Sowjetunion erklärt hatte. Das aserbeidschanische Parlament hob daraufhin im November 1991 die Autonomie Berg-Karabachs auf. Unbeeindruckt davon führte Arzach am 10. Dezember, nun schon unter dem Raketenhagel der angreifenden Aserbeidschaner, eine Volksabstimmung durch, bei der sich die überwältigende Mehrheit der Arzacher Armenier für die staatliche Unabhängigkeit ihrer Heimat entschied.

Damit zerfällt das Armeniertum heute in drei Teile: in die Republik Armenien, die Republik Berg-Arzach sowie in das Auslandsarmeniertum. Die Interessen der jeweiligen Gruppen sind nicht deckungsgleich. Während sich die Regierung Lewon Ter-Petrosjans verzweifelt darum bemüht, ein Übergreifen des Krieges auf die Republik Armenien zu verhindern, werfen die Arzacher Armenier, unterstützt von einer wachsenden Opposition in Armenien selbst, Armenien mangelnde Solidarität vor.

Man kann die defensive Politik Ter-Petrosjans realistisch nennen und als einen Versuch der Schadenseindämmung ansehen. Es hat tatsächlich zunächst nicht an Lob für die »samtweiche« Politik Ter-Petrosjans und seinen Versuch gefehlt, den Regierungskurs zwischen offizieller Neutralität und den innenpolitisch erforderlichen patriotischen Pflichtübungen auszubalancieren. Vom Erdbeben zu einem Drittel verwüstet und mit einer dreiviertel Million obdach- und weitgehend arbeitsloser Erdbebenopfer und Flüchtlinge belastet, braucht Armenien heute dringender denn je politische Stabilität, Frieden und äußere Sicherheit. Kurzum, es braucht Normalität, das bisher rarste Gut in der armenischen Geschichte. Arzach ist zu einer schweren Belastung geworden, zumal Aserbeidschan immer wieder versucht, Armenien in seinen Krieg mit Arzach zu verwickeln. Als angebliche Schutzmacht Arzachs hat es die Republik Armenien ebenso in den Würgegriff seiner Blockade- und Boykottmaßnahmen genommen wie Arzach selbst und damit Armeniens wirtschaftliche Katastrophe noch dramatisch verschlimmert. Aber nicht nur in Arzach und in Armenien, sondern auch in der Diaspora wachsen die Kritik und Unzufriedenheit an dem defensiven Neutralitätskurs Ter-Petrosjans. Man wirft ihm nun den Ausverkauf armenischer Grundwerte vor, für die Generationen von Diasporaarmeniern gekämpft haben. Man beschuldigt ihn, stillschweigend den Untergang Arzachs akzeptiert zu haben, dessen Bevölkerung in verlustreichen Stellungskämpfen und gnadenlosen Bombardements verblutet. Die Opposition inner- und außerhalb Armeniens schart sich um die Daschnakzutjun, die mitgliederstärkste der traditionellen armenischen Diasporaparteien und einst Regierungspartei in der ersten armenischen Republik. Dabei droht Arzach wieder zum Vorwand für jene zu werden, denen es im Grunde nur um einen Macht- und Regierungswechsel in der Republik Armenien geht.

Zu den Hauptakteuren im Arzach-Drama zählen ebenso die regionalen Hegemonialmächte von gestern und vorgestern:

Rußland, das sich nach fast 200jähriger Herrschaft in Transkaukasien vorübergehend zurückgezogen hat, das aber, nach Überwindung innerer Krisen, seine Ansprüche gewiß erneut geltend machen wird. Da sind ferner der Iran und die Türkei. Bis ins 18. Jahrhundert Konkurrenten um die Vormacht in Transkaukasien, nutzen sie nun das politische Vakuum. Im Wettstreit um den Einfluß auf die muslimischen Völker Transkaukasiens und Mittelasiens ist die Türkei dem Iran allerdings um einiges überlegen. Zwar kann der Iran insbesondere in Aserbeidschan an religiöse und kulturelle Gemeinsamkeiten anknüpfen, die sich wiederum aus der Nachbarschaft und den dynastischen Verbindungen in der Vergangenheit ableiten. Auch gehört in beiden Ländern die Bevölkerungsmehrheit dem Islam schiitischer Prägung an. Aber der fundamentalistische Gottesstaat, wie ihn die Mullahs in Teheran propagieren, ist für die von 70 Jahren (Zwangs-) Säkularisierung geprägten turkstämmigen Muslime der ehemaligen Sowjetunion weniger anziehend als die Ideologie-Mixtur, welche die Türkei anbietet. Sie verspricht das Rezept für die Vereinbarkeit von Islam, moderner Technologie, kapitalistischer Marktwirtschaft und westlicher Demokratie innerhalb eines Commonwealth türkischer Staaten»von der Adria bis China«, wie es der türkische Ministerpräsident Demirel formulierte. Dieses Reich unter Führung der Türkei bildet eine Neuauflage der alten panuranischen Träume der Jungtürken. Armenien stellt dabei, wie schon in der Vergangenheit, ein Hindernis dar, stört es doch den Handel und die Politik in diesem Verbund türkischer Staaten.

Dabei geht es mittelfristig um weit mehr als nur die Solidarität der Türken mit ihren»Brüdern« in Aserbeidschan, die türkische Medien und Politiker seit 1988 unermüdlich beschworen haben. Es geht letztendlich um eine direkte Landverbindung zwischen Aserbeidschan, Nachitschewan und der Türkei, also um Sangesur, das mittlere der drei einstigen nordostarmenischen Gebiete Arzach, Sangesur und Nachitschewan. Wie ein Keil schiebt sich Sangesur zwischen Aserbeidschan und Nachitschewan beziehungsweise die Türkei. Armenien seinen dünnen »Hals« Sangesur abzudrehen, war stets das Ziel aserbeidschanischer wie türkischer Panturanisten. Auch Wirtschaftsinteressen spielen dabei eine Rolle. Denn durch Sangesur soll jene Pipeline führen, die das Erdöl aus Aserbeidschan und dem transkaspischen Turkmenien in die Türkei befördert.

Nicht zufällig häufen sich darum an der armenisch-aserbeidschanischen Grenze in Sangesur seit 1990 die Übergriffe und Zwischenfälle. Bisher ist es dem türkischen wie dem armenischen Präsidenten gelungen, ihr Land aus direkten Militärinterventionen in Aserbeidschan herauszuhalten. Doch der Druck bezüglich der Einlösung der türkischen Solidaritätsbekundungen mit Aserbeidschan wächst. Die aserbeidschanischen Nationalisten erwarten von ihrer Schutzmacht mehr als nur eine indirekte Militärunterstützung mit derzeit 150 türkischen Militärberatern in Aserbeidschan und der Ausbildung aserbeidschanischer Rekruten in der Türkei.

In fast gespenstischer Weise scheint sich die Geschichte zu wiederholen. Schon einmal, Ende November 1920, war Armenien so ruiniert, daß es zur Unterzeichnung eines vernichtenden Kapitulationsdiktats seitens der Türkei bereit war. Der Vertrag von Alexandropol sah seinerzeit ein Rumpfarmenien ohne Sangesur vor, bestehend aus den Ebenen von Schirak und des Ararat sowie dem Sewan-See. Armenien besaß damals dieselbe Zahl von Flüchtlingen wie heute. In dieser Notlage hatte die armenische Regierung schließlich die Sowjetherrschaft als das geringere Übel akzeptiert. Heute bietet sich nicht einmal mehr dieser Ausweg.

Das Personenregister des Dramas von 1918 bis 1920 umfaßt, ebenso wie das heutige, noch einen weiteren Protagonisten: die internationale Öffentlichkeit, vertreten durch ihre Organisationen, heute vor allem die Vereinten Nationen, die KSZE sowie die Europäische Gemeinschaft. Bis zur Selbstauflösung der

UdSSR Ende 1991 hielten sie sich unter Berufung auf Nichtein-mischungsklauseln weitgehend aus den blutigen Völkerkonflik-ten der Sowjetunion heraus. Danach wurden Armenien und Aserbeidschan fast bedingungslos in die Vereinten Nationen sowie die KSZE aufgenommen.

Den Völkerkrieg im »Schwarzen Garten« hat diese Verpflich-tung Aserbeidschans auf internationale Verträge und Abkom-men keineswegs beendet. Vermittlungsversuche der KSZE scheiterten nicht zuletzt an den vereinten Vetos der Türkei und Aserbeidschans, die sich heftig dagegen wehrten, daß die Hauptbetroffenen des Konflikts, die Arzacher Armenier, in die internationalen Verhandlungen und Gespräche einbezogen werden. Im internationalen Sprachgebrauch gilt ohnedies der Arzach-Konflikt als Konflikt zwischen den Republiken Arme-nien und Aserbeidschan. Die Absichten und Denkungsart, die solche Winkelzüge diktierten, sind den Arzacher Armeniern fremd. Sie sind gute Kämpfer und notfalls gute Märtyrer, jedoch keine Diplomaten. Als Anfang Juli 1992 die Vertreter der Repu-blik Berg-Arzach nach türkisch-aserbeidschanischem Ein-spruch unverrichteter Dinge von einer KSZE-Gesprächsrunde aus Rom abreisen mußten, legten sie ihre Position schriftlich nieder. Dieser eindrucksvolle Appell endet mit den Worten:

Eines jedoch ist unverrückbar: Unser Volk wird niemals darauf verzichten, sein Recht auf Selbstbestimmung seiner eigenen Zukunft zu verwirklichen, um in Freiheit und Würde leben zu können. Wir haben für dieses Recht gekämpft und sind bereit, diesen Kampf fortzusetzen. Wir haben keine Alternative. Keiner von uns könnte sich damit abfinden, weiter unter jenen Bedingungen zu leben, die uns über 70 Jahre hinweg aufgezwungen worden sind. Um dies verstehen zu können, sollten Sie sich in unsere Lage versetzen. All jene Nationen, die hier als eigenständige Staaten vertreten sind, haben einmal ihr Recht auf Unabhängig-keit postuliert, haben dieses Recht umgesetzt und dafür gekämpft. Nichts anderes tun auch wir. Wir sind dazu bereit, zusammen mit Ihnen nach einer friedlichen Lösung dieses Problems zu suchen, in Übereinstimmung mit den Grundsätzen, die Sie sich als internationales Recht selbst gegeben haben.

Geworg Emin
Der Ewigkeitsreisende

Ich bin derjenige, dessen Leiden mit Jahrhunderten, das Leben aber nur mit Jahrzehnten gemessen wird...

Mein Land ist dasjenige, welches am Fuße des biblischen Ararat lag, wo das mythische Paradies gelegen, das Leben aber ewig lang infernalisch war. Das Land, das nur Kriege und Katastrophen ein- und Waisen und Vertriebene ausführte, Frevel und Finsternis ein- und Licht und Geist ausführte; Barbarei und Gewalt führte es ein und sehnte sich nach Güte und Freiheit. Jenes Land, reich an Steinen, wo nur Jesus ein Haus aus Stein hatte; das Land, welches oft keinen Grabstein seinen liebsten Söhnen setzen konnte...

Mein Name? Habe ich etwa nur einen Namen? Könnte ich denn nur einen Namen haben, wenn ich in allen Jahrhunderten, in allen Enden der Welt lebte, Ackersmann und Fürst war, Fanatiker und Ketzer, Krieger und Steinmetz, Baumeister und Geschichtsschreiber, Illuminator und Poet...

Ich bin Armenien, das armenische Volk, der Ewigkeitsreisende, der aus grauer Vorzeit kommend in die Zukunft geht, meine Reise wird kein Ende haben, solange auf dieser Erde unter dieser ewigen Sonne ein einziger Armenier lebt...

Aus: *Der Ewigkeitsreisende.* Aus dem Armenischen von L. Sargsjan.
Jerewan 1987

Günther Gegham Poidinger

Armenier sein, das heißt:
An den windigsten Ufern der Welt
Ein Hausboot verankern
Das ständig bereit ist zur Fahrt.

Sieben grüne Hügel höher zu sehn
Als einen Berg voller Eis.

In toten Kirchen
Das weithin schallende Wort eines Gottes hören.

Aus einer heimatlichen Fremde
Eine fremde Heimat besuchen.

Aus einem Kreis ein Quadrat machen
Ohne jede Akademie.

Die Welt gleichzeitig zu sehen
Wie sie ist
Und sein sollte.

Mit allen Teufeln Bruderschaft saufen
Bis die Engel
Die letzte Hölle sperren.

Aus: *ÖAK-Journal.* (Hrsg.) Österreichisch-armenische Kulturgesellschaft. Wien 1981

Vertraute Fremde, fremde Heimat: Das Leben im Exil

Armenien und Armenier – heute sind dies fast völlig getrennte Begriffe. Denn das nach den Armeniern so benannte vorderasiatische Hochland wird nur noch zu einem geringen Teil von Armeniern bewohnt; lediglich 3,3 Millionen, also weniger als die Hälfte der insgesamt etwas über sieben Millionen Armenier, leben in ihrer ursprünglichen Heimat.

Das Auslandsarmeniertum unterteilt sich in eine »äußere« und eine »innere« Diaspora. Letztere meint jene etwa 1,5 Millionen Armenier, die außerhalb der Republik Armenien, jedoch innerhalb der ehemaligen UdSSR beziehungsweise heutigen Gemeinschaft Unabhängiger Staaten leben und meist in engem Kontakt mit und zu Armenien stehen: vor allem die großen Armeniergemeinschaften von jeweils knapp einer halben Million in Armeniens Nachbarrepubliken Georgien und, bis 1988, in Aserbeidschan. Beiden Ländern waren nach ihrem Anschluß an das Russische Reich im 19. Jahrhundert beziehungsweise an Sowjetrußland 1920/21 nicht nur armenische Siedlungsgebiete zuerkannt worden, sondern sie besitzen auch außerhalb dieser zusammenhängenden Siedlungsgebiete große Armeniergemeinden, deren Geschichte weit in die Vergangenheit Georgiens und Aserbeidschans zurückreicht. Die Entwicklung der aserbeidschanischen Städte Baku, Gandscha (armenisch: Gandsak; im 19. Jahrhundert hieß die Stadt Jelisawetpol, in der Sowjetzeit Kirowabad), Schemacha oder Scheki (vormals Nucha) wäre ohne ihre Armeniergemeinden gar nicht vorstellbar, ohne den Fleiß armenischer Handwerker und die weitreichenden Handelsverbindungen armenischer Kaufleute. Pogrome, Übergriffe, alltägliche Schikanen und Morddrohungen haben jedoch seit 1988 zur Flucht von über 300 000 Armeniern aus Aserbeidschan geführt. Die Evakuierung armenischer

Flüchtlinge aus Baku in das transkaspische Mittelasien mißlang: 1988 kam es in Turkmenien, 1990 in der tadschikischen Hauptstadt Duschanbe zu antiarmenischen Ausschreitungen und Pogromen. Nun mußten auch jene Armenier vor dem hochexplosiven Gemisch aus nationaler und religiöser Unduldsamkeit fliehen, die seit langem in Mittelasien ansässig waren.

In Rußland, dem Nordkaukasus sowie in Armenien selbst sehen diese Flüchtlinge einer ungewissen Zukunft entgegen. Der Flächenbrand des nationalen Wahns hat inzwischen auch Teile des Nordkaukasus erfaßt: Aus Grosnyj, der Hauptstadt der (Autonomen) Republik der Tschetschenen und Inguschen, wurden 1991 Russen, Juden und Armenier vertrieben. In Transkaukasien aber war es in erster Linie der Karabach-Konflikt, der die weitere ethnische Segregation dieser Region beschleunigte. Hinter diesem soziologischen Schlagwort stehen nicht allein die Tränen und Verluste der Flüchtlinge, sondern ebenso ein unwiederbringlicher Verlust der Vielfalt von Lebensformen und Alltagskulturen. Als Folge dieser Vertreibungsprozesse drängen sich heute einerseits immer mehr Armenier auf dem Gebiet ihrer winzigen, ohnedies übervölkerten Republik; andererseits wächst ein Auslandsarmeniertum, das sich auch räumlich immer weiter von seinen Wurzeln entfernt.

Politisch nachdenkliche, um das weitere Schicksal ihres Volkes besorgte Armenier haben stets die Entwicklung der armenischen Diaspora mit großer Anteilnahme beobachtet. Ihre Struktur, Verteilung und Wanderungsbewegungen gestatteten Prognosen für die weitere Stärke beziehungsweise Schwächung des armenischen Volkes, und diese Prognosen sind beunruhigend. Viele kritische Beobachter bezweifeln, daß die Armenier auch im kommenden Jahrtausend als Streuminorität werden fortbestehen können.

Die Zahl der Armenier außerhalb des Staatsgebiets der ehemaligen UdSSR dürfte über drei Millionen betragen. Ihre Lebensbedingungen sind so unterschiedlich wie die Verhältnisse in den

Der historische Stich zeigt eine Armenierin
aus Schemacha in Tracht.

schätzungsweise 80 Staaten, in denen Armenier leben. Die größte Gemeinde – mit einer knappen Million Angehörigen – existiert in den USA, wo etwa die Hälfte aller Armenier in dem Bundesstaat Kalifornien lebt; dort stellten sie mit George Deukmedjian den ersten (und bisher einzigen) armenischen US-Gouverneur. Es folgt Frankreich mit über 300 000 Armeniern, vor allem in den Städten Paris, Marseille und Lyon.

Diese Gemeinschaften sind jedoch relativ jung. Im Nahen und Mittleren Osten existieren teilweise sehr alte Armeniergemeinden. So leben im Iran etwa 175 000 Armenier, in Syrien 137 000; im Libanon gab es bis 1975 rund 200 000 Armenier. Doch die Zahl der Armenier im Orient nimmt ständig ab. Außer der Sogkraft, die die reichen westlichen Industriestaaten auf sämtliche Völker Asiens ausüben, kommen im Falle des Iran und Libanon noch der politische und wirtschaftliche Niedergang hinzu, dem beide Länder seit 1979 beziehungsweise 1975 ausgesetzt sind. Der libanesische Bürgerkrieg (1975–91), die fundamentalistische islamische Revolution im Iran, der iranisch-irakische Krieg, bei dem sich auf beiden Seiten auch Christen kriegführend gegenüber stehen mußten, die Besetzung Nordzyperns durch die Türkei und die anhaltende Unterdrückung von Minderheiten in der Türkei selbst machten den Armeniern in diesen Staaten ein kollektives Überleben fast unmöglich. Ihre Gemeinschaften zerfielen, ihre Mitglieder füllten die armenischen Gemeinden Europas und der USA, wobei freilich armenische Flüchtlinge aus dem Iran oder Libanon nur sehr geringe Chancen besitzen, als Flüchtlinge anerkannt zu werden und einen gesetzlichen Anspruch auf den Aufenthalt in einem Industrieland zu erwerben.

Die meisten Auslandsarmenier sind Nachfahren von Überlebenden des Völkermords, von Menschen, die in den Jahren 1915 bis 1922 aus ihrer westarmenischen oder kilikischen Heimat vertrieben wurden und denen dann die Türkei in den 20er Jahren durch entsprechende Gesetze eine Rückkehr verbot. Doch die armenische Diaspora entstand nicht erst im 20. Jahr-

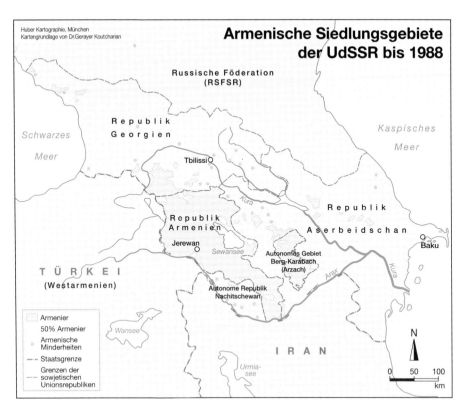

Huber Kartographie, München
Kartengrundlage von Dr. Gerayer Koutcharian

Armenische Siedlungsgebiete der UdSSR bis 1988

Russische Föderation
(RSFSR)

Schwarzes
Meer

Republik
Georgien

Kaspisches
Meer

Tbilissi

Kura

Republik
Armenien

Republik
Aserbeidschan

Jerewan

Sewansee

Baku

TÜRKEI
(Westarmenien)

Autonomes Gebiet
Berg-Karabach
(Arzach)

Arax

Kura

Autonome Republik
Nachitschewan

Armenier
50% Armenier
Armenische
Minderheiten
Staatsgrenze
Grenzen der
sowjetischen
Unionsrepubliken

Wansee

IRAN

Urmia-
see

N

0   50   100
km

hundert. Ihre Geschichte ist so alt, daß die armenische Sprache dafür ein eigenes Wort — »spjurk« — hervorgebracht hat, ohne wie die übrigen europäischen Sprachen auf das altgriechische Fremdwort zurückgreifen zu müssen. Ob »spjurk« oder »Diaspora« — beiden Begriffen liegt als Stammwort »streuen« und »Verstreuung« zugrunde. Genau dies ist den Armeniern schon seit dem Altertum geschehen. Die Geschichte der armenischen Diaspora war stets auch eine Geschichte der Zwangsumsiedlungen, denn immer wieder haben fremde Herrscher zu diesem Mittel gegriffen, aus innenpolitischen Gründen wie aus strategischen Erwägungen. Den Anfang machten die persischen Sassaniden-Schahs Artaschir (3. Jh.) und Schahpur II. (4. Jh.), der versklavte Armenier in Chusistan und im südwestlichen Iran ansiedeln ließ. Die christlichen Herrscher von Byzanz setzten diese Politik fort. Der armenische Chronist Sebeos (7. Jh.) führt in seiner *Geschichte* einen Brief des kriegerischen byzantinischen Kaisers Maurikos (582–602) an, in dem dieser dem persischen Schah Chosrow II. zur vollständigen Deportation der »aufsässigen«, weil freiheitsliebenden Armenier rät, nachdem Byzanz und Iran im Jahr 591 Armenien zum zweiten Mal unter sich aufgeteilt hatten:

Ein widerspenstiges und ungehorsames Volk [...] lebt zwischen uns und stiftet Unruhe. Laßt uns darum so vorgehen: Ich nehme die meinigen [Armenier] und schicke sie nach Thrazien, und Du nimm die Deinen und befiehl, sie nach Osten zu schicken. Sterben sie, so sterben unsere Feinde, wenn sie aber [die anderen] töten, so haben sie unsere Feinde getötet, und wir werden in Frieden leben. Denn solange jene [Armenier] in ihrem Land bleiben, finden wir keine Ruhe.

Hauptsächlich wandten die Byzantiner diese Deportationspolitik bei der Unterdrückung der armenischen Häretikerbewegung der Paulikianer (4.–9. Jh.) und Tondraken (9.–11. Jh.) an. Mit Zustimmung der armenischen Kirche und des armenischen Hochadels siedelten ab dem 9. Jahrhundert die byzantinischen Kaiser armenische Glaubensabtrünnige auf den Balkan (Thrazien, Bulgarien, Bosnien) um. Als sich im 7. und 8. Jahrhundert Araber und Byzantiner um die Vormacht über Armenien stritten, zwang der byzantinische Kaiser die Einwohner ganzer Städte – zum Beispiel Karin (türk.: Erzurum), Claudia und Melitene (türk.: Malatya) – zur Auswanderung in zentrale byzantinische Gebiete. Angesichts der Bedrohung des byzantinischen Reiches durch die türkischen Seldschuken fand diese Politik der Zwangsumsiedlung auch im 10. und frühen 11. Jahrhundert ihre Fortsetzung.

Der Sieg der Seldschuken über Byzanz 1071 löste eine bis in das 12. und 13. Jahrhundert anhaltende Massenflucht der Armenier aus, die in zwei Richtungen führte: südwestlich nach Kleinarmenien und Kilikien beziehungsweise nördlich zur Krim und nach Moldawien. In Kleinarmenien währte die Blüte armenischer Kultur nur bis zum Einfall des mittelasiatischen Herrschers Timur Lenk (Ende 14. Jahrhundert), in Kilikien bis zur Eroberung durch die Mameluken (1375). Armenische Flüchtlinge aus Kilikien gelangten ab dem 15. Jahrhundert auch nach Zypern, Rhodos, Kreta und Ägypten. Die tatarische Eroberung der Krim im 13. und 14. Jahrhundert sowie das osmanische Vordringen auf dem Balkan lösten eine erneute Flucht zahlreicher Armenier nach Polen, Ungarn und Rumänien aus.

Wie einst die Byzantinerkaiser griff auch der Safawiden-Schah Abbas I. während des Kampfes gegen die osmanischen Türken seit 1603 zum Mittel der Bevölkerungsdeportation. Um seine Ansprüche auf die Ararat-Ebene durchzusetzen, ließ Abbas I. die Armenier aus Nachitschewan, Wan sowie verschiedenen ostarmenischen Regionen nach Persien zwangsumsiedeln. Damit weder armenische Flüchtlinge, noch die vorrückenden Türken in den verlassenen Ortschaften Fuß fassen konnten, wurden die Brunnen vermauert, die Häuser zerstört und Obstbäume abgeholzt. Nadir Schah führte 1740 diese Politik der verbrannten Erde fort. Insgesamt siedelten iranische Herrscher im 17. und 18. Jahrhundert bis zu 500 000 Armenier in den Iran um.

Als besonders grausames Detail lebt im armenischen Kollektivgedächtnis die Erinnerung an die etwa 100 000 von Schah Abbas nach der erfolglosen Belagerung des türkisch besetzten Jerewan deportierten Ostarmenier fort; im Winter 1603/04 wurden sie über den persisch-armenischen Grenzfluß Arax getrieben, in dessen reißenden, eisigen Fluten etwa 10 000 ertranken.

Die Überlebenden dieser strapaziösen Gewaltmärsche siedelte Schah Abbas I. in verschiedenen persischen Städten an, vor allem aber bei seiner Hauptstadt Isfahan, denn er erhoffte sich von den armenischen Kaufleuten und Handwerkern eine Belebung der persischen Wirtschaft. Darum erließ er den Armeniern den Frondienst, wies ihnen Wohnhäuser zu und gewährte ihnen noch manche anderen Vorteile.

Doch der Wohlstand, zu dem es die derart begünstigten armenischen Händler und Handwerker im Iran brachten, wurde durch jeden der zahlreichen Wechsel in der Politik und durch jede Schwächung des allgemeinen Machtgefüges bedroht. In der

zweiten Hälfte des 18. Jahrhunderts nahm die Verelendung der von unbarmherzigen Steuereintreibern immer wieder geschröpften – und im Falle von Zahlungsunfähigkeit zu Tode gefolterten – Armenier rasch zu. Viele versuchten über die Fernhandelsstraßen nach Indien oder sogar China zu fliehen, doch war ein solches Unterfangen gefährlich und teuer, da die Armenier im Iran immer noch, wie schon zu Zeiten von Abbas I., als Gefangene lebten, denen es verboten war, ihren Aufenthaltsort zu verlassen. Ihr Schicksal im Iran zeigt beispielhaft ihre vollständige Abhängigkeit von Gnade und Willkür der jeweiligen Regierung, deren Launen die armenischen Minderheiten bis heute auf Gedeih und Verderb ausgeliefert sind. Die berühmte Anpassungsfähigkeit der Armenier hilft nur zum Teil, gegen die Gemeinden gerichtete Stöße abzufangen. Das Gerechtigkeitsempfinden der Armenier, ihr unbestechlicher Sinn dafür, daß jede Gesellschaft ein Mindestmaß an Würde, Sicherheit und Freiheit gewährleisten muß, wurden zum Gradmesser dafür, ob die Zustände endgültig unerträglich wurden. Wie groß auch immer die Gefahren der Flucht oder das Opfer, die gesamte bisherige Existenz aufzugeben, gewesen sein mögen, es fanden sich stets Armenier, die ihr Auskommen lieber in fernen Ländern suchten, als daß sie bereit gewesen wären, Unfreiheit und Erniedrigung hinzunehmen.

Heutige Ansicht des Armenierviertels
Nor Dschura bei Isfahan (Iran).

Der innere Zusammenhalt

Was verbindet einen Armenier, der in der Türkei geboren wurde und dann in den frühen 60er Jahren als sogenannter »türkischer Gastarbeiter« in die Bundesrepublik einwanderte, um seine Familie in ein — vermeintlich — freies, christliches Land zu führen, mit einem marxistisch argumentierenden armenischen Studenten aus Beirut oder Teheran? Was verbindet den etablierten französischen Geschäftsmann in seiner Pariser Vorort-Villa mit dem amerikanischen Hochschullehrer, der wiederum sein Studium an einem armenischen College in Beirut abschloß und dessen Großvater besser Türkisch als irgendeine andere Sprache beherrschte, weil er in der westanatolischen Stadt Kütahiya zur Welt gekommen war, wo die Armenier sprachlich weitgehend assimiliert waren. (Trotzdem stammt der größte zeitgenössische Komponist Armeniens, Komitas, aus eben diesem Ort; er schuf, ähnlich wie es Bela Bartok für die ungarische Musik tat, moderne Kompositionen auf der Basis traditioneller Volksweisen.) Was schließlich verbindet die junge Studentin in Jerewan mit der verwöhnten, orientalisch wohlbehüteten höheren Tochter einer armenischen Familie in Aleppo, deren Eltern bereits etwas unruhig nach passenden »Partien« Ausschau halten?

Was hält, bei dieser Fülle an unterschiedlichen Prägungen und Lebensweisen, das Armeniertum weltweit zusammen? Was bewirkt dieses plötzliche Erkennen irgendwo auf einer Straße in London, Hamburg oder Paris oder sonstwo? Was bringt die Augen zum Strahlen, wenn armenische Laute das Ohr zufällig erreichen? Und wann ist man noch Armenier, wann schon nicht mehr? Es scheint nicht viel zu sein, was dieses durch historische und politische Willkür zersplitterte Volk vereint: die Sprache, die Zugehörigkeit zur altehrwürdigen armenisch-apostolischen Kirche sowie das Bewußtsein, Angehöriger der armenischen Schicksalsgemeinschaft zu sein. Zu diesem Bewußtsein gehört der Stolz auf die nationalen Kulturleistungen ebenso wie die Erinnerung an die gemeinsame Verfolgung und Vernichtung in

Vergangenheit und Gegenwart. Die Namen armenischer Helden der Kultur — und Leidensgeschichte — der Mönch Mesrop und der Heerfüher Wardan — stehen als Kürzel für beides.

Und doch blieb keine dieser armenischen Integrationsgrößen von der Verstreuung und Zersplitterung des Volkes verschont: weder die Sprache noch die Kirche noch die Kultur bieten ein geschlossenes Bild. Die Sprache gliedert sich in einen östlichen und einen westlichen Zweig mit Dutzenden von Dialekten.

Die armenische Kirche hat sich 1441 in zwei Katholikate gespalten: das »Hohe Haus von Kilikien« sowie den »Heiligen Stuhl von Etschmiadsin«. Darin lag Fluch und Segen zugleich. Als durchaus positiv erwies es sich nämlich gerade im Machtkampf zwischen den rivalisierenden politischen Systemen des 20. Jahrhunderts, daß die Armenier in jedem Teilgebiet ihrer Heimat einen Kirchenführer besaßen:Wurde der eine politisch unter Druck gesetzt, verfolgt oder gar, wie unter Stalins Schrekkensherrschaft, ermordet, blieb immer noch der zweite Katholikos außerhalb des Machtbereiches des jeweiligen Verfolgers. Andererseits lag in dieser Doppelherrschaft die latente Gefahr der Kirchenspaltung. In den 50er Jahren zerbrach während des Kalten Krieges und des internationalen Ost-West-Konflikts die Einheit der armenischen Kirche beinahe an der Frage der Loyalität zum »kommunistischen, moskauabhängigen« Katholikos in Sowjetarmenien oder zum »unabhängigen« Katholikos in Beirut. Es bedurfte besonderer politischer Weitsicht und der menschlichen Reife beider Amtsinhaber, um nach derartigen Entzweiungen wieder zur Zusammenarbeit zurückzufinden und in einen Dialog zu treten, der dann mit dauerhaften Regelungen dem kirchenrechtlichen Streit ein Ende setzte.

Garegin (Karekin) II., Katholikos des »Hohen Hauses von
Kilikien«: geistlicher Hirte der Auslandsgemeinden im Nahen Osten
sowie den USA; hier während eines Gedenkgottesdienstes.

Weder Sprachbeherrschung noch die Zugehörigkeit zur armenisch-apostolischen Kirche sind somit hinreichende Kriterien für die Zugehörigkeit zum Armeniertum. Von den höchstens noch 50 000 in der Türkei lebenden Armeniern sind die meisten nicht mehr in der Lage, armenisch zu sprechen, geschweige denn zu schreiben. Sie sind Opfer türkischer kulturpolitischer Repressionen, die seit den 70er Jahren unter anderem zu einer ständigen Reduzierung des muttersprachlichen Unterrichts in den armenischen Schulen Istanbuls auf derzeit nur noch vier Wochenstunden führten. Von der Gefahr sprachlicher Assimilation waren und sind aber auch die Armenier in der »inneren« Diaspora der vormaligen UdSSR bedroht: Weder die einst große Armeniergemeinde von etwa einer Viertelmillion in der aserbeidschanischen Hauptstadt Baku noch die Armeniergemeinden in den russischen Großstädten Moskau und Leningrad durften nationale Schulen eröffnen. Wenn sich auch die kulturpolitische Lage armenischer und anderer Minderheiten in Moskau und St. Petersburg dank der Demokratisierung Rußlands seit 1988 erheblich verbessert hat, ist sie doch andernorts, wie das Beispiel Georgien zeigt, von der Wiedergeburt des Nationalismus in den nichtrussischen Republiken der einstigen Sowjetunion bedroht. So bedurfte es in Georgien wahrer diplomatischer Kunststücke seitens der armenischen Gemeindevertreter, um erst den nationalistischen Diktator Swiad Gamsachurdia zur Wiedereröffnung einer armenischen Schule zu bewegen und anschließend, nach Gamsachurdias Sturz und seiner vorübergehenden Flucht nach Armenien Ende 1991, die neuen,»rein demokratischen« Machthaber Georgiens von der Loyalität der armenischen Minderheit zu überzeugen.

Mit Ausnahme des Iran und Libanon sowie der kleinen Armeniergemeinde Zyperns (knapp 2000 Angehörige) sind auch die westlichen Diasporagemeinschaften schulisch unterversorgt, so daß Armenisch zu einer Kinder- und Familiensprache zu verkommen droht, während sämtliche Außenkontakte einschließlich des gesamten Berufslebens sich der Sprache der jeweiligen

94

Mehrheitsbevölkerung bedienen. Auch dort, wo ein unmittelbarer Assimilierungsdruck fehlt und sich die Anpassung an die Sprache und Kultur der Mehrheitsbevölkerung weniger dramatisch vollzieht als in der Türkei, ist zu beobachten, daß sich die religiöse Identität länger bewahrt als die sprachliche.

Und doch kennt die armenische Geistesgeschichte viele Beispiele, wo Armenier, die nicht der apostolischen Nationalkirche angehörten, Hervorragendes für die Pflege und Bewahrung der Muttersprache sowie der armenischen Literatur leisteten. Dies gilt insbesondere für Mitglieder des armenisch-unierten Ordens der im 18. Jahrhundert in Italien gegründeten Mechitaristen-Kongregation. Die Zugehörigkeit zu westkirchlichen Konfessionen — seien diese nun katholisch oder evangelisch — scheint, quasi als Ausgleich oder Rechtfertigung für die Loslösung von der alten Nationalkirche, die betonte Zuwendung zu anderen Bereichen der Nationalkultur geradezu gefördert zu haben.

Auffällig ist das völlige Fehlen übergreifender politischer Vereinigungen, obwohl zahlenmäßig kleinere Völker wie Assyrer, Sinti und Roma oder Nationen mit kürzerer Diaspora-Erfahrung wie die Palästinenser derartige Zusammenschlüsse bildeten und sogar durchsetzen konnten, daß sie Stimme und Einfluß bei den Vereinten Nationen erhielten. Ihre politische Unorganisiertheit steht im deutlichen Kontrast zu dem im persönlichen und beruflichen Leben sehr bemerkenswerten Talent der Armenier für Organisation. Die Armenier beklagen selbst am meisten, daß es ihnen an politischer Einmütigkeit mangelt, und machen dafür ihren stark ausgeprägten Individualismus verantwortlich.

Ein Bild des türkischen Staatsgründers Mustafa Kemal muß in jedem armenischen Schulzimmer Istanbuls hängen.

Unter ungünstigen Umständen kann diese Eigenart bis zur nationalen Selbstzerfleischung führen. Es mangelt in der armenischen Geschichte nicht an krassen Beispielen für blutig ausgetragene, politische Zwiste, Verrat und Brudermord. Als Individuen intelligent, tapfer und einsichtsfähig, scheinen Armenier im nationalen Kollektiv destruktiv, anarchisch und undiszipliniert. Ihr gegenseitiges Mißtrauen und ihre daraus resultierende Unfähigkeit zu dauerhaftem einträchtigem Handeln macht sie zu Opfern aller entschlosseneren und disziplinierteren Gegner. Die Neigung zur Zersplitterung, die durch die Diasporasituation noch verstärkt wird, ist jedoch keine ausschließlich armenische Schwäche. Vergleichbare Schwierigkeiten, auf der Grundlage eines politischen Minimalkonsens zusammenzuarbeiten, stellen sich bei vielen Völkern ein, die als Minderheiten unter fremden Nationen leben. Auch existieren durchaus armenische politische Organisationen, die freilich nicht annähernd das gesamte Armeniertum repräsentieren. Die einflußreichsten sind die drei politischen Parteien Daschnakzutjun, Hntschak und Ramkawar, die Ende vorigen Jahrhunderts gegründet wurden oder, wie der Ramkawar, aus dem Zusammenschluß älterer Parteien hervorgingen. Die Ironie der Geschichte will es, daß weder das Russische noch das Osmanische Reich, deren politische Willkür und repressive Nationalitätenpolitik ja die Entstehung dieser Parteien hervorriefen, den Ersten Weltkrieg überlebt haben, wohl aber die armenischen Parteien.

Die größte und einflußreichste ist nach wie vor die Daschnakzutjun (»Föderation«, gegründet in Tiflis 1890/92) mit heutigem Sitz in den USA, gefolgt von der ebenfalls traditionsreichen Hntschak-Partei (»Erwecker«, gegründet in Genf 1887). Beide, Daschnakzutjun und Hntschak, schöpften zunächst aus dem Ideologiereservoir der russischen und internationalen sozialistischen Bewegung, die Daschnakzutjun trat 1907 sogar der II. Internationale bei. Nach der Sowjetisierung der Republik Armenien unterschieden sich Hntschak und Daschnakzutjun vor allem in ihrer Position zu den Sowjets: Als vormals in Armenien

politisch dominierende Partei konnten die Daschnaken viele
Jahrzehnte lang nicht vergessen, daß die Sowjets nach der zunächst unblutigen Machtübergabe Ende 1920 – entgegen allen
früheren Vereinbarungen – begannen, Mitglieder und Sympa-
thisanten der einstigen armenischen Regierungspartei zu verfolgen. Für die Hntschaken dagegen gilt wohl der Grundsatz, mit
den jeweiligen Machthabern zusammenzuarbeiten.

Die dritte der heute relevanten armenischen Exilparteien ist der
Ramkawar Asatakan (»Liberaldemokraten«). Sie entstand
1921 in Konstantinopel durch den Zusammenschluß dreier
Vorgängerparteien, daruntcr die 1908 gegründete »Konstitutio-
nelle Demokratische Partei«. Indirekt sind die Ramkawars
Nachfolger der ältesten armenischen Partei, der 1885 in der
westarmenischen Stadt Wan gegründeten Armenakan-Partei.
Sie war von allen die »armenischste« in dem Sinne, daß sie von
den zeitgenössischen, internationalen sozialistischen Vorstellungen fast unbeeinflußt blieb.

Beirut, Demonstration zum 24. April:
Seit 1965 gehen an diesem Tag
weltweit Armenier auf die Straße.

Alle drei Parteien entstanden und arbeiteten im Untergrund. Seit dem Völkermord von 1915 beziehungsweise seit der Sowjetisierung der Republik Armenien 1921 beschränkt sich ihre Aktivität auf das Auslandsarmeniertum. Das änderte die Aufgaben und Vorgehensweise der Parteien teilweise erheblich: Neben den älteren politischen Zielsetzungen — der Errichtung eines freien armenischen Staates — versuchen sie, das Überleben im Exil zu sichern, fördern den Ausbau kultureller und religiöser Einrichtungen. Als Organisationen haben sie sich indessen den seit dem Ersten Weltkrieg erheblich veränderten Arbeitsbedingungen nur geringfügig angepaßt. Insbesondere die Daschnakzutjun ist keine Volks- oder Massenpartei, sondern eine straff zentralistisch geführte, elitäre Kaderpartei, in die man nicht eintritt, sondern »berufen« wird — ganz so, als müsse man sich noch immer vor der zaristischen Ochrana oder den Schergen des Sultans schützen. Die Daschnakzutjun hält an ihrem politischen Führungsanspruch fest und duldet keine Aktivitäten anderer Parteien oder Gruppen. Den Bedürfnissen eines weltweit verstreuten, hart um seine nationale Identität kämpfenden Diasporavolkes wird ein solches Elitebewußtsein nicht immer gerecht.

Der bis heute fehlende politische Zusammenschluß mag dazu beigetragen haben, daß es relativ lange dauerte, bis die Auslandsarmenier mit ihren politischen Forderungen an die Öffentlichkeit traten. Nach der Abrechnung mit den jungtürkischen Führern 1921 und 1922, durchgeführt von den jungen und entschlossenen Mitgliedern der Gruppe »Nemesis« aus den Reihen der Daschnakzutjun, wurde es jahrzehntelang still um die Armenier. Das lag auch daran, daß sich das völlig erschöpfte Volk zunächst einmal im Exil zurechtfinden mußte. Ähnlich wie für Kolonisten galt hier die Regel: für die erste Generation der Tod, für die zweite die Not und für die dritte das Brot. Die Überlebenden des Völkermordes und der Vertreibung, darunter Zehntausende Waisen und Witwen, brauchten als erstes ein Dach über dem Kopf, Essen und Arbeit. Die zweite Generation ging ganz darin auf, die Position der Eltern in den Gastländern auszubauen. Erst die dritte Generation konnte, frei von unmittelbarem Mangel, zu den Grundfragen ihrer armenischen Existenz zurückkehren. Trotz des Fehlens einer weltumspannenden Dachorganisation wurde dieser Impuls 1965, zum 50. Jahrestag des Gedenkens an den Völkermord, bei sämtlichen Armeniern lebendig, in Sowjetarmenien wie in der Diaspora. Nun demonstrierten die Armenier erstmalig weltweit für eine internationale Auseinandersetzung und Verurteilung des türkischen Genozids, für die Anerkennung ihres Heimatrechtes und einen armenischen Staat entsprechend den Regelungen des Vertrages von Sèvres (1920). In der UdSSR führte diese Wiedergeburt armenischen politischen Selbstbewußtseins zu einer außenpolitischen Krise mit der Türkei. Um diese beizulegen, enthob die sowjetische Zentralregierung die armenische KP-Führung ihres Amtes, trug aber zugleich dem Unmut der sowjetarmenischen Bevölkerung über das jahrzehntelange offizielle Schweigen zum schrecklichsten Ereignis der armenischen Geschichte Rechnung und erlaubte 1967 den Bau eines eindrucksvollen Mahnmals auf dem Jerewaner Hügel Zizernakaberd (»Schwalbenfestung«).

Im Westen rührte sich auch nach den Demonstrationen von 1965 nichts. Dieses »Verbrechen des Schweigens« — wie viele Armenier die stillschweigende Komplizenschaft der Weltöffentlichkeit mit der Türkei bezeichneten — war Ursache für die offene Militanz, mit der verschiedene Untergrundorganisationen zwischen 1975 und 1985 vor allem gegen türkische Einrichtungen und diplomatische Vertreter vorgingen. Der armenische Verzweiflungsterrorismus der dritten und vierten Exilgeneration versuchte, an das Weltgewissen zu rühren, indem er in der einzigen Sprache zu ihm sprach, auf die es zu reagieren schien: in der Sprache der Gewalt. »Es ist bedauerlich«, heißt es in einer Publikation des Weltkirchenrats von 1984,

daß die Weltöffentlichkeit in der Frage der noch offenen Forderungen des armenischen Volkes den friedlichen Bitten einer ganzen Generation von Opfern keine Beachtung schenken konnte oder wollte, während sie heute ungläubig auf die Worte ihrer Kinder starrt, deren Einsatz von Gewalt und Terror nun auch schon Opfer gefordert hat.

Mit der israelischen Invasion im Libanon 1982, wo die damals aktivste armenische Untergrundgruppe, die ASALA (Geheimarmee zur Befreiung Armeniens), ihre Hauptbasis hatte, und schließlich mit der Ermordung des ASALA-Führers Hakob Hakobjan durch westliche Geheimdienstangehörige im April 1988 in Athen fand die militante Phase der auslandsarmenischen politischen Bewegung vorerst ihren Abschluß. Einige Erfolge kann die Bewegung inzwischen immerhin verbuchen, denn internationale Gremien wie der Weltkirchenrat (1983), die Unterkommission der UN-Menschenrechtskommission (1986) sowie das Europäische Parlament (1987) haben in ihren Stellungnahmen den an den Armeniern begangenen Genozid verurteilt, trotz jahrelanger türkischer Versuche, derartige Beschlußfassungen zu verhindern.

1965 erstritten sich die Armenier Jerewans das Recht, ein Mahnmal für die Völkermordopfer zu errichten.
Dort gedenken seither Hunderttausende am 24. April der Verbrechen an ihrem Volk.

Ara Baliozian »Was uns eint«

Die Revolution, der Bürgerkrieg,
die Kollektivierung, die unzähligen Säuberungen,
der Zweite Weltkrieg —
sie alle haben Rußland als Nation zerschlagen.
Rußland hat vor langer Zeit zu existieren aufgehört,
und es wird nie wieder bestehen.

Alexander Sinowjew

Wenn dies auf Rußland zutrifft, wieviel mehr dann auf Armenien? Wer sind wir? Was eigentlich eint uns? Worin unterscheiden wir uns, beispielsweise, von Kurden oder Griechen?

Wir sind anders. Soviel wissen wir. Und wir sind anders, weil wir das Ergebnis eines einzigartigen Zusammenspiels historischer und natürlicher Umstände sind. Können wir diese Andersartigkeit bestimmen? Das eben ist die Frage.

Bisweilen drängt sich mir der Gedanke auf, daß unsere Identiät vor so langer Zeit begraben wurde, daß wir keine Erinnerug an sie mehr bewahrt haben. Wir gleichen dem Mann, der sich damit brüstete, ein und dieselbe Axt vierzig Jahre lang besessen zu haben, nur wurde eben ihr Stil dreimal und ihre Klinge fünfmal ersetzt. Das einzige, was wir anscheinend gemeinsam haben, ist ein gewisses verschwommenes, dunkles, unbestimmbares und mystisches Gefühl für Kontinuität.

Paul Valéry stellte einmal fest, die Vergangenheit fülle die Köpfe der Menschen mit »falschen Erinnerungen« und erzeuge »entweder ein Delirium von Erhabenheit oder täuscht Verfolgung vor«. Nein, er sprach nicht von den Armeniern, aber er hätte diese meinen können. Vom Delirium zur Täuschung. Von chauvinistischen Klischees zur Erbärmlichkeit und Wehklagen.

Sehen wir uns doch zum Beispiel einmal unsere Vergangenheit an: unser Erbe, unsere Geschichte, unsere Sprache.

Unsere Sprache: Wir alle unterlagen jenen Klischeevorstellungen vom unsterblichen Ruhm und Glanz unserer Sprache. Und Slogans wie »ein Armenier, der seine Muttersprache nicht beherrscht, ist nur ein halber Armenier«. Oder war damit gemeint: nur ein halber Mensch? Und doch kenne ich persönlich Armenier, die fließend Armenisch sprechen und für mich gleichwohl nichts mehr als peinlich, abscheulich und ärgerlich sind. Umgekehrt kenne ich Armenier, die kein einziges Wort Armenisch sprechen, aber ich fühle mich stolz und geehrt, mit ihnen etwas gemeinsam zu haben, gleichgültig, wie unbestimmbar, verschwommen und mystisch dieses Etwas ist.

Unsere Geschichte: blicken wir doch einmal auf die letzten eintausend Jahre zurück. Was waren die entscheidenden Ereignisse, die Wendepunkte in unserer Kollektiverfahrung?
Wir wurden unterdrückt. Wir wurden abgeschlachtet. Wir wurden vertrieben.
Unsere Folterer machten Geschichte. Wir haben sie nur erlitten.
Wir haben nichts außer Opfern dazu beigetragen.

Ich beabsichtige nicht, hier Defätismus, Trübsinn und Verzweiflung zu verbreiten, sondern will begreifen, was mit uns geschieht und warum. Wenn wir unsere derzeitige Politik formulieren wollen, dann müssen wir erst einmal unsere Situation mit einiger Genauigkeit und Objektivität einschätzen. Anderenfalls werden wir das Kapitalverbrechen ruhen lassen, indem wir immer mehr im Sumpf der Verwirrung, chauvinistischer Rhetorik und wiedergekäuter Propaganda versinken. Erst nach gründlicher Diagnose können wir nach einem Heilmittel suchen. Erst wenn wir uns selbst eingestanden haben, daß wir auf dem falschen Weg waren, können wir nach dem richtigen Ausschau halten. Denn ich bin überzeugt, daß es diesen richtigen Weg gibt — selbst wenn wir ihn niemals finden werden.

Niemand ist von der Erlösung ausgenommen. Erst recht kein Volk. Darum auch stimme ich Sinowjews Schlußsatz — »Rußland wird nie wieder bestehen« nicht zu. Ich behaupte: Solange ein Volk Menschen wie Sinowjew hervorzubringen vermag — Menschen, die willens und fähig sind, Tatsachen ins Auge zu sehen, die Realität zu verstehen und die Wahrheit auszusprechen —, so lange lebt dieses Volk und besitzt gute Aussichten, sich zu erlösen und wiedergeboren zu werden.

Wer sind aber wir? Ich sage, laßt uns damit anfangen, daß wir uns als Menschen begreifen. Laßt uns erst einmal unser Menschentum neu entdecken, was keine leichte Aufgabe nach Jahrhunderten der Unterdrückung und Erniedrigung ist. Danach sollten wir uns anstrengen, um die tieferen Schichten von Vorurteilen, Lügen und Entstellungen abzutragen, die uns nicht allein von unseren Unterdrückern, sondern auch von unseren fehlgeleiteten Patrioten, Kollaborateuren, Dilettanten und dem gesamten Abschaum aufgeschwatzt wurde, der stets in Zeiten der Krisen und Wirren nach oben gespült wird.

Gelingt uns das, dann wird uns alles gelingen.

Aus: *Fragmented Dreams: Armenians in Diaspora.* Aus dem Englischen von Tessa Hofmann. Toronto 1987.

»Bindestrich-Identitäten«:
Armenier in ihren Gastländern

Kein Armenier ist einfach nur Armenier. Er ist entweder »hajastanzi«, also in der Heimat geboren und aufgewachsen, oder »spjurkahaj«, also Diaspora-Armenier und als solcher dann Iran-Armenier, Frankreich-Armenier, Türkei-Armenier ... Schon sprachlich wird der Tatsache Rechnung getragen, daß jeder Auslandsarmenier mindestens eine doppelte Identität besitzt, nämlich außer seiner eigentlich armenischen noch die seines jeweiligen Gastlandes, das, um die Dinge noch komplizierter zu gestalten, nicht mit dem Geburtsland identisch sein muß: Mancher im Nahen Osten geborene, später dann nach Westeuropa oder in die USA ausgewanderte Armenier muß mit diesem Wechsel des Aufenthaltslandes gleich mehrere »Gast«-Identitäten verarbeiten und darüber hinaus noch das Kunststück fertigbringen, seiner eigenen armenischen Identität treu zu bleiben und diese seinen Kindern zu vermitteln.

Die Identität der Auslandsarmenier unterscheidet sich, vor allem im sozialpsychologischen Bereich, durchaus von der der »hajastanziner«. In ihrer Heimat waren die Armenier bis zur Industrialisierung nach dem Zweiten Weltkrieg vor allem Bauern und Handwerker. In der Diaspora ließen sie sich, als schutzbedürftige Fremdlinge, überwiegend in Städten nieder, wo sie, vor allem im Orient, die alten Gewerbe der Goldschmiedekunst, Schneiderei, Schusterei und Kürschnerei fortführten, zugleich aber auch in neue Berufe vordrangen. In muslimischen Ländern, wo, ähnlich wie im christlich-fundamentalistischen Europa des Mittelalters, den »Rechtgläubigen« durch Religionsverbot Zinsgeschäfte untersagt waren, blieben damit verbundenen Berufe im Handel und bei industriellen Unternehmungen den jeweils Andersgläubigen — Christen und Juden — vorbehalten; jedenfalls solange, bis im Zuge des modernen Nationalbewußtseins die »landfremden« Minderheiten vom jungen Bürgertum des muslimischen Mehrheitsvolkes aus ihren kommerziellen und industriellen Existenznischen verdrängt wurden. Jahrhundertelang hatten so Armenier im muslimisch geprägten Orient eine wirtschaftlich zwar wichtige, soziale allerdings wenig geachtete Stellung bei Import- und Exportgeschäften inne. Dank der weitverzweigten Diaspora ihres Volkes, dank der Gemeinsamkeit ihrer Sprache fielen ihnen Erfolge im Geschäftsleben um so leichter.

Ähnlich wie die Auslandsjuden sind Diaspora-Armenier außerordentlich bildungsbeflissen. Sie wissen, daß fundierte Kenntnisse und eine ausgeprägte Lernfähigkeit der wichtigste mobile Besitz sind, der sich im Falle einer Flucht vor Gefahren und Verfolgung überallhin mitnehmen läßt. Armenische Eltern legen darum größten Wert auf eine gediegene und umfassende Bildung ihrer Kinder, die wiederum schon früh eine außerordentliche Lernfreude zeigen. Überdurchschnittlich im Vergleich zu den Nachbarvölkern ist auch der Anteil auslandsarmenischer Hochschulabsolventen. Mehrsprachigkeit ist selbstverständlich, bevorzugt werden Studien im medizinischen und naturwissenschaftlich-technischen Bereich. Ersteres entspricht einer uralten Vorliebe und Begabung der Armenier für den Heilberuf, während mit der Wahl naturwissenschaftlich-technischer Studienfächer den Bedürfnissen des internationalen Arbeitsmarktes Rechnung getragen wird. Den Luxus der »brotlosen« geistes- und gesellschaftswissenschaftlichen Studien leisten sich dagegen relativ wenige Auslandsarmenier, und meist nur dann, wenn ihre Familie seit mindestens zwei Generationen in einem Land ansässig ist.

Mit ihrer Mobilität, ihrer Urbanität und Weltläufigkeit unterscheiden sich die Diaspora-Armenier deutlich von den bodenständigeren, den alten agrarisch-patriarchalischen Werten und Normen stärker verpflichteten »hajastanziner«. Auslandsarmenier waren stets gezwungen, ein geradezu seismologischen Gefühl für gesellschaftliche Veränderungen zu entwickeln beziehungsweise sich schneller als ihre Umgebung auf politische, soziale, aber auch kulturelle und technische Neuerungen einzulassen. Viele von ihnen mußten im Verlauf ihres Lebens in unterschiedlichsten Ländern und Gesellschaftsordnungen leben, und als Minderheit waren sie in jedem Land unter jeder Regierung bestrebt, keine allzu große Aufmerksamkeit, keinen Argwohn oder gar Haß und Verfolgung auf sich zu ziehen. Bis heute bemühen sich darum Auslandsarmenier, in ihrem jeweiligen Gastland möglichst wenig aufzufallen, zumindest nicht negativ. Und die Tatsache, daß Auslandsarmenier — von politisch motivierten Gewaltverbrechen einmal abgesehen — selten straffällig werden, mag ebenfalls auf die ihnen schon lange bekannte Erfahrung zurückzuführen sein, daß jedes Einzelvergehen von der Mehrheitsbevölkerung der gesamten Minderheit angelastet wird. Im Verlauf ihrer 17 Jahrhunderte alten Diasporageschichte haben die Armenier sämtliche Formen von Fremdenhaß und Diskriminierung in ihren jeweiligen »Gastländern« kennengelernt. Aus diesem Grund versuchen sie schon im Vorfeld, jeden Verdacht auszuräumen, daß sie »Schmarotzer« sein könnten. Der Erfinder des Selbsthilfegedankens war vermutlich ein Armenier. Denn wenn es sich irgendwie einrichten läßt, nehmen Armenier ihre internen Angelegenheiten und vor allem ihre sozialen Probleme lieber selbst in die Hand, als daß sie um die Hilfe anderer bitten. Die Erfahrung hat sie, zuletzt während und nach dem Völkermord von 1915, gelehrt, daß sie sich ohnehin nicht auf fremde Unterstützung verlassen dürfen. So gibt es mehrere auslandsarmenische Hilfswerke, deren traditionsreichstes und größtes die »Allgemeine armenische Wohltätigkeitsunion« (AGBU) ist; sie wurde 1906 von dem einflußreichen Politiker Poros Nubar (Poros Pascha Nubarjan, 1851—1930) in Kairo gegründet. Ihr Hauptsitz befindet sich seit 1942 in New York. Das Beispiel von Nubarjans Vater, Nubar Pascha (1825—1899), der von 1866 bis 1888 fast ununterbrochen ägyptischer Außenminister, zwischen 1878 und 1895 mehrmals Premierminister war, demonstriert übrigens anschaulich, daß sich Auslandsarmenier als Individuen sehr stark für die Geschicke ihres Gastlandes engagiert haben.

Als Kollektiv bemühen sie sich jedoch, nicht in die inneren Angelegenheiten ihres Gastlandes hineingezogen zu werden, und vermeiden es umgekehrt – wie viele Minderheiten –, Außenstehenden allzu tiefen Einblick in ihre eigenen Strukturen zu geben. Diese Zurückhaltung im politischen und sozialen Leben entspringt nicht nur ihrer heiklen Minderheitensituation. Sie wird im tieferen Sinn durch die Tatsache hervorgerufen, daß die geistigen und spirituellen Zentren des armenischen Kosmos außerhalb der jeweiligen Gastländer liegen. Wie angenehm und gut geregelt auch immer das Leben in Frankreich, den USA oder einst auch im Libanon schien, die wenigsten Armenier haben je den Unterschied zwischen Heimat und Fremde völlig vergessen, selbst dann nicht, wenn ihnen die Fremde als Geburts- und Aufenthaltsland vertrauter gewesen sein mag als die vielleicht nie gesehene Heimat ihrer Ahnen. Nachrichten über die sowjetarmenische Demokratie- und Selbstbestimmungsbewegung, die ersten schrecklichen Berichte über das Erdbeben 1988 oder über die beharrliche Weigerung der türkischen Regierung, das an den Armeniern begangene Verbrechen zuzugeben, erfüllen spontan sämtliche Auslandsarmenier mit Anteilnahme, Schmerz oder Empörung. Als Weltbürger sind sie zwangsläufig und ständig in die Angelegenheiten anderer Völker einbezogen, aber ihre tiefste Loyalität gehört dem eigenen Volk und der fernen Heimat.

Eine weitere Widersprüchlichkeit in der auslandsarmenischen Mentalität besteht im Gegensatz zwischen der Aufgeschlossenheit gegenüber fortschrittlichen Entwicklungen in der Kultur und Gesellschaft ihrer Gastländer sowie dem Konservatismus im nationalen Empfinden und politischen Verhalten. Armenier sind beides zugleich: Vorkämpfer für politische Verbesserungen, die ja stets auch Minderheiten zugute kommen, und Verfechter eines Wertekonservatismus. Soweit es Analysen auslandsarmenischen Wählerverhaltens gibt, zeigen diese, daß Armenier – im Unterschied zu anderen Einwanderungsminoritäten – in den USA eher konservativ wählen. Vor allem in ihren westlichen Aufenthaltsländern sind Armenier aber fortgesetzt mit Entwicklungen konfrontiert, die sie als aufgeklärte Weltbürger wider Willen zwar nachvollziehen und tolerieren, im Innersten jedoch sofort ablehnen bei dem Gedanken, daß derartige Verhältnisse sich auch in ihren eigenen Familien oder in ihrer Heimat durchsetzen könnten. Ob dies nun äußere Moden, den Jugendprotest, ein freizügigeres Verhältnis der Geschlechter oder Generationen zueinander betrifft — das, was man anderen Völkern an selbstgewählter Sittlichkeit und Geschmack gern zugesteht, gilt nicht unbedingt für das innerarmenische Wertesystem, das auch nach Generationen oder sogar Jahrhunderten urbanen Diasporalebens fast so konservativ-patriarchalisch geblieben ist wie das der bäuerlichen Vorfahren im Orient.

Das Leben der Auslandsarmenier spielt sich mithin auf mindestens zwei Ebenen ab und besitzt — je nachdem, ob auf den Hausgebrauch oder den Umgang mit der nichtarmenischen Umgebung angewandt — unterschiedliche Maßstäbe oder Moralsysteme. Dies hat jedoch nichts mit Doppelmoral oder Doppelzüngigkeit zu tun, sondern entspringt dem schwierigen Balanceakt, den jeder Mensch mit mehreren Loyalitätsbezügen zwischen Außen- und Innenwelt vollbringen muß. Es spricht für die bewundernswerte Toleranz der Armenier, daß sie in aller Regel bei sich selbst weitaus strengere Maßstäbe anlegen als bei anderen.

Der »weiße Genozid«

Als das kilikisch-armenische Reich im 14. Jahrhundert unterging, kehrte sich das Verhältnis zwischen Diaspora und Heimat um: Solange eine armenische Staatlichkeit bestanden hatte, entwickelte sich die armenische Kultur im Armenischen Hochland beziehungsweise in Kilikien. Danach aber wurde die Diaspora zur Trägerin und zum Motor der weiteren Entwicklung. Denn die Verwüstung und wirtschaftliche Verelendung der Heimat, die Unsicherheit der Verhältnisse dort verhinderten jahrhundertelang nicht nur jeden Fortschritt, sondern bewirkten den Niedergang des Bestehenden. Die armenischen Auslandsgemeinden aber standen unter dem direkten Einfluß der Weltkultur, mußten und wollten sich ihr öffnen und griffen umgehend die jeweils fortschrittlichsten technischen und kulturellen Errungenschaften ihrer Zeit auf. Diese Führungsposition der Diaspora wurde erst im 20. Jahrhundert wieder in Frage gestellt: zum einen durch die Gründung der Republik Armenien beziehungsweise der nachfolgenden Sowjetrepublik, in der sich, bei allen politischen und ideologischen Einschränkungen, ein nationales Kultur- und Wissenschaftsleben auf heimatlichem Boden entwickeln und festigen konnte. Zum anderen scheinen die Strukturveränderungen, die sich seit der 70er Jahren innerhalb der armenischen Diaspora vollziehen, deren Überleben zu bedrohen. Denn die traditionsreichen Gemeinschaften im Nahen und Mittleren Osten, vor allem im Iran und Libanon, aber auch auf Zypern und in Syrien, nehmen zugunsten der westeuropäischen und nordamerikanischen Diaspora ständig ab, wo Armenier den sozial konservativen orientalischen Verhältnissen völlig entgegengesetzte Strukturen vorfinden. In den Armenien benachbarten »alten« Diasporaländern waren die Armenier niemals wirklich Fremdlinge. Sie lebten dort unter Völkern, die ihnen trotz aller Unterschiede, die zwischen Islam und Christentum bestehen, von alters her vertraut sind und deren Alltagskultur manche Gemeinsamkeiten mit der armenischen aufweist. Gerade dank der in den islamisch-konservativen Gesellschaften herrschenden Ghettobedingungen gelang es den Armeniern, sich als Minderheit zu behaupten. Muslime, Juden und Christen lebten im Nahen Osten in klar voneinander abgegrenzter Koexistenz. In den tabufreien und grundsatzlosen Gesellschaften des Westens dagegen sind die armenischen

Armenierinnen und Griechinnen
aus Trapesunt

Einwanderer einem Assimilationsprozeß ausgesetzt, dem sie sich nur im religiösen Bereich entziehen können und der ihnen um so gefährlicher ist, als sich viele ohnedies geistig als Europäer begreifen. Ihre übergroße Integrationsbereitschaft fördert Sprach- und Identitätsverluste. Die zweite Generation der nach Frankreich und in die USA eingewanderten Armenier beherrscht Armenisch meist nur noch rudimentär oder gar nicht.

Je weiter der unvermindert andauernde Migrationsprozeß die Armenier geographisch von ihrer vorderasiatischen Urheimat fortführt, um so mehr beschleunigt sich ihre Entfremdung und Assimilation. Am Ende, so befürchten inzwischen viele der Beobachter dieser Entwicklung, steht der sogenannte »weiße Vökermord«, die kulturelle Vernichtung eines Volkes durch das spurlose Verlöschen im Schmelztiegel der westlichen Staaten.

Noch ist die Frage, ob die einst so überlebenstüchtige armenische Diaspora auch unter den neuen, westlichen Bedingungen fortbestehen wird, nicht eindeutig entschieden, um so weniger die Frage, welches ihr Stellenwert und ihre Aufgaben für die armenische Kultur heute sein werden. Traditionsbewußtsein und Konservatismus, wie sie das armenische Sozialverhalten bisher geprägt haben, werden allein nicht genügen, um Menschen armenischer Abstammung vor dem westlichen Nivellierungsdruck zu schützen. Doch wäre die Weltkultur mit dem Verschwinden der Auslandsarmenier um eine kostbare Facette ärmer. Sie hätte dann einen für uns alle vorbildlichen Typus des − wenn auch in diesem Falle erzwungenen − Weltbürgers verloren: meist gebildet, oft weise, mit einer für Außenstehende nie ganz auslotbaren Tiefe an Erfahrung und dem daraus hervorgegangenen Wissen um Entfremdung, loyal sowohl gegenüber dem Gastland als auch dem eigenen Volk, dessen Geschichte und der fernen Heimat gegenüber verpflichtet. Viele Auslandsarmenier beherrschen die Kunst des Brückenschlags gerade dank ihrer eigenen inneren Zerrissenheit − eine Kunst, deren Wert angesichts der gleichzeitig wachsenden internationalen Konflikte und der weltweiten Zunahme des Nationalismus besonders wertvoll erscheint. Meine Lehrmeister und Führer bei der Entdeckung europäischer Kultur waren nicht zufällig Armenier: Sie erschlossen mir die Athener Akropolis, die Kunstschätze Mailands und St. Petersburgs, zeigten mir den Geburtsort der Aphrodite bei Paphos auf Zypern. Halb Fremde, halb in Griechenland, Italien, Rußland oder auf Zypern beheimatet, brachten sie mir, der Fremden, die Fremde nahe.

Die Glaubenswelt

Vorchristliche Religionen

Den Götterhimmel des alten Armenien bevölkerten nicht nur einheimische Gottheiten, sondern auch die der benachbarten kleinasiatischen, iranischen und mesopotamischen Kulturen. Auffällig ist ein zu allen Zeiten stark ausgeprägter Elementen- sowie Astralkult, besonders des Feuers, des Wassers und der Sonne als himmlische Verkörperung des irdischen Feuers. Archäologische Ausgrabungen haben jungsteinzeitliche Wohnstätten des dritten vorchristlichen Jahrtausends zutage gefördert, in deren Mitte sich runde Kultherde aus Lehm befanden, die innen durch stilisierte Stierköpfe – ein Sonnensymbol – in drei Segmente geteilt wurde. Der heimische Herd genießt im Brauchtum bis heute Verehrung, und das Entzünden des ersten Feuers besitzt, besonders bei dem Einzug in ein Haus oder einer Hochzeit, kultische Bedeutung. Noch im 11. Jahrhundert stellten die türkischen Seldschuken die Nationalität ihrer Kriegsgefangenen dadurch fest, daß sie sie an ein Feuer setzten: Diejenigen, die die Flammen nährten, waren Armenier, und man hat sie deshalb auch das »Volk der Herdhüter« genannt.

Seit dem zweiten vorchristlichen Jahrtausend sind monolithische Stelen (Wischapner; sogenannte »Drachen«) nachgewiesen, die im Zusammenhang mit einem Wasser- und Fruchtbarkeitskult in der Nähe von Seen oder Flüssen errichtet wurden und denen die bronzezeitlichen Steinmetze das Aussehen von Fischen oder Widderköpfen verliehen hatten. Beide Tiere verkörperten die Fruchtbarkeit.

Urartäischen Keilinschriften ist zu entnehmen, daß an der Spitze des damaligen Pantheons von 79 männlichen und weiblichen Gottheiten eine Trias von drei Hauptgöttern stand: der Staats-

und Kriegsgott Chaldi mit seiner Gattin, der Fruchtbarkeitsgöttin Arubaini, sowie der Sonnengottes Schiwini. Zu diesen Hauptgöttern kam etwas später der von den indoeuropäischen Hethitern entlehnte Wettergott Tejscheba. Wie im alten Orient üblich, gesellten auch die Urartäer ihren Göttern heilige Tiere bei; diese tauchen zum Teil schon vor und vor allem lange nach dem 1. Jahrtausend v. Chr. als Begleiter beziehungsweise Symbole für die Funktionen der Götter auf. Der Staatsgott Chaldi wird meist auf einem Löwen stehend dargestellt, Tejscheba dagegen steht auf einem Stier. Nachdem er einige Metamorphosen durchlaufen hat, lebt der hethitisch-urartäische Wettergott bis heute im Volksglauben fort. Denn in armenisch-vorchristlicher Zeit verschmolz der drachentötende Tejscheba mit dem feuerhaarigen Wahagn. Fragmente seines Geburtsmythos überlieferte im 5. Jahrhundert der altarmenische Historiker Mowses Chorenazi:

Es kreißten Himmel und Erde,

es kreißte das purpurne Meer,

Geburtswehen im Meere hielten das rote Schilfrohr ergriffen,

durch des Schilfes Röhre stieg Rauch auf,

durch des Schilfes Röhre stieg Flamme auf,

und aus der Flamme sprang ein Jüngling,

mit Haaren aus Feuer,

einem Bart aus Flammen,

und zwei Sonnen als Augen.

Ausgrabungsstätte Mezamor, Kultstätte 1
(Wende vom zweiten zum ersten Jahrtausend v. Chr.):
Altäre und Ritualöfen für
Feuer- und Wasser- (Fruchtbarkeits-)kulte.

Als Sonnengott besaß Wahagn Gemeinsamkeiten mit den wedischen Göttern des alten Indien, konkurrierte aber vor allem mit dem irano-armenischen Sonnengott Mihr: Beide Kulte, die des Wahagn und des Mihr, erfreuten sich offenbar einer große Anhängerschaft.

In christlicher Zeit überlebten einige Bestandteile der alten Wettergötter Tejscheba beziehungsweise Wahagn im Volksglauben an den Heiligen Sargis (Sergios): Sein Fest fällt in den wetterwendischen Monat Februar, und es besteht der Glaube, daß der Heilige an diesem Tag Rache an allen Nichtarmeniern, vor allem aber an orthodoxen Christen (»Römern« bzw. Byzantinern) übt, indem er Reisende mit Unwettern heimsucht.

Nachdem der Achämeniden-Herrscher Kyros II. (der Große; 559–529 v.Chr.) den Medern Armenien abgenommen hatte, befanden sich die Armenier für etwa ein Jahrtausend unter dem kulturellen Einfluß der altiranischen Reiche (Achämeniden, Parther, Sassaniden) sowie der altiranischen Staatsreligion (Masdaismus) des Zarathustra (griech.: Zoroaster). Sie war gekennzeichnet durch einen tendenziellen Monotheismus, eine dualistische Weltsicht und die Verehrung der Elemente, was den armenischen Neigungen entgegenkam.

Der armenische Himmels- und Erdgott Aramasd entsprach dabei dem zoroastrischen Schöpfergott Ahuramasda. Sein Sohn, der schon erwähnte Mihr, nahm unter dem Einfluß des Masdaismus Züge des iranischen Mithras an. Ein Mihr zu Ehren im Februar gefeiertes Feuerfest wurde vom Christentum mit dem Feiertag der Darstellung Jesu im Tempel (14. Februar) gleichgesetzt. Der Feuerkult hielt sich auch in christlicher Zeit, zumindest im Volksbrauchtum: Auf den Kirchhöfen werden Scheiterhaufen entfacht, durch die die jungen Leute springen, ebenso werden auf den Flachdächern der Bauernhäuser Feuer entzündet. Jeder verbrennt ein Stück seiner Kleidung, um sich gegen Magie zu feien, wie auch die Asche der Feuer zur Schadensabwehr auf Felder und Weinberge gestreut wird. Ziehen der Rauch und die Flammen des Holzstoßes gegen Sonnenaufgang, ist dies ein glückliches Omen. Die armenische Kirche hat zwar bis in die Gegenwart hinein das »Herumgehen um das Feuer« an diesem äußerst populären Feiertag mißbilligt, ohne den Brauch freilich abschaffen zu können. Sie tat vielmehr gut daran, dieses und andere Relikte des »Heidentums« in das armenische Kirchenjahr und -brauchtum zu integrieren.

Dazu gehören auch die Kulte um die indo-iranische Fruchtbarkeitsgöttin Anahit (Anahita; »die Makellose«, »Unbefleckte«) und die ihr in vielem verwandte Gemahlin des Gottes Wahagn, die Liebesgöttin Astrik. Ihr Name, »Sternchen«, weist darauf hin, daß sie eine mit dem Venusstern gleichgesetzte Astralgottheit war. Astrik genoß besonders in Südarmenien große Verehrung und gleicht der babylonischen Ischtar beziehungsweise der syrischen Fruchtbarkeitsgöttin Astarte im benachbarten Mesopotamien. Ihre heilige Blume, die Rose (arm.: »ward«), verlieh ihrem bis heute gefeierten Fest »Wardawar« (»Rosenbrand«) den Namen. Die christliche Kirche integrierte auch diesen

Abguß eines Bronzegreifs auf dem Ausgrabungsgelände der Urartäerfestung Erebuni (Jerewan): Die Urartäer verehrten Mischwesen, die sie ihren Göttern als Wächter oder Reittiere zugesellten.

Feiertag — als Himmelfahrt, meist aber als »Christi Verklärung« (7. Sonntag nach Pfingsten). An diesem beliebten Fest besprengen sich viele Armenier mit Rosenwasser.

Anahit(a), die nach den Vorstellungen der patriarchalischen Armenier dem Göttervater Aramasd ähnlich mutterlos entsprang wie Pallas Athene dem griechischen Zeus, war eine in vielen Ländern Asiens verehrte Göttin, genoß jedoch nirgends so inbrünstige Verehrung wie in Armenien. Die in Massenanfertigung hergestellten Terrakottafiguren, die man bei der antiken armenischen Hauptstadt Artaschat und anderenorts ausgrub, stellen vermutlich Ahahit dar. Sie zeigen sie in Begleitung eines oder mehrerer Knaben ähnlich der Darstellung der kleinasiatischen Fruchtbarkeitsgöttin Kybele mit ihrem Sohn und späteren Geliebten Attis beziehungsweise der semitisch-babylonischen Ischtar mit Tammuz. Der Anahit gelobten Armenierinnen einst Keuschheit, dienten ihr zeitweilig aber auch durch Tempelprostitution. Spuren ihres Kultes erhielten sich im armenischen Küchenalltag bis in die Neuzeit: Man benutzt stilisierte Frauenfiguren aus Ton, die an die einstigen Kultfiguren erinnern, als Salzgefäße, mit der »Bauchhöhle« als Öffnung.

Wenn auch der aus dem Armenien nördlich benachbarten La-senreich stammende antike Geograph Strabon (ca. 65 v. Chr.– 23 n. Chr.) feststellte, daß »die Armenier verehren, was die Per-ser verehren«, so war die Wirklichkeit komplizierter. Trotz aller Einflüsse unterlagen selbst von den Nachbarn entlehnte Gott-heiten und Glaubensvorstellungen in Armenien einer eigen-ständigen Entwicklung, die im Verlauf der Jahrhunderte zu manchen Änderungen und Abweichungen führte. Gerade zu Strabons Zeit aber befanden sich die Armenier unter dem ver-stärkten Einfluß des Hellenismus. Der griechisch-römische Kultureinfluß wurde von den damals herrschenden Artaschi-den bewußt gefördert. Auch die Nachfolgedynastie der Arscha-kiden stand in Armenien wie in ihrer ursprünglichen Heimat Parthien hellenistischer Kultur sehr aufgeschlossen gegen-über. So setzte man die alten Götter kurzerhand mit den grie-chisch-römischen gleich, wobei Anahit zu Artemis/Diana und Astrik zu Aphrodite/Venus wurden. Unter griechischem Ein-fluß bauten die Armenier ihren Göttern auch repräsentative Tempel und errichteten ihnen Standbilder. Offenbar erfolgte ih-re Verehrung zuvor unter freiem Himmel und kam ohne große Idole aus.

Von diesen vorchristlichen Sakralbauten blieb jedoch, mit Aus-nahme des Tempels bei der königlichen Sommerresidenz von Garni (1. Jh.), nichts erhalten. Die Begründer der christlichen Staatsreligion zerstörten mit Eifer die Heiligtümer der Vorgän-gerreligion, um an ihrer Stelle die ersten Kirchen zu errichten. Doch wurde selbst dabei eine gewisse Kontinuität erhalten: Un-ter dem Hauptaltar der Kathedrale von Etschmiadsin liegt in einer Krypta eine alte Feuerkultstätte, was belegt, daß die Scheu der frühen armenischen Christen vor den Heiligtümern der soeben entmachteten Religion groß war.

Bis in das 20. Jahrhundert benutzte man stilisierte Figuren der Fruchtbarkeitsgöttin Anahit, deren offene Bauchhöhle zur Aufbewahrung des wertvollen, weil lebensnotwendigen Salzes diente.

Es dauerte mehrere Jahrhunderte, bis das Christentum sich in Armenien vollständig durchgesetzt hatte. Die Anhänger der alten iranischen Lehre konnten im Abwehrkampf gegen die Christen nicht nur auf Unterstützung aus dem Iran bauen, wo der Masdaismus unter den Sassaniden reformiert und die Mission verstärkt worden war. Auch in den Reihen des armenischen Hochadels fand sich noch mancher Anhänger der alten Götter, der für sie an der Seite der Perser gegen den armenischen König und die christliche Kirche focht. Mit der Islamisierung Irans blieb diese auswärtige Unterstützung aus. Im Zuge der mittelalterlichen Ketzerbewegungen erfuhren zumindest Elemente des alten Feuerkults eine Neubelebung, vor allem durch die »Sonnenkinder« (Arewordik), die den mittelalterlichen Schriftstellern zufolge den Lehren des »Magiers Zarathustra« folgten, die Sonne verehrten und ihre Toten nicht begruben, sondern, wie noch heute die Parsen in Indien, natürlicher Verwesung überließen.

Dem armenischen Sonnen- und Lichtgott Mihr
geweihter Tempel (66 n. Chr.) nahe der einstigen
königlichen Sommerresidenz in Garni.
Von einem Erdbeben 1678 zerstört, wurde der Bau
1966–76 rekonstruiert.

Die armenisch-apostolische Kirche

Nach armenischer Überlieferung brachten die beiden Apostel Thaddeus und Bartholomäus als erste das Christentum nach Armenien und fanden dort den Märtyrertod. Unter Berufung auf diese Apostelmission führt die armenische Kirche die offizielle Bezeichnung »Heilige rechtgläubige apostolische Kirche der Armenier« und beansprucht denselben Rang wie die römisch-katholische Kirche. Im dritten Jahrhundert häuften sich Berichte über Christenverfolgungen in Armenien, und Eusebios von Cäsarea erwähnt »Glaubensbrüder in Armenien, mit Merushan (Merozanes) als Bischof«. Dionysios von Alexandria sandte diesem Merushan im Jahre 251 einen Brief.

Zu wirklichem Durchbruch gelangte die neue Religion aber erst unter dem Arschakidenkönig Trdat III. (dem Großen), der – wie sein Vater Trdat II. – zunächst die Christen in seinem Reich erbittert verfolgte. Als Abkömmling der parthischen Arschakiden politisch von den persischen Sassaniden bedroht, versuchte Trdat begreiflicherweise auch religionspolitisch auf Distanz zum Perserreich zu gehen und den Masdaismus in Armenien durch eine Förderung des altarmenischen Götterglaubens zurückzudrängen – eine Tatsache, die im übrigen deutlich zeigt, daß die religiösen Überzeugungen und Praktiken Armeniens und Alt-Irans keineswegs deckungsgleich waren. Dann jedoch wandelte sich der Verfolger der Christen plötzlich in den glühendsten Anhänger der neuen Lehre und erhob schon im Jahre 301 – also zwölf Jahre vor dem Mailänder Toleranzedikt des Kaisers Konstantin – das Christentum zur Staatsreligion.

Die armenische Kirchenüberlieferung führt diese Wandlung auf ein Heilwunder des heiligen Grigor zurück, der darum als »Erleuchter« (Lussaworitsch) Armeniens verehrt wird. Wie König Trdat entstammte auch Grigor einer ursprünglich parthischen Adelsfamilie. Sein Vater soll der von den Persern gedungene Mörder König Trdats II., also des Vaters von Trdat dem Großen, gewesen sein. Grigor wuchs im kappadokischen Cäsarea auf, wo

er eine christliche Erziehung erhielt. An den armenischen Königshof zurückgekehrt, fiel er in Ungnade, als er sich weigerte, der Göttin Anahit zu huldigen.

Trdat ließ ihn daraufhin in die »tiefe Grube« (Chor Wirap), das Staatsgefängnis nahe der alten Hauptstadt Artaschat, werfen, wo Grigor 15 Jahre schmachtete, vom Hungertod nur durch die heimlichen Gaben einer frommen Christin bewahrt. Sein Verlies wurde zur Wallfahrtsstätte, über der sich heute ein Klosterkomplex aus dem 17. Jahrhundert erhebt.

Währenddessen war König Trdat, fortgesetzt an Christen frevelnd, von dem Wahn befallen worden, ein Wildeber zu sein; zuvor hatte er die Jungfrau Hripsime und ihre 36 Gefährtinnen zu Tode foltern lassen. (Andere Versionen sprechen von insgesamt 40 Märtyrerinnen beziehungsweise von einer Gruppe von 38 Jungfrauen, von denen jedoch eine, die heilige Nino, nach Georgien entkam, das sie zum Christentum bekehrte.) Die frommen Mädchen stammten aus der römischen Provinz Nisibis und waren nach Armenien geflüchtet, um den Christenverfolgungen unter Kaiser Diokletian zu entgehen. Bestrickt von der großen Schönheit der Hripsime, begehrte Trdat sie zur Nebenfrau. Hripsimes Weigerung löste seine Wut und die Greueltat an ihr und ihren Gefährtinnen aus. Trdats Schwester Chosrowiducht, bereits Christin, erkannte dann in einer göttlichen Eingebung, daß es dem eingekerkerten Grigor gelingen würde, ihren Bruder von seinem Wahn zu heilen. So kam es zur Freilassung Grigors und zur Bekehrung des Königs. Ein Jahr darauf wurde Grigor, der bis dahin Laie gewesen war, von Leontios, dem Erzbischof von Cäsarea, zum Oberhaupt der armenischen Kirche erhoben. Zu den judaisierenden Eigenarten des frühen armenischen Christentums gehörte die Vererbbarkeit der Kirchenführerschaft; das Amt des Kirchenoberhauptes vererbte sich bis 428 in

Die Kirchen Etschmiadsins galten armenischen Gläubigen als besonders verehrungswürdig. Tiefe Frömmigkeit spricht aus dieser Armenierin, die in der Kathedrale des Etschmiadsiner Klosters betet.

der Familie des Grigor. Auch lautete der Amtstitel zunächst nicht »Katholikos«, wie später die Oberhäupter autokephaler Ostkirchen genannt wurden, sondern »kahanapet« (Priesterführer beziehungsweise Oberpriester; von hebr. »kahane« – »Priester« und arm. »pet« – »Führer«). Der Sitz dieses Hohenpriesters befand sich bis 402, zusammen mit dem Familiensitz des Grigor, bei Aschtischat in Südarmenien (nahe der Stadt Musch), wo Grigor nach seiner Bischofsweihe in Cäsarea eines der bedeutendsten vorchristlichen Heiligtümer Armeniens zerstört hatte. Es war dem Sonnengott Wahagn sowie den Göttinnen Anahit und Astrik geweiht. Danach wurde das Katholikat in die damalige Hauptstadt Wararschapat (das heutige Etschmiadsin) verlegt, von dort 485 nach Dwin. Nachdem Dwin 893 einem Erdbeben zum Opfer fiel, folgte das Katholikat den häufig wechselnden Sitzen des armenischen Herrscherhauses und wurde im 12. Jahrhundert nach Kilikien verlegt. Die Eroberung Kilikiens durch die Mameluken führte 1441 zur Rückverlegung des Heiligen Stuhls in das ostarmenische Wararschapat (Etschmiadsin), wo sich der Heilige Stuhl der armenischen Kirche seither befindet. Im Unterschied zum apostolischen Sitz der katholischen Kirche ist das armenische Katholikat an keinen festen Ort gebunden, sondern machte vom 5. bis zum 15. Jahrhundert eine eintausendjährige »Periode der Wanderschaft« durch.

Das Christentum Armeniens blieb zunächst eine höfische Religion; Teile des Adels und vor allem die einfachen Bauern beteten weiterhin die alten Götter und das Feuer an. Die vollständige Verbreitung und dauerhafte Verankerung des Christentums setzte erst im 5. Jahrhundert ein, nachdem der Mönch und vormalige Hofsekretär Mesrop Maschtoz (362–440) mit Förderung des damaligen Königs Wramschapuh sowie des Katholikos Sahak ein armenisches Nationalalphabet entworfen hatte, das ihm die Übersetzung der Bibel in die Landessprache erlaubte. Bis dahin erfolgte die gottesdienstliche Lesung der Heiligen Schrift in Fremdsprachen (Griechisch beziehungsweise Syrisch). Viele Kleriker waren überdies Ausländer.

Nach armenischer Kirchenauffassung sind Mesrop die 36 bis heute benutzten Buchstaben des armenischen Alphabets – im 12. Jahrhundert kamen unter westeuropäischem Einfluß noch die Buchstaben »O« und »F« dazu – göttlich offenbart worden, ähnlich wie Moses die Zehn Gebote empfing.

Aus der Perfektion, mit der sich Mesrop seiner Aufgabe entledigte, läßt sich allerdings folgern, daß er ein guter Kenner der damals im Iran und in Kleinasien verwendeten Alphabete – des griechischen sowie der auf dem Aramäischen aufbauenden Alphabete – gewesen sein muß. Im Jahre 405 war seine Arbeit am armenischen Nationalalphabet beendet, woran sich bis 433 die Übersetzung der Bibel anschloß. Mesrop und seine von ihm ausgebildeten Schüler begannen mit den Sprüchen Salomons aus dem Alten Testament, das zunächst nach einer syrischen Fassung übersetzt werden mußte, da die persische Regierung nach der oströmisch-persischen Teilung Armeniens von 387 in ihrem Herrschaftsbereich den griechisch-westlichen Kultureinfluß zurückzudrängen versuchte und deshalb keine griechischen Bücher duldete. Syrisch war damals die einzige von den Sassaniden zugelassene fremde Kirchensprache, so daß Mesrop und seine Schüler gezwungen waren, in den unter oströmischer Herrschaft stehenden Teil Armeniens auszuweichen. Das Neue Testament wurde ebenfalls nach syrischen Fassungen übersetzt und im 8. Jahrhundert anhand griechischer Fassungen revidiert.

Das Christentum war als übernationale Erlösungslehre nach Armenien gelangt, hatte jedoch unter den besonderen Bedingungen dieses Landes schon sehr früh seine Umwandlung zu einer National- beziehungsweise Volkskirche erfahren. Religiöses und nationales Bekenntnis verschmolzen zu einer untrennbaren Einheit, und über Jahrhunderte fehlender Eigenstaatlichkeit hinweg bildete die armenisch-apostolische Kirche den einzigen Zusammenhalt des weltweit verstreuten armenischen Volkes. Ihre Bedeutung in der armenischen Geschichte läßt sich innerhalb des Christentums allenfalls mit der des

Katholizismus für Iren und Polen vergleichen, außerhalb des Christentums eventuell mit der traditionellen Identität von jüdischem Glaubensbekenntnis und jüdischem Bewußtsein.

Ihre kirchenrechtliche Selbständigkeit (Autokephalie) erreichte die armenisch-apostolische Kirche bereits 73 Jahre nach ihrer Gründung durch Grigor, als der kirchenfeindliche König Pap 374 den einflußreichen Katholikos Nerses vergiftet hatte und sich damit den Zorn des Basileios von Cäsarea zuzog, der sich weigerte, weitere Bischöfe für Armenien einzusetzen. Folglich ernannte Pap nun selbst ihm gefügige Kleriker.

Ohnedies lag Armenien als nordöstlicher Vorposten des kleinasiatischen Christentums abseits der gesamtchristlichen Entwicklung und war darüber hinaus häufig zu stark von inneren Problemen — der Abwehr der masdaistischen Mission und des Kampfes gegen eigene »Irrlehren« — beschäftigt, um allzu aufmerksam der ökumenischen Entwicklung folgen zu können. An den Konzilien von Ephesos (431) und Chalcedon (451) waren keine Armenier aus den persischen Provinzen Armeniens beteiligt. Die Konzilsakten gelangten den Armeniern erst verspätet zur Kenntnis.

Auf beiden Konzilien ging es um die im Mittelpunkt christlichen Bekenntnisses stehende Frage nach der Natur Christi. In Ephesos hatte man noch einmal einmütig die Lehre des Archimandriten Nestorios verworfen, die die menschliche Natur Christi in den Mittelpunkt rückte und damit die Wiederauferstehung in Frage stellte. Die Gegenposition zum Nestorianismus war der Monophysitismus. Seine Anhänger bestritten nicht — wie oft verfälschend behauptet wird — die menschliche Natur Christi, sondern sahen in Christus die untrennbare Verschmelzung von Göttlichem und Menschlichen zu einer Natur, entsprechend der Lehre des alexandrinischen Patriarchen Kyrillos (412—444) von der einzigen Natur des fleischgewordenen Gott-Logos. Im Extremfall führte dies zur Überlagerung der menschlichen Natur Christi durch die göttliche, in abgemilderter Form zu der vom antiochenischen Patriarchen Severos (512—538) entwickelten Kompromißformel »aus zwei Naturen« (»ek dyo physeon«). Dem setzten die Anhänger der Zwei-Naturen-Lehre (Dyophysiten) die Formel »in zwei Naturen« (»en dyo physeon«) entgegen: Die menschliche und die göttliche Natur Christi bestanden für sie von Anfang an und ohne Vermischung oder gegenseitige Durchdringung nebeneinander.

Auf dem Konzil von Chalcedon, das zur Verwerfung der Ein-Naturen-Lehre einberufen worden war, setzte sich die »orthodoxe Mitte« durch. Die Christenheit zerfiel in drei Fraktionen: die Nestorianer, die Monophysiten und die Anhänger der Reichskirche. Einige Jahrzehnte später versuchte der oströmische Kaiser Zenon, durch sein *Henotikon* (482) die Monophysiten zurückzugewinnen, stieß aber mit seiner Kompromißformel lediglich die Westkirche vor den Kopf, ohne die gewünschte Einheit mit den Monophysiten wiederherstellen zu können. Zenons Nachfolger hob daher die Formel zugunsten des Chalcedonense auf.

Die Armenier standen zwischen 449 und 484 im erbitterten Glaubenskampf mit den Persern und schlugen im Konzilsjahr 451 bei Awarajr eine ihrer entscheidenden Glaubensschlachten. Als sie sich schließlich mit den Konzilakten vertraut gemacht hatten, nahmen sie das Chalcedonense sehr zurückhaltend auf, begrüßten jedoch das Henotikon des Kaisers Zenon. Auf mehreren Synoden von Dwin (506/7, 554/5, 607) bekannte sich die armenische Kirche zu einem moderaten Monophysitismus mit betonter Einheit der beiden Naturen Christi, wie sie Severos von Antiochia formuliert hatte. Die armenische Kirche glaubt folglich, daß »Christus einer Natur sei, in der alle menschlichen als auch göttlichen Merkmale vollkommen erhalten waren, ohne irgendein Durcheinander, irgendeine Vermischung oder Verwandlung« (Vrej Nersessian). Diese Position stand in der Sache der byzantinisch-orthodoxen Haltung sehr nahe.

Es hat darum weder an Parteigängern der byzantinischen beziehungsweise dyophysitischen Richtung in Armenien gefehlt, noch an Fürsprechern einer erneuten Union zwischen Armenien und der Reichskirche. Indessen kam es nie dauerhaft zu deren Verwirklichung, obwohl von heutiger Sicht aus die Unterschiede zwischen den Auffassungen geringfügig erscheinen, als Streit um einen Buchstaben in den griechischen Schlüsselworten »en« und »ek« (»in« und »aus zwei Naturen«). Die Ursachen für die Aufrechterhaltung der Abspaltung lagen letztlich auch weniger in der Lehre, als in der Politik und im byzantinischen Führungsanspruch gegenüber den übrigen Ostkirchen. Armeniens hartnäckige Ablehnung der Chalcedonser Konzilsbeschlüsse beinhaltete im Grunde die Weigerung, sich Byzanz vollständig zu unterwerfen. Auch in künstlerischen und kulturellen Fragen begann Armenien seit dem ersten großen Schisma der Christenheit, seine Eigenständigkeit gegenüber Byzanz zu betonen. Gemeinsam mit dem Kopten, den Äthiopiern und den Syrisch-Orthodoxen bilden die Armenier die Gruppe der vorchalcedonensischen Kirchen, für die nur die ersten drei gesamtökumenischen Konzilien gelten. Sie gehören nicht im engeren Sinne zu den »orthodoxen« Kirchen des oströmischen Typus.

»Ketzer« und »Irrlehren«

Die armenische Kirche fand ihre dogmatisch-theologische Gestalt nicht nur in der gesamtchristlichen Auseinandersetzung, sondern ebenso intensiv in der Abwehr von Häresien. Bischof Jesnik Korbazi (Jesnik von Kolb; 1. Hälfte 5. Jh.), einer der klassischen theologischen Autoren Alt-Armeniens, setzte sich in seiner Kampfschrift »Wider der Irrlehren« (443– 449) mit den für die armenische Kirche offenbar besonders gefährlichen Häresien auseinander: den griechischen Philosophenschulen der Pythagoräer, Stoiker, Epikuräer und anderer, mit dem Gnostiker Markion und natürlich mit dem Masdaismus. Obwohl die armenischen »Irrlehren« sehr verschiedenartige Elemente enthalten, wurden vor allem zwei von der Gnosis beeinflußte Schulen, die des schon von Jesnik erwähnten Markion sowie die des Mani, bestimmend.

Markion wurde Anfang des 2. Jahrhunderts in der pontischen Hafenstadt Sinope als Sohn eines Reeders geboren. Er konstruierte eine Lehre von einem bösen Schöpfergott, den er für die Welt in ihrer Unvollkommenheit verantwortlich machte und mit dem jüdischen Schöpfergott des Alten Testaments gleichsetzte. Daraus leitete sich für Markion und die von ihm begründete Gegenkirche die Ablehnung des gesamten Alten Testaments sowie der Zehn Gebote her, doch wurden auch vom Neuen Testament große Teile verworfen. Dem unvollkommenen Schöpfergott der unvollkommenen Welt wurde Christus als Bote eines höchsten und guten, jedoch fremden Gottes gegenübergestellt.

Die zweite Hauptquelle für armenische Häresien war die Lehre des Mani (216−276), eines in Babylonien geborenen Parthers aus der Arschakiden-Familie. Auch er geht, stark vom iranischen Denken geprägt, von einem dualistischen Weltbild aus: dem Kampf Gottes beziehungsweise des Guten gegen das Reich der Finsternis und der Materie. Durch strikte Askese können jedoch die Menschen geläutert werden und den Kampf gegen die Finsternis unterstützen.

Als unmittelbare Erben der Markioniten sind die Paulikianer anzusehen, eine Ende des 5. Jahrhunderts in Armenien entstandene antihierarchische Sekte, die bis in das späte 9. Jahrhundert im byzantinischen Reich zahlreiche Anhänger besaß. Wie ihre Nachfolgersekten verdankten sie diesen Zulauf unter anderem der sozialen Unzufriedenheit der Bauernbevölkerung und später auch der einfachen Städter. Die Paulikianer bezeichneten sich selbst schlicht als Christen, bildeten in Wahrheit jedoch eine christliche Spielart des Manichäismus. Die Bezeichnung Paulikianer wird in den armenischen Quellen auf den Sektengründer zurückgeführt, wobei unterschiedliche Überlieferungen über dessen Identität existieren. Einmal wird Paulos von Samosata, ein häretischer syrischer Theologe, genannt, ein andermal ein Prediger gleichen Namens, jedoch aus späterer Zeit. Die Bezeichnung spielt offenbar auch auf die Bedeutung an, die die Briefe des Apostels Paulus, neben dem Lukas-Evangelium,

für die Paulikianer besaßen. Diese Reduzierung des Neuen Testaments auf die Lehren des Paulus, zusammen mit der Verwerfung des Alten Testaments, hatte die Sekte von den Markioniten übernommen. Zu weiteren paulikianischen Besonderheiten gehörte die Ablehnung der Ehe, der Sakramente, des Priestertums und der Verehrung der Bilder einschließlich des Kreuzes. Sie verwarfen außerdem die Lehre vom ewigen Leben und dem Jüngsten Gericht.

Während die Paulikianer in Armenien bereits Mitte des 6. Jahrhunderts zur Amtszeit von Katholikos Nerses II. (548–557) Unterdrückung und dann um 695 blutige Verfolgung erlitten, wurden sie von den byzantinischen Kaisern – vor allem der bilderfeindlichen Richtung – zunächst geduldet. Aber schon die Kaiser Michael I. (811–813) und Theophilos (829–842) machten gegen die Paulikianer mobil, zumal die revolutionäre Sprengkraft ihrer Bewegung inzwischen allgemein als Bedrohung der herrschenden Ordnung empfunden wurde. Mit dem endgültigen Sieg über die Bilderstürmer (Ikonoklasten) 843 verstärkte sich auch der Kampf gegen die Paulikianer. Schon ein Jahr später sollen 100 000 von ihnen hingerichtet worden sein. Es half den Paulikianern wenig, daß sie eigene Truppen aufstellten und sich mit dem islamischen Emir von Melitene verbündeten, denn die kaiserlichen Heere durchbrachen die Linie arabischer Sperrfestungen und zerstörten 872 auch den paulikianischen Stützpunkt Tephrike. In seltener Einmütigkeit mit dem etablierten armenischen Klerus, dem die paulikianischen Ketzer mindestens ebenso lästig waren wie den byzantinischen Kaisern, wurden die Paulikianer um 875 zum größten Teil nach Thrakien an die Grenze des byzantinischen Reiches zwangsumgesiedelt. Ihre dortige Missionstätigkeit unter den Balkan-

Im Felsen- und Wallfahrtskloster Gerard haben
sich die Fürsten Proschjan ihre Familiengruft errichtet (13. Jh.).
Über dem Eingang erkennt man ihr Wappen.

slawen rief Mitte des 10. Jahrhunderts, besonders in Bosnien, die Nachfolgersekte der Bogomilen (nach dem Priester Bogomil bzw. Theophilos) hervor, die sich bis zur Eroberung des Balkans durch die Türken im 14. Jahrhundert hielt; im 13. Jahrhundert bildeten die Bogomilen sogar die offizielle bosnische Staatskirche.

Die Bogomilen glaubten, daß Gott zwei Söhne, Satanael und Jesus, gezeugt habe; Satanael schuf die irdische, materielle Welt, Jesus dagegen die reine Welt des Spirituellen, als deren Abgesandter er auf die Erde kam. Durch Askese, sexuelle Enthaltsamkeit und Verzicht auf Fleischspeisen kann sich der Mensch von der unreinen Materie befreien. Ihren Dualismus sowie Antimaterialismus reichten die Bogomilen an die südfranzösischen Katharer (12.– 14. Jh.) weiter, die in der verballhornten Bezeichnung »Ketzer« zum Inbegriff für Häresie schlechthin wurden. Von den Paulikianern hatten die Bogomilen auch die Ablehnung der Ehe übernommen. Die ebenfalls über Armenien vermittelten Bestandteile des Manichäismus führten zu einer strengen Askese mit Verzicht auf den Genuß von Fleisch und Wein bei Bogomilen und Katharern. Bei letzteren galt dieser Verzicht zumindest für die »Vollkommenen«. Die Katharer lehnten auch die katholische Hierarchie, die kirchlichen Sakramente sowie den Eid ab und beschränkten in fundamentalistischer Weise den Gottesdienst auf die Predigt und das Gebet. Als heiliges Buch erkannten sie nur das Johannes-Evangelium an. Die Unterteilung ihrer Anhänger in »Vollkommene«, die streng asketisch lebten und sich körperlicher Arbeit enthielten, und in einfache »Gläubige«, die die »Vollkommenen« unterhielten, dafür aber nicht an so rigorosen Verzicht gebunden waren, entspricht den »electi« (Auserwählten) und »auditores« (Schülern) manichäischer Gemeinden.

Als direkte Erben der versprengten und verfolgten Paulikianer erscheinen in Armenien die nach ihrem Zentrum, dem Dorf Tondrak in der ostarmenischen Provinz Sjunik benannten T(h)ondraken (Mitte 9. bis 11. Jh.), die dort der Priester Smbat um sich geschart hatte. Nachdem sie anfangs nur von der Führung der armenischen Kirche, deren Privilegien sie in Frage zu stellen gewagt hatten, verfolgt worden waren, wurden auch die Tondraken später von den Byzantinern zunehmend unterdrückt. Besonders herausgefordert fühlte sich Byzanz, als es in den 30er Jahren des 11. Jahrhunderts versuchte, große Teile Armeniens zu annektieren und dabei direkt mit den Tondraken konfrontiert wurde, deren Bewegung nun den Charakter nationalen Widerstands annahm.

»Sie anerkennen weder die Kirche noch den geistlichen Rang, weder die Taufe, noch das große und schreckliche Mysterium der Liturgie, weder das Kreuz noch die Fasten«, schrieb der Historiker Aristakes Lastiwerzi im 11. Jahrhundert über die Tondraken. Von den christlichen Sakramenten behielten sie nur die Taufe und Eucharistie bei.

Mit der Zerschlagung auch der Tondrakenbewegung war der »ketzerische« Widerstand in Armenien aber keineswegs gebrochen. Im 11. und 12. Jahrhundert entstand mit den »Sonnenkindern« (Arewordik) in Südarmenien, Kilikien und Mesopotamien eine weitere häretische Massenbewegung, in deren Lehre sich vorchristliche autochthon-armenische mit iranisch-masdaistischen Glaubenselementen mischten. Wie schon der Name sagt, ließen die »Sonnenkinder« den uralten Sonnenkult wieder aufleben, wobei sie Christus mit der Sonne gleichsetzten. Ferner verehrten sie den Pappelbaum und die Lilie. 1170 versöhnten sie sich offiziell mit der armenischen Kirche, doch hielten sich eigenständige Gemeinden noch bis zum Ende des 19. Jahrhunderts in Nordmesopotamien und vor allem in der Umgebung der Stadt Amid (türk.: Diyarbakir).

Religionsgeschichtlich betrachtet, dürfte die Bedeutung armenischer Häresiebewegungen für Europa weitaus größer gewesen sein, als uns gewöhnlich bewußt ist. Armenien vermittelte, insbesondere über die Paulikianer, nicht nur wichtige Anstöße gnostizistischer Schulen wie die des Markion und Mani, sondern leistete auch seinen eigenen Beitrag bei der Vorbereitung und Verbreitung jener antihierarchischen bis fundamentalistischen, in Ansätzen »evangelischen« und stets revolutionären Gegenbewegungen zur offiziellen Kirchenlehre und -hierarchie, die die westeuropäische Reformation vorbereiten halfen. Es ist daher kein Zufall, daß die evangelisch-westeuropäische Mission unter den Armeniern des Osmanischen Reiches gerade bei den Resten paulikianischer Gemeinden Anklang fand, die teilweise sogar noch bis Ende des vorigen Jahrhunderts bestanden. Die Kette jener von Armenien ausgehenden Bewegung, die dann über den Balkan und Südfrankreich verlaufen war, hatte sich damit zum Kreis geschlossen.

Ljudwig Durjan

Sonne der Geschichte

Und du, Sonne, und du, die du allein
und kenntnisreich gerechte Morgendämmerungen schufst,
erwecktest auch den ewigen Wunsch zu leben.
Doch was, was, was hast du statt dessen gesehen!
Du sahst, Sonne, du sahst mit weit offenen Augen,
mit welcher Gier der Mensch den Menschen fraß.
Du sahst, Sonne, du sahst die dunklen Gesetze,
nach denen so viele deiner Kinder
ihr Leben geben mußten...
Mit jedem deiner Kinder, Sonne,
hat man auch dich enthauptet, dich erstochen,
dich gemetzelt.
So wurde mit gezücktem Schwert
die Hölle bereitet.
Mit deinen lichten Kindern, Sonne, hat man
auch dich enthauptet. Dir entströmte
statt Morgenlicht das Blut der Opfer...

Und Knechtschaft
hielt in Schrecken,
die dich zu preisen wagten.
Die dich rühmten, erhielten das Mal des Bösen
und wurden vernichtet, Sonne, vernichtet...
Mit der Gesetze Folter legte man
die freien Seelen deiner Kinder
voll Haß in Ketten, warf sie in Kerker.
Doch kamen wieder lichte Sonnenkinder zur Welt
und fanden ihren Raum zum Strahlen.
Mit ihnen, Sonne,
kam dein Licht.
Umsonst hatten deine Kinder
nicht ihr gerechtes Blut vergossen...
In jedem Jahrhundert
sind ihre Opfer ungezählt...
Auch du, Sonne, auch du wurdest geopfert
unzählige, unzählige Male...
du, der Wahrheit ewige Botschaft,
wurdest ein Lichtstrahl im Auge der Wahrheit,
und mit dir, Sonne,
gaben lichte Sonnenkinder
ihre Lichtgedanken an die Nachkommen...
Sie wurden geopfert, sie wurden Gerechte, und so gerecht,
daß sich mit ihnen ein jegliches Jahrhundert reinigt.

Aus: *Arewordik (Sonnenkinder)*. Aus dem Armenischen von
Gerayer Koutcharian und Winfried Dallmann. Jerewan 1979

Missionare, Märtyrer und Proselytenmacherei

Mit Ausnahme der beiden ersten Jahrhunderte ihrer Geschichte betrieb die armenisch-apostolische Kirche keine Mission. Die Missionstätigkeit der Anfangszeit beschränkte sich zudem auf die Nachbarländer Iberien (Ostgeorgien) und das am rechten Kura-Ufer an Arzach (Karabach) grenzende Albanien (heutiges Nordwestaserbeidschan). Schon im Jahre 306 hatte Grigor der Erleuchter in der armenischen Hauptstadt Wararschapat den albanischen König Urnajr getauft, und Grigors Enkel Grigoris wurde zum ersten Patriarchen Albaniens geweiht, starb dort allerdings 338 den Märtyrertod, als er auf Befehl von König Sanatruk von einem Pferd zu Tode geschleift wurde. Zentrum des albanischen Christentums wurde das im 4. Jahrhundert in Amaras gegründete Kloster, später die armenisch-albanische Hauptstadt Partaw. Die Bischöfe Albaniens wurden anfänglich vom armenischen Katholikos geweiht; der erste albanische Katholikos amtierte erst ab 552.

Auch mit Ostgeorgien bestanden bis zum 7. Jahrhundert enge Kirchenverbindungen. Die erste Übersetzung der Bibel ins Altgeorgische erfolgte Mitte des 5. Jahrhunderts anhand der armenischen Übersetzung. Das erste überlieferte georgische Literaturdenkmal ist eine von Jakow Zurtaweli verfaßte Version des *Märtyriums der heiligen Schuschanik* (6. Jh.) und folgt einer armenischen Fassung. Im Christologie-Streit von Chalcedon übernahmen die Georgier freilich den Standpunkt der Reichskirche, so daß es 607 zum endgültigen Bruch mit den Armeniern kam. Die Albaner hingegen wahrten die armenisch-monophysitische Position, wenn auch nicht eindeutig oder freiwillig: Als nämlich der albanische Katholikos Nerses Bakur und die Königin Sparam, die ihn zuvor gegen den Willen des übrigen Klerus zum Katholikos erhoben hatte, versuchten, die Beschlüsse von Chalcedon für Albanien zu übernehmen, bezichtigte sie der damalige armenische Katholikos Elia (703–717) am Hofe des über den Transkaukasus herrschenden arabischen Kalifen Abdul Malik des Landesverrats und erreichte so mit muslimischer

Unterstützung die Wahrung der albanischen Gefolgschaftstreue. Bakurs»Verrat« an der armenischen Position führte außerdem dazu, daß Armenien das albanische Katholikat fortan nur noch mit eigenen Geistlichen besetzte, allerdings unter formaler Beibehaltung der kirchenrechtlichen Eigenständigkeit Albaniens. Der Sitz des albanischen Katholikats befand sich seit Ende des 14. Jahrhunderts im einflußreichen Kloster Gandsassar in Arzach; die Katholikoi entstammten der Arzacher Adelsfamilie der Dschalaljan.

Den weitaus größeren Teil ihrer Geschichte mußte sich die armenische Kirche fremder Missionsversuche erwehren. Im Grunde kann selbst ihre eigene Missionstätigkeit der Anfangsphase als Reaktion auf die aggressive Mission des iranischen Masdaismus gedeutet werden, denn mit der Etablierung gleichartiger Kirchen in den Nachbarländern versuchten die Armenier einen »Cordon sanitair« zwischen sich und dem Iran zu schaffen. Seit der Abspaltung von Byzanz und den Georgiern ganz auf sich allein gestellt, hatten die Armenier sich seit dem 7. Jahrhundert an vor allem der islamischen Mission zu erwehren, die von den Arabern und später den Türken oft genug buchstäblich mit Feuer und Schwert betrieben wurde. Mildere Methoden zur Zwangsbekehrung waren der Verlust von Privilegien, falls christliche Adelige sich weigerten, den Islam anzunehmen, sowie allgemein höhere Steuern für Nichtmuslime und ein ganzes Bündel sozialer und rechtlicher Benachteiligungen. Kein anderes Volk ist so lange und derartig grausam um seiner Zugehörigkeit zum christlichen Glauben willen verfolgt worden wie die Armenier, und dies nicht allein im Mittelalter, als man auch in Europa in Glaubensfragen unduldsam bis zur Blutrünstigkeit war, wie die Kreuzzüge beweisen. Die Blutzeugenschaft der Armenier dauert vielmehr bis in die Gegenwart an. Immer wieder

Hauptkirche des Arzacher Klosters Gandsassar (13. Jh.)
vor seiner zweifachen Bombardierung durch aserbeidschanische
Verbände am 16. 8. 1992.

ließen sich armenische Männer und Frauen massakrieren und foltern oder flüchteten in den Freitod, ohne ihre Religion und damit ihre Nation zu verleugnen. In allen Zeiten der Verfolgung gab es jedoch Menschen, die dem Terror nicht standzuhalten vermochten. Zeitgenössische Berichte über die Armenierverfolgungen Ende des vorigen Jahrhunderts im Osmanischen Reich belegen, daß bei den damaligen Pogromen oft auch Zwangsislamisierungen vorkamen, indem man die wehrlosen Opfer vor die Wahl stellte, abgeschlachtet zu werden oder öffentlich das islamische Glaubensbekenntnis abzulegen. Darauf folgte in vielen Fällen, ebenfalls öffentlich, die demütigende Beschneidung der Männer. Von den damals und in früheren Jahrhunderten Islamisierten stammen die etwa 30 000 bis 40 000 Kryptoarmenier in der heutigen Türkei ab: Menschen, die sich äußerlich an die jeweilige kurdische oder türkische Mehrheitsbevölkerung anpassen mußten und sich zum Islam bekennen, obwohl sie sich ihrer armenischen Abstammung deutlich bewußt sind. Zu ihnen gehören auch die etwa 20 000 sogenannten Hemşinli, deren Heimat zwischen Trapesunt und Erzurum liegt, die sich aber auch weiter nordöstlich verbreiteten. Obwohl ihre Vorfahren teilweise schon im 16. Jahrhundert den Islam annahmen, haben die Hemşinli nach dem Zeugnis armenischer Philologen und ausländischer Ethnographen ihre armenische Muttersprache oft besser bewahren können als die christliche armenische Restgemeinde in Istanbul.

Ging die Missionsbedrohung der armenisch-apostolischen Kirche bis zum 11. Jahrhundert von den Religionen der Eroberer aus − vom Masdaismus, Islam und der byzantinischen Orthodoxie −, so geriet sie ab dem 11. Jahrhundert in Kilikien unter den indirekten, wenngleich nicht weniger wirksamen Einfluß westlicher Mission. Der intensive Kontakt mit der katholischen Kirche, den die kilikischen Armenier zur Zeit der Kreuzzüge besaßen, förderte, zusammen mit westeuropäischem Kultureinfluß, den Gedanken an eine Union mit Rom. Dieser Gedanke fand sowohl bei kilikisch-armenischen Königen als auch bei etlichen Katholikoi Anklang, zumal sich an ihn offensichtlich politische Hoffnungen auf eine feste Anbindung Armeniens an die katholische Kirche und den Schutz durch die Kreuzfahrerstaaten knüpften. Lewon II. legte bei seiner Krönung 1198 feierlich das katholische Glaubensbekenntnis ab, und im 14. Jahrhundert bekannten sich zwei Synoden zur Union mit Rom. Selbst in Ostarmenien, das nicht unmittelbar von der »Latinisierung« erfaßt wurde und dessen Geistliche im allgemeinen dem Katholizismus viel ablehnender gegenüberstanden als die kilikischen, fand der Unionsgedanke unter dem Einfluß der dort wirkenden Franziskaner und Dominikaner Anhänger, so daß sich 1320 eine armenische Kongregation der Unitoren (Miananork) bildete; sie verschmolz allerdings allmählich mit dem Dominikanerorden. In Nachitschewan entstand sogar ein katholisches Bistum (bis Mitte des 18. Jhs.). Dennoch scheiterte der Unionsgedanke letztlich am Widerstand der breiten Bevölkerung, großer Teile des Adels und des Klerus. »Wir sind bereit, lieber mit unseren Vätern in die Hölle zu fahren, als mit den Römern in den Himmel emporzusteigen«, hatte im Mittelalter ein armenischer Bischof gegen die Dominikanermission polemisiert.

Es gab aber seit den kilikischen Unionsversuchen und vor allem in der armenischen Diaspora stets eine Minderheit, die kirchliche Gemeinschaft mit Rom hielt, zumal sich im 17. Jahrhundert die Missionstätigkeit verschiedener katholischer Orden im Osmanischen Reich, in Persien und Georgien, wo jeweils große Armeniergemeinden bestanden, außerordentlich verstärkte. Das führte nicht nur Anfang des 18. Jahrhunderts zur Entstehung eigener armenisch-unierter Kongregationen (Antoniter und Mechitaristen), sondern 1635 im damals polnischen Lemberg, wo schon seit dem 14. Jahrhundert ein armenisches Erzbistum existierte, zur ersten formellen Union.

Bleibende Bedeutung erlangte das armenisch-unierte Patriarchat von Kilikien, das 1742 durch den kilikisch-armenischen Katholikos Abraham Arziwjan begründet wurde. Sein Amtssitz befand sich zunächst im Dorf Kreim (Kurrayam) im Libanon-Gebirge und wurde von seinem Nachfolger in das Marienkloster von Bzommar bei Beirut verlegt (1749). Mit der Angliederung des Erzbistums Konstantinopel wurde die osmanische Hauptstadt Patriarchalsitz (1867), in dieser Funktion aber Anfang des 20. Jahrhunderts durch Rom abgelöst. Seit 1929 befindet sich der Sitz des kilikisch-unierten Patriarchen wieder im Nahen Osten, und zwar in Beirut.

Seiner Jurisdiktion unterstehen vier Erzbistümer (Beirut, Konstantinopel, Bagdad, Aleppo), drei Bistümer (Alexandrien in Ägypten, Isfahan im Iran und Kamischlije in Syrien), zwei Vikariate (Damaskus und Jerusalem) sowie seit 1960 ein Exarchat in Frankreich (15 000 Gläubige). Insgesamt gehören dem unierten Patriarchen von Kilikien etwa 90 000 Gläubige an, während die 120 000 Katholiken in der Republik Armenien bisher ohne seelsorgerische Betreuung geblieben sind. Die Gesamtzahl armenischer Katholiken wird auf 243 000 geschätzt.

Den katholischen Missionsversuchen folgten im frühen 19. Jahrhundert evangelische, zunächst durch britische und russische Bibelgesellschaften, später vor allem durch Amerikaner und Deutsche. Ihre Missionsarbeit im Nahen Osten galt anfänglich Muslimen und Juden. Als aber keine nennenswerten Resultate erzielt werden konnten, wandte man sich den altorientalischen Kirchen zu, die nach westlich-evangelischer Auffassung stark reformbedürftig und weit vom Geist des Evangeliums entfernt waren – eine Ansicht, die nicht frei von eurozentristischer Überheblichkeit war. Ein weiteres Motiv gerade für die Armeniermission bildete das Kalkül, die kulturell, sprachlich und im Alltagsleben gut mit den Muslimen vertrauten Armenier später als Multiplikatoren evangelischer Missionsarbeit einzusetzen, was natürlich in türkisch-muslimischen Augen die Armenier zu »Agenten« der Europäer stempelte.

Wie schon zuvor die katholischen Orden verbanden die Protestanten ihre Missionsarbeit mit Bildungsangeboten und karitativen Leistungen auf dem Gebiet der Krankenpflege, nach den

Bischof der
armenisch-apostolischen Kirche.

Pogromen von 1894–96 und 1909 auch auf dem Gebiet der Hilfe für Witwen und Waisen. Die bildungshungrigen, stets Neuerungen aufgeschlossenen Armenier machten von diesen Angeboten gern Gebrauch. Den Zulauf, den die westkirchliche Mission gerade unter den Armeniern des Osmanischen Reiches fand, verdankte sie auch deren Hoffnung, als Angehörige westlicher Kirchen den verstärkten Schutz europäischer Staaten bei Verfolgungen zu genießen. Diese Hoffnung wurde unter anderem durch das Eingreifen Frankreichs und Österreichs 1829 zugunsten der damals in Konstantinopel verfolgten Katholiken genährt. Tatsächlich konnten diese beiden selbsternannten »Schutzmächte« osmanischer Katholiken gegenüber dem Sultan die offizielle Anerkennung der armenischen Katholiken als eigene »Glaubensnation« (*millet*) entsprechend arabisch-osmanischer Rechtstradition durchsetzen. Analog dazu hofften später die evangelischen Armenier auf den Schutz des deutschen Kaisers. Andere mögen geglaubt haben, daß bei künftigen Pogromen armenische Katholiken und Protestanten grundsätzlich verschont würden. Möglicherweise sind die armenischen Hoffnungen auf Schutz und Schonung auch durch die europäischen Missionare selbst genährt worden, die sich schon bald in einem regelrechten Wettstreit mit der armenischen Geistlichkeit befanden. Hatte das armenisch-apostolische Patriarchat in Konstantinopel zunächst die westliche Missionsarbeit geduldet, so wurde das Mißtrauen des Klerus allmählich durch die wachsenden Erfolge der Europäer geweckt und führte 1844 zur Verfluchung und Ausstoßung der neuen evangelischen Gemeinschaft aus der armenisch-apostolischen Kirche.

Die Rechnung, bei künftigen Massakern als Katholiken oder Protestanten geschützt und geschont zu werden, ging zwar bei den panislamisch motivierten Pogromen unter Abdul Hamid II. auf, nicht aber während des Völkermords von 1915/16. 1894–96 massakrierten Angehörige verschiedener muslimischer Völker – vor allem Türken, Kurden und Lasen – ausschließlich Mitglieder der armenisch-apostolischen Nationalkirche. Die nationalistisch motivierten, persönlich aber nur wenig oder gar nicht religiös empfindenden jungtürkischen Initiatoren des Genozids ließen unterschiedslos sämtliche Armenier vernichten. Sie verlangten sogar, daß nicht einmal frisch zum Islam Konvertierte verschont werden dürften; erst in der Schlußphase des Völkermordes, als die Mehrheit der osmanischen Armenier bereits tot war, wurde den muslimischen Armeniern Schonung gewährt beziehungsweise die Islamisierung zur Ersatzhandlung für die physische Vernichtung. Die Interventionen des Auslands zugunsten armenischer Angehöriger der Westkirchen blieben unter diesen Umständen wirkungslos, wenn sie überhaupt erfolgten. Mit Ausnahme der karitativen und pädagogischen Bedeutung der westeuropäischen Armenier-Mission kann man diese vor dem düsteren Hintergrund des armenischen Völkermords nur als ein fragwürdiges Kapitel innerchristlicher Proselytenmacherei werten.

Im Unterschied zu den armenischen Katholiken, die innerhalb der katholischen Kirchengemeinschaft eine eigenständige Stellung besitzen und die alte armenische Liturgie bewahrt haben, entfernten sich die armenischen Protestanten weit von ihrer Nationalkirche. Rund drei Prozent der armenischen Weltbevölkerung sollen evangelischen Glaubensgemeinschaften angehören, die meisten den Presbyterianern. Prozentual ist der Protestantismus am stärksten unter den in USA lebenden Armeniern verbreitet.

Die inneren wie äußeren Krisen, die der sowjetische Reform- und Demokratisierungsprozeß hervorgerufen hatte, stürzten viele Menschen in eine tiefe geistige und seelische Verunsicherung. Die alten kommunistischen und sozialistischen Ideale haben sich als ebenso hohl und wirklichkeitsfern erwiesen wie die Illusion, Bürger einer dem politischen und wissenschaftlichen Fortschritt verpflichteten Weltmacht zu sein. An den hilfreichen Trost vorgegebener Weltbilder und Orientierungen gewöhnt, wenden sich heute viele Bürger der einstigen Sowjetunion wieder der Religion oder – als weltlicher Ersatzideologie – dem Nationalismus zu. Die neuen Religionsfreiheiten der Perestrojka ermöglichten es nicht nur den altehrwürdigen nationalen und internationalen Kirchen, jetzt auch im Bereich der Katechese und Karitas aktiv zu werden. Die ehemaligen Sowjetrepubliken sind gleichzeitig zum Eldorado für missionierende Religionsgemeinschaften und Sekten aus aller Welt geworden, die den etablierten Kirchen dort erfolgreich Konkurrenz machen. Die Hare Krischna-Bewegung wirbt ebenso um Anhänger wie die Zeugen Jehovas, die Anthroprosophen, die Scientology-Sekte und viele andere. In Armenien stoßen die heutigen Missionare zwar auf die älteste und zugleich abwehrfähigste christliche Nationalkirche, der nicht einmal die byzantinische Orthodoxie, der römische Katholizismus oder die evangelischen Kirchen Westeuropas und der USA in nennenswertem Umfang Gläubige abtrünnig machen konnten. Doch in den nordarmenischen Erdbebengebieten finden sich ganz besonders verzweifelte und daher aufnahmebereite Menschen. Die Heimsuchung durch die Naturkatastrophe am Ende des an Massakern, Massenflucht und politischen Enttäuschungen reichen Jahres 1988 konnten viele Armenier nur noch in religiös-mystischen Kategorien fassen. Ohnedies zu dem Glauben neigend, von Gott durch Heimsuchungen ausgezeichnet zu sein, deuten inzwischen zahlreiche Überlebende des Bebens die Tragödie von 1988 als göttliche Warnung vor dem nahenden Weltuntergang: Göttliche Liebe habe dieses Zeichen ausgerechnet in Armenien gesetzt, um den – ähnlich wie die Juden – auserwählten Armeniern eine letzte Gelegenheit zur Einkehr und Buße zu geben. Auf diesem von bodenloser Verzweiflung, Messianismus und Mystizismus vorbereiteten Boden gedeiht die Saat skrupelloser Neo-Missionare ganz besonders prächtig. Die ambulanten Händler in Glaubensfragen und Weltbildern finden unter den armenischen Erdbebenopfern willige und ahnungslose Abnehmer.

Kirchliche Verfassung

Die armenische Kirche von heute stellt keine monolithisch geschlossene, straff zentralisierte Körperschaft dar. Ihre Struktur ist vielmehr das Ergebnis ihres wechselvollen Schicksals, ihre Glieder sind Schöpfungen fremder Herrscher oder Ergebnis der den Armeniern eigenen Neigung zur Abspaltung, Insubordination und extremer Freiheitsliebe.

Nachdem Kilikien 1375 den muslimischen Mameluken in die Hände gefallen war, beschloß die Mehrheit der Kirchenführcr 1441, den Heiligen Stuhl aus der kilikisch-armenischen Hauptstadt Sis in das ostarmenische Großkloster Etschmiadsin zurückzuverlegen, um islamischer Kontrolle zu entrinnen. Der damalige Amtsinhaber verweigerte jedoch den Umzug, so daß neben dem »Katholikos aller Armenier« in Etschmiadsin ein kilikisch-armenisches Katholikat, das »Hohe Haus von Kilikien«, besteht. Sein Sitz befand sich bis 1915 in Sis. Nach dem Völkermord wurde seit 1929 der Beiruter Vorort Antelias zum Amtssitz des kilikischen Katholikos. Die Sowjetisierung Armeniens, die dortige Religionsunterdrückung und Kirchenverfolgung werteten den kilikisch-armenischen Katholikos als Gegenpol des von Moskau abhängigen Oberhirten in Etschmiadsin auf. Der Ost-West-Konflikt und der Kalte Krieg verschlimmerten das ohnehin gespannte Verhältnis zwischen Etschmiadsin und Antelias. In Beirut lieferten sich Anhänger beider Katholikoi beziehungsweise pro- und antisowjetische Fraktionen blutige Straßenschlachten. Der Bruderkrieg wirkte jedoch auf Besonnenere als Mahnung zu nationaler Eintracht. Der Einsicht der beiden derzeitigen Amtsinhaber, Wasgen I. von Etschmiadsin und Garegin II. von Antelias, war es zu verdanken, daß seit 1963 eine Aussöhnung eingeleitet wurde, zu der nicht zuletzt die verbindlichen Absprachen über die Jurisdiktion beider Katholikate beitrugen. So unterstehen heute dem kilikischen Katholikat die nahöstlichen Diözesen Beirut, Aleppo, Damaskus und Nicosia, ferner die Diözese Nordamerika sowie seit 1957 die drei

Diözesen des Iran und Teile der Diözese Athen, die zuvor zu Etschmiadsin gehört hatten. Die etwa 15 000 in der Bundesrepublik lebenden Armenier gehören kirchenrechtlich zum Heiligen Stuhl von Etschmiadsin. Aussöhnungsbereitschaft äußerte sich auch in der von Etschmiadsin und Antelias 1980 gemeinsam durchgeführten Synode, die Wasgen I. den Titel »Universelles Haupt der Apostolischen Kirche, Katholikos aller Armenier« verlieh und damit die Hierarchie unter den beiden Kirchenführern verbindlich zugunsten des damaligen Sowjetarmeniens festschrieb.

Bis in das 19. Jahrhundert bestanden zwei weitere armenische Katholikate: das bereits erwähnte sogenannte »albanische Katholikat«, dessen Jurisdiktion sich auf Arzach (Karabach) und zeitweilig auch auf die südostarmenische Provinz Sjunik erstreckte. Nach dem Anschluß Arzachs an das Russische Reich wurde 1815 auf Veranlassung des russisch-orthodoxen Heiligen Synods der letzte »albanische« Katholikos, der Armenier Sargis, zum Metropoliten herabgestuft. Das Amt erlosch endgültig unter Sargis' Neffen, Bardassar Dschalaljan. Ein weiteres (Regional-)Katholikat bestand von 1113 bis 1916 in Südarmenien auf der Wansee-Insel Achtamar. Es wurde vom Bischof Dawid Arzruni ausgerufen, nachdem Grigor III. Pahlawuni minderjährig zum Katholikos ernannt worden war. Wie das albanische war auch das Katholikat von Achtamar ein Erbamt, das erst von den Arzruni, ab dem 17. Jahrhundert dann von der Adelsfamilie der Sefedjan ausgeübt wurde. Über Jahrhunderte konkurrierte Achtamar, dem Ende des 14. Jahrhunderts rund 100 000 Menschen, 302 Kirchen und 58 Klöster unterstanden, erfolgreich mit dem Katholikat von Etschmiadsin, dem es sich erst Ende des 18. Jahrhunderts unterstellte. Danach existierte Achtamar nur

Wasgen I. von Etschmiadsin,
»Katholikos aller Armenier«, vor den
Insignien seines Amtes.

151

noch als regionales Katholikat mit schwindender Macht und Wirkungsbereich. Nach dem Armenierpogrom von 1895 verwaiste das Amt und wurde 1916 von der türkischen Regierung offiziell aufgelöst. Bis dahin waren seine beiden Diözesen vom armenischen Patriarchat von Konstantinopel aus verwaltet worden.

Daneben entstanden 1311 und 1461 die bis heute existierenden Patriarchate von Jerusalem und Konstantinopel. Sie wurden von den Mameluken beziehungsweise den Osmanen ins Leben gerufen, um einen stärkeren Einfluß auf die in ihrem Machtbereich lebenden Armenier ausüben und deren Kirchenführung besser kontrollieren zu können. In Jerusalem gehört die armenische Kirche zu den drei Kirchen, die die heiligen Stätten beaufsichtigen und schützen.

Die Osmanen verfolgten mit der Gründung des armenischen Patriarchats in ihrer Hauptstadt außerdem die Absicht, ein starkes Gegengewicht sowohl zum armenischen Katholikat in Etschmiadsin, als auch zum ökumenischen Patriarchat in Konstantinopel zu schaffen. Überhaupt versuchten die Osmanen nicht ohne Erfolg, den armenisch-byzantinischen Gegensatz zu ihren Gunsten zu nutzen, um den 1453 niedergerungenen Byzantinern jegliche Möglichkeit zu nehmen, noch einmal an Stärke zu gewinnen. Hinzu kam das berechtigte Mißtrauen der neuen Herren an der Loyalität der soeben bezwungenen Feinde. Sie förderten deshalb zunächst bewußt die armenische Kirche, deren Oberherrschaft sie anfangs sämtliche Monophysiten ihres Reiches unterstellten.

In der Reformperiode des Osmanischen Reiches (»Tanzimat«; 30er bis 60er Jahre des 19. Jahrhunderts) wurde, auch unter dem Eindruck der armenischen Aufstände von Sejtun (1862), Wan (1862) und Musch (1863), den Armeniern 1864 vom Sultan eine Verfassung gewährt, die den Mitgliedern der armenisch-apostolischen Glaubensnation (*millet*) zumindest de jure die autonome Regelung innerkirchlicher und weltlicher

Verwaltungsangelegenheiten übertrug. Bei der Kirchenverwaltung räumte die »Verfassung« den Laien große Mitspracherechte ein, ganz im Gegensatz zu der Kirchenverfassung (*poloschenije*), mit der Rußland 1836 die kirchliche Autonomie der in seinem Machtbereich lebenden Armenier geregelt hatte; dort wurden die Rechte des armenischen Klerus zu Lasten der Mitsprache der Laien gestärkt.

Westliche Kommentatoren haben die osmanische Kirchenverfassung vielfach als Beweis für eine angeblich grundsätzlich liberale Haltung des Islam gegenüber den unterworfenen Nichtmuslimen bewertet. Davon kann allerdings keine Rede sein. Der Islam begreift sich vielmehr als konsequente Missionsreligion, wobei das Missionsgebot lediglich zeitweilig ausgesetzt werden kann. Die völkerrechtliche Beziehung zu den Nichtmuslimen ist grundsätzlich die zwischen kriegführenden Parteien: Nichtmuslime müssen bekehrt oder in inferiorer Stellung, als Tributpflichtige und Untertanen zweiter Klasse, gehalten werden. Und da auf sie das koranische Recht nicht angewandt werden kann, wird ihren geistlichen Führern die Regelung innerer Rechts- und Verwaltungsangelegenheiten übertragen. Die »Verfassung« der armenischen Glaubensnation von 1864 ergibt sich also keineswegs logisch aus der islamisch-osmanischen Institution der *millet*, der den »Rechtgläubigen« nicht gleichrangigen Glaubensnationen der »Buchbesitzer« (Christen und Juden); ihrem Inhalt nach trug sie vielmehr den Geist der Aufklärung, des Liberalismus, säkularer und egalitärer Bestrebungen, zumindest innerhalb der »millet«. Verwirklichen ließ sie sich angesichts der horrenden Mißstände in der osmanischen Verwaltung freilich nur in der Landeshauptstadt Konstantinopel; die in den östlichen »Provinzen« des Reiches lebenden (West-)Armenier kamen praktisch nie in den Genuß dieses bemerkenswerten Gesetzeswerkes.

Trotz all ihrer Bemühungen um die innere Einigung und Eintracht ist die armenische Kirche bis heute von starken dezentralistischen Strukturen und Tendenzen geprägt, wie sie sich

im Verlauf ihrer 17 Jahrhunderte alten Geschichte herausgebildet haben. Im Sommer 1962 wurde die armenisch-apostolische Kirche offiziell in den Weltkirchenrat aufgenommen. Vor dem Hintergrund ihrer uralten Erfahrungen mit Übergriffen auf Glaubensfreiheiten betonen die armenischen Sprecher bei der ökumenischen Arbeit vor allem die Freiheit, Eigenständigkeit und Autonomie der Einzelkirchen beziehungsweise Patriarchate. In seiner Enzyklika über die Kircheneinheit stellte Katholikos Wasgen I. bereits im Juni 1965 fest:

In unseren Tagen müssen der Gedanke und die Prinzipien der Einheit der Kirchen als Einheit der Liebe Christi verstanden werden, eine Einheit, die erreicht werden wird durch brüderliche Beziehungen und durch enge Zusammenarbeit zwischen den Kirchen unter den Bedingungen gegenseitiger Toleranz, Achtung und Gleichheit, so daß jede Kirche ihr Bekenntnis, ihre Denkweise, ihre Tradition und ihre Verwaltung unabhängig und autokephal behalten kann… Jede christliche Kirche ist mit ihrer historischen Entwicklung, ihrem Bekenntnis, ihrer Literatur und ihrer Kunst ein originales und einmaliges Denkmal, ein lebendiges Wort, ein authentisches Zeugnis »für die Herrlichkeit Gottes«.

Laien besitzen in der armenischen Kirche großes Mitspracherecht. Hier: Mitglieder eines Gemeinderats in Istanbul.

Dogmatische und liturgische Besonderheiten

Auch das Christentum schöpfte in Armenien aus heterogenen Quellen, vorzugsweise denen der Nachbarn: der Syrer, Griechen (im Bistum Kappadokien bzw. Byzanz) und der »fränkischen« Kreuzfahrer. Erst die Mischung dieser verschiedenen Bestandteile macht die unverwechselbare Eigenart der armenischen Kirche und ihres Glaubens aus.

Syrischer Einfluß zeigt sich vor allem bei der Entstehung des armenischen Mönchtums: Es war, wie schon das Beispiel des heiligen Grigor verdeutlicht, der sich in seinen letzten Lebensjahren als Einsiedler zurückzog, zunächst ein asketisches Eremitentum. Später bildeten sich Mönchsgemeinschaften, doch niemals im Sinne westeuropäischer Orden mit strikten Regeln, sondern als nur locker reglementierte Zusammenschlüsse zu geistlichen Gesellschaften (arm.: kronakan ucht) innerhalb eines Stifts (wank). Dem irischen Mönchstum aus vornormannischer Zeit vergleichbar, steht das armenische Mönchswesen zwischen dem orientalischen Eremitentum und den katholischen Orden Europas.

Der Ablauf des Kirchenjahres, das mit dem »Großen Fasten« vor Ostern beginnt, sowie die Liturgie folgen wiederum weitgehend griechischen beziehungsweise byzantinischen Vorbildern. Der westkirchliche (katholische) Einfluß aus der Kreuzfahrerzeit hat allerdings auch einige geringe Veränderungen in der kirchlichen Zeremonie sowie bei den Priestergewändern (z.B. Brustkreuz und Marienbildnis bei Bischöfen) bewirkt. Die Liturgie war anfangs die des Kirchenvaters Basileios von Cäsarea (des Großen), die im 5. Jahrhundert ins Armenische übersetzt wurde. Später wurde sie durch die byzantinische Liturgie des

Taufe in einer armenisch-apostolischen Gemeinde in Istanbul.

Chrysostemos ersetzt. Nach einigen Ergänzungen anhand lateinischer Texte blieb die armenische Liturgie seit dem 10. Jahrhundert unverändert, ebenso der schon im 7. Jahrhundert in Opposition zu Byzanz angenommene und bei fast allen übrigen Ostkirchen unbekannte Gebrauch von ungesäuertem Brot, das, in den unvermischten Rotwein eingetaucht, dem stehenden Kommunikanten gereicht wird. Ursprünglich kannte die armenische Kirche nur vier Mysterien (Sakramente): die Taufe, die in der Regel an Kindern und – wie bei den ältesten Christen – als Immersionstaufe (Untertauchen des Täuflings) vollzogen wird, die Myronsalbung (Versiegelung bzw. Firmung), die Buße und die Eucharistie. Im Mittelalter kamen unter dem Einfluß der westlichen Dominikanermission noch die Priesterweihe, das Ehesakrament (Krönung) sowie die Krankenölung hinzu; letztere wird heute nicht mehr praktiziert.

Im Unterschied zur katholischen Lehre erschreckt die armenische Kirche ihre Gläubigen nicht mit dem Fegefeuer oder der Vergeltung beim Jüngsten Gericht. Auch gibt es keine Ablässe

für Verstorbene, wohl aber Totengedenken und Seelenmessen. Die Unterwelt gilt durch Christi Höllenfahrt als zerstört. Armenier glauben an vier Möglichkeiten des ewigen Lebens nach dem Jüngsten Gericht: Gerechte und getaufte verstorbene Kinder erhalten als Lohn den Himmel, unvollkommen Gerechte und ungetaufte verstorbene Kinder das irdische Paradies. Sünder, die nicht im Unglauben und in Verstocktheit starben, leben unbelohnt auf Erden weiter, Ungläubige und Verstockte verharren in ihren inneren Qualen.

Außer an den 40 Fastentagen vor Ostern verzichten armenische Gläubige noch an weiteren zehn Wochenfasten sowie mittwochs und freitags auf Fleisch. Die 50 Tage nach Ostern sind davon ausgenommen. Die armenische Kirche kennt rund 360 Heilige, von denen etwa 100 nationale Heilige sind. Die letzte Heiligsprechung erfolgte im frühen 15. Jahrhundert und galt Grigor, dem hochgelehrten Abt des einflußreichen Klosters Tatew in Sjunik.

Wie bei allen alten Ostkirchen, umfaßt der armenische Klerus drei Ränge: Diakone, Priester und Bischöfe. Der geweihte (obere) Klerus lebt ehelos. Zu Gemeindegeistlichen werden gewöhnlich verheiratete Männer gewählt. Verwitwete Priester können zum Bischof berufen werden. Theologische Seminare zur Ausbildung des Priesternachwuchses befinden sich heute nur noch in Etschmiadsin, Jerusalem und Antelias. 1969 schloß die türkische Regierung das Priesterseminar des armenischen Patriarchats in Istanbul (*Dprewank*).

Die Welt der Zeichen

Jede Zivilisation hinterläßt sichtbare Zeichen ihrer Existenz, deren Art und Beschaffenheit viel über ihre Schöpfer auszusagen vermögen. Stein und Pergament beziehungsweise Papier bilden die wichtigsten Medien armenischer Kulturtätigkeit. Die Armenier teilten sich vor allem in der Architektur, der Literatur sowie in der Buchmalerei mit.

Als Kern der armenischen Kultur wird im allgemeinen das orientalische Christentum angenommen. Das ist nicht falsch, aber ungenau. Denn hierbei wird das ganz wesentliche Substrat der bodenständigen altorientalischen Tradition übersehen. Diese kräftige Wurzel der armenischen Kultur tritt bald offen zutage, wie in sämtlichen Bereichen der Volkskunst und Volksdichtung, bald wird sie überlagert von den Impulsen der westlich benachbarten byzantinischen beziehungsweise hellenistischen Kultur, ohne aber je ganz zu verschwinden. Als Begegnungsstätte sowie Brücke zwischen Abend- und Morgenland befand sich Armenien stets im Spannungsfeld zweier gegensätzlicher Kunst- und Weltauffassungen: Vor allem in den vom Geschmack des Hofes und der Kirche geprägten Kunstformen zeigt sich nachhaltig der von der hellenistischen Antike ausgehende und vor allem in Westeuropa wirksame Realismus. Er begegnet uns in der Bildwelt sowie im religiösen altarmenischen Schrifttum.

Der volkstümliche Traditionsstrang hingegen beruht auf dem orientalischen Abstraktionismus und Symbolismus. Diese im Innersten bilderfeindliche Tendenz vieler vorderasiatischer Hochkulturen (und -religionen) findet im Christentum ihre Fortsetzung und Weiterentwicklung. Die vorchalcedonensischen Kirchen — Kopten, Äthiopier, Syrer, Armenier —, die erst mit der byzantinischen Reichskirche in Konflikt gerieten und dann zunehmend vom Islam bedroht wurden, besaßen gute

Gründe, ihre Bekenntnisinhalte hinter vieldeutigen Symbolen zu verstecken. Das Wort galt den monophysitischen Christen Armeniens mehr als die darstellende Kunst, das Zeichen und Sinnbild mehr als das realistische Bildnis. Bei den häretischen Bewegungen Armeniens gelangten diese Neigungen noch deutlicher zum Ausdruck, wie das Beispiel der Paulikianer zeigt, die ihre Lehre ikonographisch so stark verschlüsselten, daß sie nur Eingeweihten verständlich war. Eine Reminiszenz der paulikianischen Geheimlehre stellt das Lilienkreuz auf armenischen Kreuzsteinen dar; es findet sich nicht zufällig auch auf bosnischen Bogomilen-Grabsteinen und Steinsarkophagen der südfranzösischen Katharer. Beide Sekten gelten als direkte beziehungsweise mittelbare Nachfolger der Paulikianer. Ferner stand das christliche, aber antichalcedonensische Armenien mit dieser Liebe zum Wort, zur Chiffre und zum Symbol seinen islamischen Nachbarn und Eroberern in Geschmack und Kultur oft näher als dem orthodoxen Byzanz, Georgien oder gar Rom. Diese innere, auf gemeinsame vorchristliche beziehungsweise vorislamische Glaubensvorstellungen zurückzuführende Wesensverwandtschaft war es auch, die armenische Künstler für arabische und vor allem persische Einflüsse empfänglich machte. Zwang und Assimilationsdruck allein hätten diese lebendige Fülle an Adaptionen beziehungsweise Parallelentwicklungen nicht hervorbringen können.

Die Entwicklung der armenischen Kunst bestimmte noch ein zweites Gegensatzpaar, nämlich das von Konservatismus und Innovation. Das Festhalten und Bewahren tradierter Formen und Kompositionen ergab sich vor allem aus der Funktion religiös beziehungsweise ritualistisch definierter Kunst; sie wird von dem starken Bedürfnis nach Wiederholung und Einhaltung kanonischer Regeln bestimmt. Das schlug sich auch in festen Normen für die sakrale Architektur, die Ausschmückung von Kirchen oder die Gestaltung einer geistlichen Handschrift nieder. Gleichzeitig besaßen die armenischen Künstler eine nicht zu bändigende Freude an der steten Veränderung und Variation der Ausführung, was die außerordentliche Vielfalt der Formen, Typen und Gattungen erklärt, mit denen die christlich-armenische Kunst des Mittelalters beeindruckt.

Ein drittes Merkmal armenischer Kunst besteht darin, daß die Höhepunkte und Blütezeiten ihrer Entwicklung keineswegs mit den — insgesamt so seltenen — Perioden relativer Ruhe, des Wohlstands und der Sicherheit identisch waren. Vielmehr fallen das »Goldene« und das »Silberne Zeitalter« der altarmenischen Literaturgeschichte in das wildbewegte, an nationalen Katastrophen überreiche 5. Jahrhundert, das nicht nur das völlige Ende nationaler Eigenstaatlichkeit brachte (428), sondern im Jahre 451 auch die Glaubensschlacht von Awarajr und das Konzil von Chalcedon. Awarajr und Chalcedon stehen für die Abwehr von Vormachtansprüchen und religiösen Übergriffen sowohl des Irans als auch Byzanz'. In das nicht minder krisenreiche 7. Jahrhundert fiel das »Goldene Zeitalter« der armenischen Baukunst mit einer wahren »typologischen Explosion« mannigfaltiger Bauformen, obwohl an der Wende vom 6. zum 7. Jahrhundert die Byzantiner ihre Reichsgrenze bis zum Hrasdan und Arax ausgedehnt hatten, bevor 640 die Araber ihre Herrschaft in Armenien errichteten. Hierauf folgten gegen Ende des 7. Jahrhunderts verheerende byzantinische Rückeroberungsversuche. Dieses Jahrhundert brachte außerdem den endgültigen Bruch Armeniens mit der byzantinischen Kirche.

Die dritte Blütezeit der mittelalterlichen armenischen Kultur setzte Ende des 12. Jahrhunderts ein, als die Brüder Iwane und Sakare Sakarjan Nordostarmenien von den Seldschuken befreiten. Friede und Wohlstand im Schutze des georgisch-christlichen Großreiches endeten jedoch schon 1329 mit der mongolischen Invasion in Transkaukasien. Zwar gelang es einzelnen Regionalherrschern, sich mit den Mongolen zu verständigen sowie ihre Territorien aus den Kämpfen herauszuhalten. Und die bemerkenswerte, im krassen Gegensatz zu den muslimischen Eroberern stehende Religionstoleranz der Mongolen verschonte Kirchen und Klöster vor der Zerstörung. Doch der

Steuerdruck lastete schwer auf den unterworfenen Transkaukasiern. Die Schwierigkeiten, denen sich damals und später die Künstler und Wissenschaftler Armeniens ausgesetzt sahen, beschreibt der Kopist Hakob, ein Schüler des Gelehrten Howhan Worotnezi, in einem Kolophon:

Geschrieben wurde dieses gottgefällige Buch im Jahre 835 armenischer Zeitrechnung (= 1386), in einer bitteren und tränenreichen Zeit, in der alle, Jung wie Alt, des Lebens überdrüssig wurden. Und während wir uns ganz der Lektüre und Abschrift der heiligen Schriften hingaben, erhoben sich, meiner unendlichen Sünden wegen, die Horden der Ungläubigen gegen die Christen… Sie wollten, wegen seiner ererbten Besitztümer, sich unseres Abtes bemächtigen, doch durch den Willen Gottes konnte er ihnen entrinnen und wanderte zwei Jahre lang mit seinen Schülern von Ort zu Ort, predigend und lehrend. Und ich, mit meinem schwerfälligen Leib, schulterte Papier und ein Verzeichnis der Werke, Federn und Tinte, folgte ihm nach, las und schrieb an der heiligen Handschrift, wo immer wir uns gerade aufhielten, erduldete dabei enorme Mühseligkeiten und Leiden, denn dort, wo ich mit Schreiben angefangen hatte, konnte ich es nicht beenden…

Dennoch erlangten im 13. und 14. Jahrhundert sowohl die Buchmalerei, als auch die Bauskulptur und die Kreuzsteine ihre höchste Vollendung. Es entstanden Werke von einmaliger, weltweit bewunderter Schönheit. Fast scheint es, als hätten die Künstler und Handwerker Armeniens angesichts der Existenzbedrohungen ihres Volkes ihre Anstrengungen verdoppelt, um wenigstens auf kulturellem Gebiet jenen dauerhaften Ruhm und jene Bedeutung zu erringen, die Armenien in der Politik und auf dem Schlachtfeld versagt blieb.

162

Sprache und Schrift

Die Sprache

»Wildkatze« nannte der jüdisch-russische Schriftsteller Ossip Mandelstam das Armenische, beeindruckt von dem unbeugsamen Freiheits- und Selbstbehauptungswillen der Armenier, aber auch»Idiom verhungernder Ziegel«, in Anspielung auf die Leiden Armeniens. Jerische Tscharenz, der bedeutendste sowjetarmenische Lyriker, sprach in einem seiner bekanntesten Gedichte vom»Sonnengeschmack« in der Sprache Armeniens (s. S. 231). Der einheimische und der fremde Dichter bezogen sich auf das sinnliche Vergnügen, das Armenisch, gesprochen oder gehört, bereitet. In den Notizen über seine sechsmonatige Armenienreise 1930 schreibt Mandelstam an anderer Stelle:

Die armenische Sprache — nicht abzunützen, Stiefel aus Stein. Ja, natürlich: das dickwandige Wort, Zwischenlagen von Luft in den Halbvokalen. Doch beruht etwa darauf ihr ganzer Zauber? Nein! Woher kommt denn diese Lockung? Wie läßt sie sich erklären und mit Sinn füllen?

Ich habe die Freude erfahren, die es bedeutet, Laute auszusprechen, die für einen russischen Mund verboten sind, geheimnisvolle, verfemte und in einer bestimmten Tiefe vielleicht sogar beschämende. Herrliches Wasser siedet in einem blechernen Teekessel — und plötzlich wirft man eine Prise wunderbaren Schwarztee hinein. So habe ich die armenische Sprache erlebt.
(*Die Reise nach Armenien*. Frankfurt/M. 1983)

Dies exotische Aroma verdankte das Armenische seinen nicht-indoeuropäischen Bestandteilen. Zwar zählt Armenisch zur indoeuropäischen Sprachfamilie, nimmt dort aber eine ähnliche isolierte Stellung ein wie das Griechische oder das (balkanische) Albanische. Dafür aber besitzen Altarmenisch und das im Vergleich zum Westarmenischen konservativere Ostarmenisch auffällige phonetische Gemeinsamkeiten mit den nördlichen Nachbarsprachen, insbesondere dem Georgischen. Der französische Sprachwissenschaftler A. Meillet nannte darum Armenisch eine»indoeuropäische Sprache im Munde von Kaukasiern«.

Je weiter sich die Armenier allerdings vom Kaukasus und den östlichen Gebieten Kleinasiens zurückzogen, desto stärker neigten sie zur Vereinfachung der komplizierten (trans-)kaukasischen oder nichtindoeuropäischen Sprachbestandteile. In Kilikien bereitete sich dann im Mittelarmenischen jene entscheidende Lautverschiebung vor, die einige Jahrhunderte später das Neuarmenische in einen östlichen und einen westlichen Zweig spaltete. Zu den lautlichen Unterschieden zwischen Ost- und Westarmenisch gesellen sich grammatische und lexikalische. Die Grenze zwischen ost- und westarmenischen Dialekten verlief am Wan-See. Bis zum Völkermord von 1915 war Westarmenisch, mit Ausnahme der östlichsten Grenzgebiete, die Sprache der im Osmanischen Reich lebenden Armenier. Die Nachfahren der Überlebenden im Nahen Osten, in Frankreich und weitgehend auch in den USA sind die heutigen Träger des Westarmenischen, während Ostarmenisch von den Armeniern Transkaukasiens (Ostarmenien, Georgien, Aserbeidschan) sowie in der östlichen Diaspora (Iran, Indien, China, Rußland) gesprochen wird.

Sprachgeschichtlich unterscheidet man Alt-, Mittel- und Neuarmenisch, und zwar jeweils in einer schrift- und einer umgangssprachlichen Variante. Die altarmenische Literatursprache, das Grabar (von *grel* — »schreiben«) wurde erstmals Anfang des 5. Jahrhunderts durch Mesrop Maschtoz schriftlich fixiert. Mit einigen Veränderungen wird Grabar bis heute als Kirchensprache benutzt. Als Literatursprache aber wurde Grabar ab dem 11. Jahrhundert durch die Kanzleisprache am kilikischarmenischen Hofe verdrängt. Ihr lag der in Kilikien sowie im Taurus gesprochene armenische Dialekte jener Zeit zugrunde.

Im 17./18. Jahrhundert entstand das Neuarmenische, das ab Mitte des 19. Jahrhunderts für seinen östlichen und seinen westlichen Sprachzweig je eine eigene Literatursprache entwickelte. Die neu-ostarmenische Literatursprache entstand auf der Grundlage des Jerewaner Dialektes, die neu-westarmenische auf der Basis der in Akn (türk.: Egin) gesprochenen und in Konstantinopel zur Literatursprache entwickelten Mundart. Denn die tonangebenden westarmenischen Dichter und Literaten des 19. und frühen 20. Jahrhunderts stammten aus Akn, zogen aber, wie so viele ihrer westarmenischen Landsleute, in die Landeshauptstadt Konstantinopel. Seit der fast vollständigen Vernichtung der Armenier im Osmanischen Reich bestimmt die armenische Publizistik in Beirut, Paris und zunehmend in den USA die weitere Entwicklung des Neu-Westarmenischen.

Armenisch vereint in idealer Weise Flexibilität und Beharrungsvermögen, die beiden Konstituenten armenischer Kultur und Geschichte überhaupt. Die Anpassungsfähigkeit der Sprache ergibt sich aus den Besonderheiten des analytischen armenischen Wortbaus. Sie ermöglichen Wortneuschöpfungen in beliebiger Anzahl. Darum kommt Armenisch, im Unterschied zu allen europäischen Sprachen, ohne die antiken Reservoirsprachen Griechisch und Latein aus, indem es aus den vorhandenen Morphemen Wortneubildungen formt. Dieses Prinzip wurde besonders extensiv und konsequent durch die »hellenophile Schule« entwickelt, deren Mitglieder zwischen 572 und 610 zahlreiche theologische und philosophische Werke vor allem aus dem Griechischen übersetzten. Die dabei auftauchenden griechischen Abstrakta verpflanzten sie nicht einfach als Fremdworte ins Armenische, sondern schufen, durch wörtliche Übertragungen, armenische Lehnübersetzungen. Das griechische Fremdwort »Lyrik« zum Beispiel wurde im Armenischen zu *knarjergutjun*, gebildet aus den Bestandteilen *knar* (Leier, Lyra), *jerg* (Lied) und dem zur Bildung von Abstrakta verwandten Suffix *-utjun*.

Trotzdem war das Armenische im Verlauf seiner langen Entwicklung verschiedentlich in ernster Gefahr, vor allem in der Umgangssprache durch Fremd- und Lehnworte überfrachtet und überfremdet zu werden. Das betraf insbesondere die Einflüsse iranischer Sprachen, des Türkischen und schließlich des Russischen. Jeder Assimilation folgte indessen eine Periode erhöhter Selbstreinigung, die von den Intellektuellen ausging und deren Medium die Literatursprache war. Auf Dauer blieben darum nur Einflüsse beziehungsweise Lehnworte erhalten, die wirklich gewollt und begrüßt wurden. Das betrifft zum Beipiel jene untrennbar mit dem Armenischen verschmolzenen iranischen, meist parthischen Worte, die sehr früh und unter Bedingungen aufgenommen wurden, die das armenische Volk nicht als fremdherrschaftliche Erniedrigung, sondern als artverwandte Verschmelzung empfand. Obwohl über die Parther im Unterschied zu den alt- und neupersischen Reichen wenig bekannt ist, steht immerhin fest, daß die parthisch-armenischen Kulturbeziehungen seit der späten Artaschidenzeit und vor allem seit der Herrschaft der ursprünglich parthischen Arschakiden als gelungene Symbiose angesehen werden müssen. Parthisch-armenische Mischehen waren damals im armenischen Adel außerordentlich beliebt, zumal die schlanken, hochgewachsenen Iraner dem Schönheitsideal ihrer transkaukasischen Nachbarn entsprachen. Nicht nur parthische Lehnworte, sondern selbst parthische Vornamen konnten sich damals dauerhaft im Armenischen verankern, während der umgangssprachliche Wust türkischer und persischer Fremdworte, die im 19. Jahrhundert so viele armenische Publizisten verärgerten, heute zumindest in der Umgangsprache der Gebildeten weitgehend getilgt ist. Seit den 60er Jahren richten sich die Anstrengungen der armenischen Puristen auf die Zurückdrängung des Russischen aus der ostarmenischen Umgangssprache.

Es hat angesichts der Überlebens- und Entwicklungsfähigkeit des Armenischen nicht an ernsthaften Stimmen gefehlt, Armenisch zur offiziellen Sprache der internationalen Gemeinschaft zu erheben. Eine solche Aufgabe wäre dem Armenischen nicht völlig neu, bildete es doch zur Zeit des kilikisch-armenischen Königreiches (11. bis 14. Jh.) die Handelssprache des östlichen Mittelmeerraumes.

Die Schrift

Neuesten Forschungen zufolge gehen die Anfänge der Schrift nicht auf profane Bedürfnisse der Buchhaltung bei der Verwaltung königlicher Lagerhäuser zurück, sondern auf sakrale Symbole und Piktogramme, deren Bedeutung ursprünglich nur eingeweihten Priestern bekannt gewesen war. Es liegt freilich in der Natur jeder optisch vermittelten Information, daß sie sich auf Dauer nicht geheimhalten läßt. Der tendenziell demokratische, im direkten Gegensatz zur mündlich überlieferten elitären Geheimlehre stehende Charakter der Schriftlichkeit zeigt sich besonders deutlich in der Entwicklung des armenischen Nationalalphabets durch den Mönch Mesrop Maschtoz Anfang des 5. Jahrhunderts: Das Ziel seines Alphabets war in erster Linie religiös, nämlich die Stärkung des Christentums in Armenien vermittels der Bibelübersetzung. Die Mittel besaßen jedoch eine weit über das Religionsleben hinausreichende Bedeutung. Mesrops Alphabet stellt darum eine der wichtigsten Leistungen des armenischen Geisteslebens, wenn nicht seine bedeutendste Großtat dar, und dies nicht allein aufgrund der Aufgabenstellung, sondern der weitsichtigen Art seiner Lösung. Mesrop war nicht der erste, der die Bibel in eine der nichtkanonischen Sprachen übersetzen wollte und dazu ein neues Alphabet erschaffen mußte. Vor ihm hatte der von kappadokischen Großeltern abstammende Bischof Ulfilas (gotisch: Wulfilas; 311−383) im Zuge der Gotenbekehrung die Bibel ins (West-)Gotische übersetzt, wofür er ebenfalls ein eigenes Alphabet entwarf. Doch keines der am Ende des Römischen Reiches geschaffenen Nationalalphabete besaß eine derartige Dauer wie das armenische, dessen 36 mesropjanische Buchstaben bis heute im Gebrauch sind. Das lag in erster Linie daran, daß Mesrop sein Alphabet auf streng phonetischer Grundlage schuf; er ordnete jedem Laut (Phonem) einen Buchstaben zu. Sein Alphabet kann also auch ohne Kenntnis des Armenischen gelesen und das Gelesene lautlich korrekt ausgesprochen werden. Dies gilt heute wie zu Mesrops Zeiten zumindest für das Ostarmenische. So wird auch verständlich, daß sich das armenische Alphabet zur Niederschrift von Fremdsprachen eignet. Tatsächlich sind zahlreiche Texte überliefert, die in den Nachbarsprachen Armeniens, zum Beispiel in Georgisch oder Türkisch verfaßt, jedoch mit armenischen Buchstaben geschrieben wurden.

Als perfektes Vollalphabet ist die Schrift des Mesrop auch sämtlichen modernen europäischen Orthographien weit überlegen. Man kann sich darum nur ehrfürchtig vor dem Genie Mesrops verneigen, dem um die Wende zum 5. Jahrhundert nicht nur die bewunderungswürdige Leistung gelang, die Phoneme seiner Muttersprache exakt zu erkennen, sondern für ihre graphische Wiedergabe ästhetisch ansprechende Buchstaben zu entwerfen. Inspiriert von der arschakidischen Pahlawi-Schrift sowie vom griechischen Alphabet, dessen Rechtsläufigkeit Mesrop übernahm und an dessen Abfolge er sich anlehnte, entwickelte er ein eigenständiges Alphabet. Dessen ursprünglicher Duktus, die Eisenschrift (*Jerkatagir*), wirkt streng, eckig und eher für Stein und Erz, als für Pergament und Papier geschaffen. Die Eisenschrift lieferte die Unziale (Großbuchstaben), während die heutigen Kleinbuchstaben der vor allem vom 12. bis 14. Jahrhundert benutzten Rundschrift (*Boloragir*) entstammen. Daneben besteht eine Schreibschrift, deren Aussehen im 18./19. Jahrhundert entwickelt wurde. Den ursprünglich 36 mesropjanischen Buchstaben fügte man im Kilikien der Kreuzfahrerzeit noch die beiden – selten benutzten – lateinischen Buchstaben »O« und »F« hinzu.

Korjun, Mesrops Schüler und Biograph, erwähnt in seiner Vita des später von der armenischen Kirche heiliggesprochenen »verehrten Lehrers«, daß Mesrop nicht nur für die Armenier, sondern auch für die Iberer (Ostgeorgier) und die Albaner (im

Denkmal (Jerewaner Matenadaran) des Begründers des armenischen Nationalalphabets, Mesrop Maschtoz. Ihm zu Füßen kniet sein Schüler und Biograph Korjun.

Das armenische Alphabet

Ա	ա	a	Մ	մ	m
Բ	բ	b	Յ	յ	j
Գ	գ	g	Ն	ն	n
Դ	դ	d	Շ	շ	sch
Ե	ե	e (im Anlaut: je)	Ո	ո	o (im Anlaut »wo«)
Զ	զ	s (stimmhaft)	Չ	չ	tsch" (stark behaucht)
Է	է	e (offen)	Պ	պ	p' (Kehlkopfverschluß)
Ը	ը	e (wie dt. »Junge«)	Ջ	ջ	dschı (stimmhaft)
Թ	թ	t" (stark behaucht)	Ռ	ռ	r (gerollt)
Ժ	ժ	ž/sh (wie »Journal«)	Ս	ս	s (stimmlos)
Ի	ի	i	Վ	վ	w
Լ	լ	l	Տ	տ	t' (Kehlkopfverschluß)
Խ	խ	ch	Ր	ր	r (frikativ)
Ծ	ծ	ts' (Kehlkopfverschluß)	Ց	ց	z (stark behaucht)
Կ	կ	k' (Kehlkopfverschluß)	Ւ	ւ	u, w
Հ	հ	h	Փ	փ	p" (stark behaucht)
Ձ	ձ	ds	Ք	ք	k" (stark behaucht)
Ղ	ղ	r (wie engl. »raven«)	Օ	օ	o (geschlossen)
Ճ	ճ	tsch' (Kehlkopfverschluß)	Ֆ	ֆ	f

heutigen Nordwestaserbeidschan) Alphabete schuf, was kulturpolitisch durchaus der damaligen politischen Absicht Armeniens entsprach, die beiden Nachbarländer mit Armenien zu
einem starken christlichen Block gegen den Iran zusammenzu-
schmieden. Auch wenn die nationalbewußten Georgier heftig
gegen die Annahme dieses armenischen Kulturimpulses pole-
misieren, ist ihnen doch bis heute kein überzeugender archäo-
logischer Nachweis vormesropjanischer und eigenständiger
Schriftdenkmäler gelungen.

Die Einführung der Schrift diente in Armenien und den von ihm damals kirchenpolitisch beeinflußten Nachbarländern von Anfang an nicht der Kontrolle oder Verschlüsselung von Informationen, sondern der massenhaften Verbreitung der christlichen »frohen Botschaft«. Zu den Begleitmaßnahmen Mesrops gehörte darum die Einführung eines Schulwesens, um möglichst viele Jugendliche mit dem neuen Alphabet und mit Übersetzungstechniken vertraut zu machen.

Armeniens Literatur

Armenier besitzen eine innige, beinahe mystische Beziehung zum geschriebenen beziehungsweise gedruckten Wort. Das erklärt nicht nur ihre verhängnisvolle Neigung, schriftlich Fixiertem ein eher zu großes Gewicht beizumessen oder auf den vermeintlich höheren Wahrheitsgehalt von Geschriebenem zu pochen – mit dem Ergebnis, daß sie unzählige Male vergeblich auf völkerrechtliche Abkommen vertrauten. Im internationalen Vergleich sind die Armenier die »nation des lettres«, das Volk der eigenen Buchstaben und daher auch das literarische Volk. Ihr berechtigter Stolz hierauf verführte manche Armenier sogar zu Kulturdünkel: So unterteilte noch 1921 ein armenischer Geograph die Völker Kleinasiens in »schriftbesitzende« und »schriftlose« – solche ohne eigenes Alphabet. Im Mittelalter äußerte sich die armenische Literarizität in einer inbrünstigen Bücherverehrung. Es galt nicht nur als frommes Werk, eine Handschrift, vorzugsweise ein Evangeliar, zu kopieren oder diese Abschrift zu finanzieren, sondern ebenso der Loskauf eines in Feindeshand gefallenen Buches. Die muslimischen Nachbarn der Armenier mißbrauchten diese spezielle Bücherverehrung, indem sie regelmäßig Bibeln und Evangeliare aus Kirchen und Klöstern »entführten«, um sie dann gegen gewaltige Summen zum Rückkauf anzubieten. In der Südosttürkei verfahren bis heute Kurden auf diese Weise mit kostbaren Bibeln aus syrisch-orthodoxen Klöstern.

Die mittelalterlichen Armenier behandelten handgeschriebene Bücher wie verehrte Personen, wovon auch die Wortwahl der Marginalglossen sowie Kolophone zeugt: Oft in einem sehr persönlichen, emotionalen Stil abgefaßt, verzeichnen sie die wichtigsten Daten der »Biographie« des Buches, also seine Entstehungszeit, den Autor beziehungsweise Kopisten und Illuminator, schließlich den Auftraggeber. Die Kolophone enthalten darüber hinaus wichtige allgemeine Geschichtsdaten, so daß sie ein unverzichtbares Hilfsmittel für Historiker darstellen. Vielen armenischen Handschriften und Folianten ist zudem schon rein äußerlich die wechselvolle Landesgeschichte anzusehen, denn sie tragen die Spuren von Schwertern und Blutflecken oder wurden bei Feuersbrünsten versengt. Es lag also nahe, daß sich die Schreiber Sorgen um das Schicksal ihrer Werke machten; einer hinterließ in einer Glosse folgenden Appell an die lesende Nachwelt:

Ich fleh euch, meine Leser, an,
daß ihr mein Wort erhört.
Nehmt mein Buch,
lest und bewahrt es.
Wenn es geraubt,
holt es zurück.
Schützt es vor Feuchtigkeit!
Gebt acht, daß eure Kerze
nicht darauf tropft!
Wenn ihr durchblättert es,
dann ohne Spucke auf dem Finger, bitte!
Und soll ich euch auch dies einschärfen?
Reißt seine Seiten nicht heraus!

Klöster waren die wichtigsten Stätten der
Gelehrsamkeit im mittelalterlichen Armenien.
Hier: das bedeutende Wallfahrts- und Festungskloster
des Hl. Thaddeus im heutigen Iran.

Einen weiteren Ausdruck armenischer Bibliophilie bildete die hochentwickelte Buchkunst. Die Folianten wurden nicht nur oft sehr aufwendig illustriert, sondern auch mit kostbaren Einbänden versehen und dann in Klöstern und Kirchen als Reliquien in besonderen Nischen zur Verehrung durch die Gläubigen ausgestellt. In Zeiten der Not und Verfolgung rettete man, selbst unter Bedrohung des eigenen Lebens und unter Zurücklassen der eigenen Habseligkeiten, die heiligen Bücher.

Heute bemühen sich nicht nur wohlhabende Auslandsarmenier um den Aufkauf armenischer Handschriften, sofern diese auf dem internationalen Buch- und Antiquitätenmarkt auftauchen. Viele schenken anschließend die unter großen materiellen Opfern erworbenen Werke dem Handschriftenarchiv Matenadaran in Jerewan, das in Ermangelung ausreichender finanzieller Mittel nicht in der Lage ist, auf internationalen Auktionen mitzubieten. Allein die Geschichte der durch Schenkungen erworbenen Handschriften des Matenadaran enthält eine Vielzahl ergreifender Beispiele tiefer Heimatliebe und lebendigster Buchverehrung.

Die altarmenische Literatur

Von der vorchristlichen Literatur Armeniens sind nur Bruchstücke in den Werken der frühmittelalterlichen armenischen Historiographen – zum Beispiel bei Mowses Chorenazi und Pawstos Bjusand – erhalten geblieben. Ihnen sowie den Hinweisen antiker Autoren ist zu entnehmen, daß schon das vorchristliche Literaturleben Armeniens von dem Gegensatz zwischen hellenistischer und bodenständiger Tradition geprägt war.

Der Alexanderfeldzug hatte im 4. Jahrhundert v. Chr Armenien erstmals der hellenistischen Kultur erschlossen. König Tigran der Große förderte im ersten vorchristlichen Jahrhundert den griechischen Einfluß durch die – zum Teil zwangsweise – Ansiedlung von Griechen in seiner Hauptstadt Tigranokert.

Doch auch in ihrer Heimat verfolgte Griechen suchten am Hof Tigrans Zuflucht, so die Rhetoriker Amphikratos von Athen und Metrodoros der Skeptiker. Der römische Feldherr Lukullus brachte den »für seine Gelehrsamkeit hochverehrten« Tirannion (Tiran der Armenier) von seinem Feldzug gegen Tigran II. nach Rom, wo sich Tirannion als Redner und Grammatiker einen Namen machte. Gelehrsamkeit und Bildung nach griechischem Vorbild war den armenischen Königen sowohl der Artaschiden-, als auch der Arschakiden-Dynastie eigen. Dem Zeugnis des griechischen Historikers Plutarchos (ca. 46—120) zufolge verfaßte Tigrans Sohn, König Artawasd (55—34 v. Chr.), nicht nur Reden und historische Abhandlungen in griechischer Sprache, sondern sogar Tragödien. Theater, an denen auch griechische Schauspieler auftraten, bestanden in den Artaschiden-Hauptstädten Tigranokert und Artaschat.

Der bodenständige Entwicklungsstrang tritt zunächst in der Mythologie zutage, die am Anfang jeder Geschichtsschreibung steht und von der die armenischen Chronisten des 5. Jahrhunderts zumindest Fragmente überlieferten. Vor allem Mowses Chorenazi und Pawstos Bjusand griffen vorchristliche Überlieferungen auf, interpretierten sie freilich vom Standpunkt des bedrängten Nationalstaates beziehungsweise im Sinne eines christlich-armenischen Patriotismus. Schon am Beginn armenischer Geschichte stand, so berichtet Mowses Chorenazi, ein Akt mutiger Freiheitsliebe: Hajk, der Vorfahr, zieht mit den Seinen in das rauhe Land um den Ararat, weil er sich nicht länger dem Tyrannen Bel unterordnen will, in dem man unschwer den Schöpfer- und Himmelsgott der Babylonier und Chaldäer erkennt. Versuche, die Abtrünnigen zur Rückkehr in das fruchtbare Mesopotamien zu überreden, scheitern: »Entweder sterben wir, und unsere Angehörigen geraten in die Sklaverei des Bel,

Er widerstand der Tyrannei und führte das
nach ihm benannte Volk in die Freiheit, nach Armenien:
Hajk, der mythische Stammvater der Armenier
(Hajk-Denkmal in Jerewan).

oder wir stellen die Treffsicherheit unserer Bogen unter Beweis, jagen seine Horde auseinander und erringen den Sieg«. Und da er im Kampf des Guten gegen das Böse für das lichte Prinzip und die himmlischen Mächte steht, besiegt Hajk den Bel in einer ähnlich ungleichen Schlacht wie der biblische David den Riesen Goliath. Im Volksglauben wurde der Heros Hajk für alle Ewigkeit in den Himmel entrückt — als Sternbild des Jägers Orion.

Mowses Chorenazi bietet weitere Beispiele armenischer Heimatliebe und moralischer Unbeugsamkeit: In dem Mythos von Ara dem Schönen stellt die lüsterne Assyrerkönigin Schamiram (Semiramis) erfolglos dem armenischen König Ara nach, der seiner rechtmäßigen Gattin treu blieb. Aus Wut über die Zurückweisung überzieht Schamiram Armenien mit Krieg. Ara fällt im Kampf, tief betrauert von Schamiram, die ihn mit den Aralesk ins Leben zurückzurufen versucht, mit jenen Fabelwesen, die durch ihr Lecken die Toten aufwecken.

Wie viele Völker stellten sich auch die Armenier die Wächter der Unterwelt als hundeartige Mischwesen vor. Die Aralesk sind direkte Nachfahren jener halb hunde-, halb drachenartigen Dämonen der Churriter, aus denen dann die Hunde »Urat« des urartäischen Kriegsgottes Chaldi wurden. Sie sind zugleich Verwandte sowohl des schakalköpfigen altägyptischen Totengottes und Seelenführers Anubis, als auch des griechischen Kerberos (Zerberus). Die chthonische Natur all dieser antiken Unterwelts- und Jenseitswächter zeigt sich in ihrer halben Drachen- oder Schlangengestalt; mit einem Schlangenschwanz wurde auch der bekannteste unter ihnen, Kerberos, stets dargestellt.

Sieht man einmal von der christlich-patriotischen Färbung bei Mowses Chorenazi ab, dann liegt dem Ara-Mythos die alte und intensive, aber auch konfliktreiche Beziehung zwischen Armenien beziehungsweise Urartu und dem benachbarten mächtigeren Assyrien zugrunde. Stoffgeschichtlich ist er ein armenischer Beitrag zum Mythenzyklus um die Lieblinge der Großen Muttergöttin Vorderasiens: Adonis, Attis, Tammuz und Ares, sie alle verkörpern den sterbenden und wieder auferstehenden

Frühlingsgott. Platon (427–347 v. Chr.) gab den Ara-Mythos in seinem »Staat« als Mythos von »Er«, dem »Sohn des Armenios aus Pamphylien« wieder; der italienische Dichter Dante Alighieri (1265–1321) griff ihn dann in der ursprünglichen Version des ersten Liedes seiner *Göttlichen Komödie* erneut auf.

Archaische Vorstellungen und Erfahrungen vermittelt auch Pawstos Bjusand in seiner *Geschichte Armeniens*, die ansonsten reale Ereignisse und Personen des 4. Jahrhunderts behandelt: Um die wahren Absichten des armenischen Königs Arschak zu ergründen, läßt der persische Schah Schahpur heimlich eine Hälfte seines Zeltes mit armenischer Erde bedecken und mit armenischem Wasser begießen. Darauf führt er Arschak im Gespräch bald auf die »persische«, dann wieder auf die »armenische« Seite. Auf persischem Boden verhält sich Arschak unterwürfig und wie ein loyaler Vasall, auf der armenischen jedoch stolz, hochmütig und aufrührerisch. In Anspielung auf die grausame Ausrottung der parthischen Arschakiden durch die persischen Sassaniden ruft Arschak, auf magische Weise durch die Berührung mit dem Boden und dem Wasser seiner Heimat erstarkt: »Hinweg, Übeltäter und Knecht, der sich zum Herrn über seine Herren aufschwang! Nie vergebe ich dir und deinen Söhnen und werde meine Vorfahren an euch rächen...«

Die Teilung Armeniens zwischen dem persischen Sassanidenreich und Ostrom 387 läutete das Ende des freien armenisch-christlichen Nationalstaates unter der Herrschaft der Arschakiden ein. Genau in diese Periode fällt das großartige Werk Mesrops. Manche Hinweise in den Chroniken des 5. Jahrhunderts belegen, daß Mesrop und seine Förderer, König Wramschapuh und Katholikos Sahak Partew, die Schöpfung des Nationalalphabets und die anschließende Bibelübersetzung nicht nur als Beitrag zur Festigung des Christentums in Armenien begriffen, sondern als kulturpolitische Schutzmaßnahme vor den religiösen und kulturellen Unterdrückungsversuchen Persiens. »In tiefer Sorge um das Land«, so Mesrops Biograph und Schüler Korjun, nahm Mesrop »ein hartes Leben des Reisens und Suchens« in der Fremde auf sich, und dies zweifellos nicht nur, um anschließend seinem König und Katholikos ein geniales Nationalalphabet zu präsentieren. Vielmehr sollten Glaube, Schrift und Wissenschaft zu einer Waffe verschmolzen werden, die dem armenischen Volk in den zu erwartenden Zeiten des Chaos und der Unterdrückung Kraft zum geistigen Widerstand verleihen würde.

Die armenische Bibelübersetzung begann mit den Sprüchen Salomons, so daß die ersten, mit armenischen Buchstaben geschriebenen und ins Armenische übersetzten Worte wie ein Bekenntnis zu Wissenschaft, Erziehungsarbeit und Ethik lauten: »...zu lernen Weisheit und Zucht, Verstand, Klugheit, Gerechtigkeit, Recht und Schlecht, damit die Unverständigen einsichtig und die Jünglinge vernünftig und vorsichtig werden.«

Die Entwicklung der christlichen armenischen Literatur konnte sich nicht – wie bei anderen Völkern unter glücklicheren Voraussetzungen – allmählich und stetig vollziehen. Der Auf-

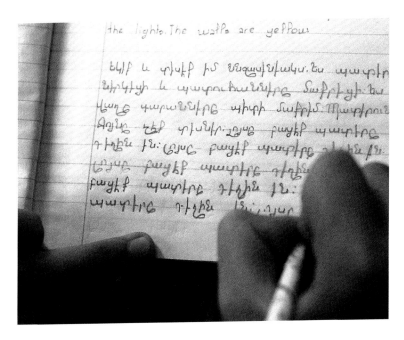

schwung der Literatur seit dem Augenblick, da Mesrop 405 die Arbeit am Nationalalphabet vollendete, wirkt darum kometenhaft und einzigartig in der Literaturgeschichte. Dieser Durchbruch war zweifellos der Umsicht Mesrops und Sahaks zu verdanken, schon in jenen Jahren, da Mesrop noch »reiste und suchte«, zahlreiche Schüler und Nachfolger ausbildete, die ihrerseits die Schreib- und Übersetzungskunst an künftige Generationen weiterreichen würden. Dichter zu sein, das hieß in Armenien meist auch, Erzieher und Übersetzer zu sein. Die Erinnerung an Mesrop Maschtoz, den Katholikos Sahak Partew und die von ihnen begründete Übersetzer- und Gelehrtenschule bewahren gleich zwei bewegliche kirchliche Feiertage: der Ende Juni oder Anfang Juli am vierten Donnerstag nach Trinitatis begangene Gedenktag an die beiden Heiligen Mesrop und Sahak sowie der im Oktober gefeierte *targmantschaz ton*, an dem die gesamte Nation der Bibelübersetzung und der Leistungen der mesropjanischen Übersetzerschule gedenkt.

Die der Bibelübersetzung folgende Übersetzungsliteratur verstärkte noch die ohnehin schon im vorchristlichen Armenien ausgeprägte Hellenophilie. Mowses Chorenazi nannte Griechenland »Mutter oder Ernährerin der Wissenschaft«, was sowohl die Neigung der Armenier zur Wissenschaft als auch ihre Liebe zu Griechenland veranschaulicht. Als »hellenophile Schule« bezeichnet man jene zwischen 572 und 610 tätigen Übersetzer, die Armenien nicht nur die frühchristliche Literatur aus dem Griechischen und Syrischen erschlossen, sondern auch die antike Philosophie und selbst literarische Prosa wie den Alexander-Roman des Pseudo-Kallisthenes. So übersetzte man unter anderem die Autoren Ephräm (Afrem) den Syrer, Basileios von Cäsarea, Gregorios von Nazianz und Gregor von Nyssa, Johannes Chrysostomos, Kyrill und Athanasios von Alexandria, aber auch Aristoteles und Platon.

Bis heute lernen armenische Schüler überall auf der Welt das von Mesrop Maschtoz im Jahre 405 entworfene Nationalalphabet.

Dem armenischen Übersetzerfleiß ist es zu verdanken, daß zahlreiche hellenistische und frühchristliche Werke, deren Urfassung teilweise oder ganz verlorenging, zumindest in ihrer armenischen Übersetzung für die Nachwelt erhalten blieben. Zu ihnen gehören die Abhandlung »Über die Natur« des Stoikers Zenon von Kition, fünf Werke Philon von Alexandrias, die »Chronik« des ersten christlichen Kirchenhistorikers Eusebios von Cäsarea, einige Arbeiten des gallischen Bischofs Irenäus von Lugdunum sowie des Predigers und Konstantinopoler Patriarchen Johannes Chrysostomos.

Die bereits erwähnte Methode der hellenophilen Schule, wortgetreu zu übersetzen, macht die armenischen Fassungen für die Rekonstruktion von Urtexten besonders wertvoll. Auch in späteren Jahrhunderten erlahmte der Übersetzungseifer keineswegs. Übersetzungen aus dem Lateinischen, Arabischen, Persischen und Altfranzösischen kamen hinzu. Besonders hervorzuheben sind die Gelehrten Grigor Magistros Pahlawuni (11. Jh.) und Howhan (Ioann) Worotnezi (14. Jh.) sowie der armenisch-katholische Orden der Unitores. Vom 13. bis zum 16. Jahrhundert wurden darüber hinaus auch Werke von Albertus Magnus, Thomas von Aquin sowie die mittelalterliche Versnovelle von Paris und Venus übersetzt. Das Interesse galt nun zunehmend der weltlichen Literatur, und zwar sowohl der wissenschaftlichen als auch der schöngeistigen. Bereits im 10. Jahrhundert ordnete der armenische Fürst von Tajk (Nordwestarmenien), Dawid Kuropalates, die Übersetzung dreier arabischer Erzählungen an (*Über die Kupferstadt, Erzählung vom Jüngling und dem Mädchen, Erzählung vom König Fachlul*), die später mit ähnlichen novellenartigen Erzählungen zu der berühmten Sammlung *Tausendundeine Nacht* zusammengestellt wurden. Bis in die Gegenwart hinein blieb die Übersetzungskunst einer der Aktivposten des armenischen Geisteslebens, wobei das polyglotte Auslandsarmeniertum besonders viel dazu beitrug, die fortschrittlichsten Ideen der zeitgenössischen Weltkultur umgehend für Armenien zu erschließen.

Beispielsweise erschienen die ersten Übersetzungen der Werke von Karl Marx schon 1880, also noch zu dessen Lebzeiten, in armenischen Zeitschriften.

Die schnell wachsende Fülle von Übersetzungen aller literarischen Gattungen, aber auch der Reichtum der eigenen Literaturtradition ermöglichten es, daß sich parallel zur Übersetzungsliteratur eine eigenständige armenische Literatur entfaltete, wobei viele Übersetzer zugleich als Autoren hervortraten. Lehren, übersetzen, schreiben – diese Devise des Mesrop Maschtoz bestimmte bis in die Neuzeit das armenische Geistesleben. Bereits im 5. Jahrhundert gab es eine erstaunliche Vielfalt an literarischen Gattungen.

Die Verwurzelung der armenischen Kirchenliteratur sowohl in der hellenistischen und griechischen Literatur als auch in der volkstümlichen Tradition zeigt sich besonders deutlich bei den Hymnen. Diese entstanden nicht nur nach griechischem Vorbild, sondern auch als eigenständige Schöpfungen, die im 13. Jahrhundert unter dem Sammelbegriff *scharakan* zu einem Hymnarium zusammengefaßt wurden. Die ältesten Hymnen diese Typus werden Mesrop Maschtoz sowie den Katholikoi Sahak Partew und Howhannes Mandakuni (alle 5. Jh.) zugeschrieben. Im 7. und 8. Jahrhundert erreicht die Hymnendichtung ihre erste Blüte. Als eines der besten Werke jener Periode gilt der Akrostichon»Seelen, die sich selbst heiligen…« des Katholikos Komitas (Amtszeit 616–628); die Anfangsbuchstaben der 36 Verse entsprechen der Reihenfolge des armenischen Alphabets. Diese Form fand zahlreiche Nachahmer.

In der Nähe des Dorfes Garni
lebte und wirkte im 8. Jahrhundert in der
Asat-Schlucht Sahakducht Sjuenzi,
eine der frühen armenischen
Dichterinnen und Musikerinnen.

Mesrop Maschtoz
Anflehung

Fährnis und Qual bin ich ausgesetzt,
Friede stiftender Gott, hilf mir!
Aufgejagt bin ich von den Wirbeln meines Frevelns,
Friede stiftender König, hilf mir!
Dem tiefen, ruhlosen Meer gleich sind meine Sünden.
Steuermann, guter, rette mich!

Hin und her werfen des Lebens Wogen mich,
der Feind voll Haß stellt mir den Sturm entgegen,
Steuermann, guter, geleite meine Seele!

In meiner Not gib Hilfe, Herr,
wie dem Jonas vor Zeiten, und erbarme dich!

In meiner Schuld gib Läuterung, Herr,
wie dem Zöllner vor Zeiten, und erbarme dich!

In tückischer Lippen List gib Rettung, Herr,
und bewahre mein Volk und erbarme dich!

Aus: *Die Berge beweinen die Nacht meines Leides:*
Klassische armenische Dichtung. (Hrsg.) Lewon Mkrttschijan.
© Rütten & Loening. Berlin 1983.

Aus dem 8. Jahrhundert sind auch Hymnen zweier Dichterinnen überliefert: von Chosrowiducht Gortnazi und Sahakducht Sjunezi. Ihre Brüder, Wahan Gortnazi und Stepanos Sjunezi, gingen als Märtyrer in die armenische Kirchengeschichte ein, so daß wir in ihren Viten über die Bedingungen unterrichtet werden, unter denen Frauen damals in Wissenschaft und Dichtung eine geachtete, offenbar ihren berühmten Brüdern fast gleichrangige Stellung einnahmen — freilich nur im Rahmen kirchlichen Lebens. Sahakducht, deren Bruder Stepanos es in der Provinz Sjunik bis zur Bischofswürde gebracht hatte und sich ebenfalls als gelehrter Dichter hervortat, hatte sich als Nonne »von allen weltlichen Freuden losgesagt«, wie es in der Vita ihres Bruders heißt. Sie führte ein Einsiedlerdasein in der einstigen Klause des berühmten Katholikos Sahak Partew. »Ausgezeichnet mit sämtlichen Tugenden sowie mit Weisheit, erzog sie keusche Jünglinge und weihte sie zu Priestern, wenn sie sie bis zu dem erforderlichen Alter aufgezogen hatte. Sie unterrichtete ihre Schüler, hinter einem Vorhang sitzend.« Religion, Dichtung und Erziehung bildeten für Sahakducht eine Einheit, und zur Dichtung gehörte untrennbar auch die Musik. Sahakducht vertonte ihre Psalmen und Hymnen selbst, von denen uns unter anderem ein Hymnos auf die »Jungfrau und Gottesgebärerin« Maria überliefert ist. In Europa dagegen leitete die katholische Kirche bis in das 18. Jahrhundert engstirnig das Verbot weiblichen Musikstudiums und weiblichen Gesanges zum Ruhme Gottes aus dem Pauluswort ab, wonach das Weib in der Gemeinde zu schweigen habe, und griff lieber auf Kastraten zurück. Die armenische Dichterin und Eremitin Sahakducht dagegen übte, wie es obiges Zitat aus der Vita ihres Bruders belegt, sogar das Recht aus, Priester zu weihen.

Die Aufgabe, die sich der armenischen Literatur seit Mesrop Maschtoz stellte, bestand im wesentlichen in der Stärkung des christlichen *und* des nationalen Bewußtseins. Das verlieh der altarmenischen Literatur eine gewisse Lehrhaftigkeit, die sich insbesondere in der Hagiographie und Geschichtsschreibung

187

zeigen mußte. Sofern es sich um eigenständige armenische Viten – vor allem Märtyrerberichte – handelt, stellen die Verfasser die Treue der Helden zum Glauben und zur Heimat als gleichermaßen vorbildlich heraus. So erzählt beispielsweise das berühmte »Martyrium der Schuschanik Wardeni« vom Foltertod, den die Gattin des in persischen Vassallendiensten stehenden Markgrafen der nordarmenischen Provinz Gugark, Wasgen, auf sich nahm: Wasgen war vom christlichen Glauben abgefallen und verlangte von Schuschanik, sich ebenfalls zum Zoroastrismus zu bekennen. Als sie sich widersetzte, ließ er sie in den Kerker werfen und schließlich zu Tode martern, wobei er Schuschanik zusätzlich dadurch zu demütigen versuchte, daß er ihr, der Christin, eine persische Zweitfrau vorzog. Schuschanik aber blieb sich und ihren Vorfahren treu: Ihr Vater war der legendäre Wardan Mamikonjan, der die Armenier in der Glaubensschlacht von Awarajr gegen die Perser geführt hatte, ihr Urgroßvater niemand anderes als Katholikos Sahak Partew, der Förderer und Mitarbeiter des Heiligen Mesrop Maschtoz. Im Krisenfall, so lehrt die Moral dieses Märtyrerberichts, haben die Pflichten gegenüber dem Glauben, der Heimat und den Ahnen Vorrang vor dem Gehorsam gegenüber dem Gatten.

Stärker noch als die Hagiographie war die Geschichtsschreibung vom Geist der patriotischen Erziehung durchdrungen. Nach hellenistisch-antiken Vorbildern stellte sie eine Mischung aus Chronik und historischer Prosa dar, was sich auch im gezielten literarischen Einsatz der Stilmittel zeigt. Geschichte wird gewöhnlich von den Siegern geschrieben. Im Falle Armeniens lagen die Verhältnisse genau umgekehrt. Hier analysiert – über anderthalb Jahrtausende hinweg – ein Volk von Verlierern die Gründe und Ursachen seines staatlichen, militärischen und politischen Scheiterns. Trotz der traurigen Gegebenheiten entwickelte sich die Historiographie aus mehreren Gründen zur beliebtesten und bis in das Spätmittelalter hinein fruchtbarsten Gattung der altarmenischen Literatur. Das liegt zum einen sicher an dem besonders ausgeprägten Geschichtsbewußtsein und Zeitgefühl der Armenier, die es gewohnt sind, in der Kontinuität von Jahrhunderten zu denken, wo andere Völker sich nur unter Schwierigkeiten wenige Jahrzehnte zurückzuerinnern vermögen.

»Aus den Jahrhunderten in die Jahrhunderte« lautet bezeichnenderweise eine Redewendung in einem Poem des größten sowjetarmenischen Dichters, Jerische Tscharenz. Zum anderen stellt diese weit in die Vergangenheit ausgreifende Erinnerungsfähigkeit selbst das Ergebnis generationenalter, von der armenischen historischen Prosa geleisteten Erziehungsarbeit dar. Dichtung zum Zwecke patriotischer Erziehung und der Erinnerung an moralisch vorbildhafte Taten anstelle wirklicher politischer Macht bildet die Aufgabe und den Inhalt armenischer Geschichtsschreibung.

Mowses Chorenazi formulierte diese Zielsetzung programmatisch in seiner »Geschichte Armeniens«: »Sind wir auch als Volk nicht groß, ja äußerst gering an Zahl […], wurden gleichwohl auch in unserem Land viele Taten der Tapferkeit vollbracht, die der Erwähnung in der Chronik würdig sind.« Mowses bescheidenes »auch in unserem Land« entspringt einer weiteren auffälligen Eigenart der armenischen Geschichtsschreiber: Sie haben die eigene Geschichte von Anfang an realistisch im Wechselspiel mit der anderer Völker und Reiche betrachtet, ohne nationale Überheblichkeit. Bei allem patriotisch-pädagogischen Eifer waren die Armenier in ihrer überwältigenden Mehrheit zu gute Chronisten und zu sachlich veranlagt, um schwer gegen das Hauptgebot ihres Berufes zu verstoßen: die Aufrichtigkeit. Die armenischen Geschichtsschreibung erweist sich darum als ähnlich zuverlässige Quelle wie die armenische Übersetzungsliteratur. Oft stellen armenische Chroniken sogar die einzige Quelle zum Studium der frühen Geschichte der unmittelbaren und mittelbaren Nachbarn dar.

Die Geschichtsschreiber Agathangelos, Korjun, Jerische, Mowses Chorenazi, Pawstos Bjusand und Lasar Parbezi bilden mit Jesnik Korbazi, dem Verfasser des Traktats »Wider die

Irrlehren«, das berühmte »Siebengestirn« der armenischen Prosa des 5. Jahrhunderts. Mit Ausnahme von Agathangelos und Bjusand entstammten alle der Schule des Mesrop Maschtoz. Ihre Werke kreisen um die armenische Geschichte seit der Christianisierung. Agathangelos gibt sich als griechischer Hofschreiber des Königs Trdat des Großen und somit als Zeitzeuge aus. Seine *Geschichte* der Periode 226 bis 330 wurde bereits im 5./6. Jahrhundert ins Griechische, Syrische, Arabische und Georgische übersetzt. Korjun (ca. 380–450) verfaßte, in Anlehnung an antike Biographien, die Vita des Mesrop Maschtoz. Jerische (ca. 410–480), der Sekretär des Freiheitskämpfers Wardan Mamikonjan, schildert aus eigener Anschauung die Schlacht von Awarajr (451), was ihm sowohl aufgrund seiner patriotisch-lehrhaften Tendenz, vor allem aber wegen seines hohen Sprachniveaus den Ehrennamen »Nachtigall von Awarajr« eintrug. Jerisches Werk »Über Wardan und den armenischen Krieg« geht weit über die übliche Fürsten-Lobrede hinaus und dient darum, gemeinsam mit Mowses Chorenazis *Geschichte Armeniens*, seit anderthalb Jahrtausenden nicht nur der Erziehung unzähliger Generationen armenischer Patrioten, sondern ebenso als Quelle beliebter Aphorismen: »Eintracht ist die Mutter allen Segens, der Streit der Erzeuger allen Übels.« – »Lieber auf den Augen blind, als im Verstand.« – »Wer sich selbst im Wege steht, kann für andere nicht von Nutzen sein; wer selbst in der Finsternis umherirrt, kann andere nicht mit dem Licht der Wahrheit erleuchten.«

Den Zeitraum zwischen 330 bis 380 behandelt Pawstos Bjusands *Geschichte Armeniens*, in die, wie schon erwähnt, zahlreiche volkstümliche Überlieferungen und Vorstellungen einflossen. Auch Bjusand schilderte die Adelsfamilie Mamikonjan als Verkörperung hoher patriotischer Ideale. Seine *Geschichte* war offenbar nicht nur dem bekanntesten byzantinischen Historiker, Prokop von Cäsarea (6. Jh.), vertraut, sondern bildete im 19. und 20. Jahrhundert eine vielkonsultierte Quelle für neuzeitliche armenische Verfasser von historischen Romanen.

In der Dichte und Meisterschaft seiner Aussage, wie auch in seinem Stil unübertroffen ist Mowses Chorenazi (Moses von Chorene; ca. 410–490). Er wird als »Vater der armenischen Geschichte« bezeichnet, aber auch als »der Grammatiker« und »der Dichter«. In Alexandria, jener Begegnungsstätte des alten Ägyptens mit dem koptischen Christentum, dem Hellenismus und den Judenchristen, erhielt Mowses eine umfassende hellenistische Ausbildung. Hochgelehrt kehrte er um 441 nach Armenien zurück und verfaßte von 470 bis 480 im Auftrag des Fürsten Sahak Bagratuni seine bis zu den mythischen Anfängen Armeniens ausgreifende *Geschichte*. Sie beruht auf unterschiedlichen Quellen, darunter die Dichtungen Homers, aber auch vorchristliches armenisches Schrifttum. Mowses erwähnt eigens die »Annalen« der heidnischen Tempel, die ihm in der Übersetzung des syrischen Gelehrten Bardazan (2./3. Jh.) vorlagen. Trotz der Vielfalt der Quellen und Gegenstände versah Mowses seine *Geschichte Armeniens* mit einer durchgängig patriotischen Aussage, die er in der abschließenden »Lamentatio« des Werkes bis zur sozialkritischen Anklage steigert. Er lastet darin das Elend und Leid, das seine Heimat befallen haben, nicht nur den »heidnischen« äußeren Feinden an, sondern ebenso den »dummen, selbstzufriedenen Lehrern, die sich klerikale Würden anmaßen, ohne von Gott berufen zu sein, sondern für Silber erwählt«, und die zu »Wölfen wurden, die ihre Herde anfallen«. Mowses klagt ferner über die »stolzen Bischöfe, die schnell mit der Verurteilung anderer zur Hand sind, leere Schwätzer, faul, die Wissenschaft mißachtend wie auch die Belehrungen der Väter«. Desgleichen kritisiert er die »rebellischen Fürsten«, »Gefährten der Wölfe, raubtierhafte, geizige, falsche Plünderer und Zerstörer« und schließlich die »unmenschlichen Richter«, die »das Gesetz nicht einhalten«. Diese Mißstände sollten sich in der armenischen Geschichte noch oftmals wiederholen, wodurch Mowses' Lamentatio sich wie eine Vision des bis in die unmittelbare Gegenwart erstreckenden Leidens liest:

Ich beweine dich, armenische Erde, ich beweine dich, du edelstes Land des Nordens: Nun hast du keinen König mehr, keine Priester, keinen Ratgeber und keinen Lehrer! (…) Die Räuber, die von allen Seiten über dich herfielen, sind ohne Zahl, die Häuser verwüstet, Hab und Gut geraubt. In Ketten liegen die Führer, im Kerker die Magnaten, die Edlen trieben sie in die Knechtschaft, und grenzenlos ist das Elend des einfachen Volkes. Die Städte erobert, die Festungen geschleift, Siedlungen verwüstet, Gebäude niedergebrannt. Anhaltender, allgegenwärtiger Hunger, Krankheiten und vielgestaltiger Tod. Vergessen wurde der Dienst an Gott, und vor uns liegt die Hölle.

Mesrop und Sahak, die Lehrer Mowses Chorenazis, hatten das Ende der Arschakiden-Dynastie erahnt und selbst unter den Folgen leiden müssen: 428 beendete der persische Schah auf Drängen des mit der Königsfamilie rivalisierenden armenischen Hochadels die Arschakiden-Herrschaft in Ostarmenien. Katholikos Sahak wurde seines Amtes enthoben und ins Exil nach Persien getrieben. Doch seine und Mesrops kulturpolitische Abwehrmaßnahmen bewährten sich, wenn auch unter größten Schwierigkeiten und Opfern, wie die weitere armenische Geistesgeschichte beweist. Die hellenophile Schule und ihre weltoffene Ausrichtung beispielsweise war dem etablierten Klerus ein Dorn im Auge. Immer wieder hatten Gelehrte unter klerikaler Aufklärungsfeindschaft zu leiden, unter dem Unverständnis der Zeitgenossen, oft auch unter handfesten Intrigen bis hin zu regelrechten Verfolgungen.

Mehr noch als Mowses Chorenazi mußte in dieser Hinsicht Lasar Parbezi (Lazaros aus Parbi, ca. 441–515) erdulden, der letzte in der Reihenfolge des »Siebengestirns« der klassischen Prosa des 5. Jahrhunderts. Zusammen mit Fürst Wahan Mamikonjan, dem Neffen des als Glaubensmärtyrer verehrten Wardan Mamikonjan, wuchs Lasar in jener Festung Zurtaw auf, wo vor ihm die heilige Schuschanik zu Tode gequält worden war. Als Abt des Klosters Etschmiadsin schuf sich Lasar durch den Kampf gegen Bestechlichkeit und kirchliche Mißstände erbitterte Gegner. Diese trieben ihre Intrigen bis zu einem Brandanschlag auf das Kloster. Lasar floh nach Amid (heute: Diyarbakir) und schrieb von dort seinem fürstlichen Gönner und Jugendfreund Wahan Mamikonjan einen berühmten Brief, mit dem er zugleich das epistolare Schrifttum Armeniens begründete.

Wahan holte Lasar aufgrund dieses Rechtfertigungsschreibens zurück und beauftrage ihn mit einer weiteren *Geschichte Armeniens.* Sie umfaßt, gestützt auf Lasars Vorgänger seit Aganthangelos, den Zeitraum von 387 bis 490. Ihr historiographisch wertvollster Teil ist die Schilderung des von Wahan Mamikonjan geleiteten, erfolgreichen antipersischen Widerstands (481-484), den Lasar als Zeitzeuge miterlebt hatte.

Spätere Blütezeiten der armenischen Geschichtsschreibung fallen ebenfalls mit den Krisen der Nation, selten mit Zeiten des Aufschwungs zusammen: So verfaßte im 7. Jahrhundert Mowses Karangatwazi seine berühmte *Geschichte der Albaner* (des heutigen Nordwestaserbeidschan), die im 10. Jahrhundert von Mowses Daschuranzi fortgeschrieben wurde. Im selben Jahrhundert schildert Sebeos in seiner *Geschichte* besonders eindrucksvoll die zeitgenössischen Ereignisse seit Ende des 6. Jahrhunderts sowie den adligen Anführer der antiarabischen Aufstände, Toros (Theodoros) Rschtuni. Die nächste Blütezeit fällt ins 10. und 11. Jahrhundert. An ihrem Anfang steht Towma Arzruni, der von 884 bis 910 die Geschichte des südostarmenischen Königreiches Waspurakan schrieb, oft verwechselt mit Ananun Arzruni, einem anonymen Autor desselben Adelsgeschlechts, dessen Bericht wertvolle Einzelheiten über König Gagik Arzrunis Herrschaft (ca. 900—940) und den Bau seiner Residenz auf der Wansee-Insel Achtamar enthält.

Mitte des 10. Jahrhunderts macht sich, bedingt durch die wachsende Bedeutung der Städte und des Bürgertums, eine allmähliche Verselbständigung der Dichtung von den nichtfiktionalen Literaturgattungen bemerkbar. Eine Literatur, die in erster Linie unterhält beziehungsweise ästhetischen Ansprüchen genügt, erscheint nun ebenso legitim wie eine, die sich Erbauungs- und Erziehungsaufgaben widmet. Die am Anfang jeder Literatur stehende Einheit von Wissenschaft, Dichtung und Religion zerfällt zugunsten der Emanzipation der Einzelgebiete und -gattungen. Innerhalb der Historiographie führt dies zu einer neuen Richtung, die die dichterische Tendenz der bisherigen historischen Prosa aufgibt und sich bewußt an die chronistische Aufzählung nüchterner Tatsachen hält. Exponierte Beispiele dieser neuen Haltung stellen die Geschichte des Uchtanes (Ende des 10. Jhs.) sowie die 1004 vollendete Universalgeschichte des Stepanos Taronezi Assorik dar.

Der letzte Aufschwung der altarmenischen Geschichtsschreibung in der zweiten Hälfte des 13. Jahrhunderts wurde durch den Mongoleneinfall ausgelöst. Die damit einhergehenden Greuel und Verwüstungen schildert eindringlich die Historikerschule um Wanakan Wardapet (gest. 1251), von der allerdings nur die Werke seiner Schüler Kirakos Gandsakezi, Wardan Arewelzi und Grigor Aknezi erhalten sind. Die Werke der Geschichtsschreiber und Chronisten des 13. und 14. Jahrhunderts enthalten aufschlußreiche Beobachtungen über die Sprache, Sitten und Kultur ihrer mongolischen Eroberer, mit denen die Armenier in früherem und intensiverem Kontakt standen als die Europäer. Deren Kenntnisse über die zentralasiatischen mongolisch-türkischen Reitervölker speisten sich nicht zuletzt aus der Geschichte der Tataren des Armeniers Hetum, der im Auftrag von Papst Clemens V. sein Werk 1307 selbst ins Altfranzösische übersetzte. Hetums Sekretär nahm eine Übertragung ins Lateinische vor, die 1529 unter dem Titel Flos historiarum terrae Orientis in Europa herauskam und auf breites Interesse stieß. Zwar wurden auch später noch in Armenien zahlreiche Chroniken verfaßt, doch geriet die Geschichtsschreibung ab dem 14. Jahrhundert in eine tiefe Krise. Das Niveau des 5. Jahrhunderts wurde ohnehin nie wieder erreicht.

Während sich ab dem 10. Jahrhundert einerseits die Trennung der wissenschaftlichen von der künstlerischen Prosa vollzog, näherte sich innerhalb der Dichtung die kirchliche der weltli-

Das Narek-Kloster in Waspurakan (Gebiet von Wan).
Hier lebte und wirkte in der zweiten Hälfte des 10. Jahrhunderts
Grigor Narekazi, der größte geistliche Dichter
im mittelalterlichen Armenien.

chen Lyrik an. Die ursprünglichen Träger der altarmenischen Volksdichtung waren die Wipassanner (Rhapsoden) und Gussanner (Barden), die als berufsmäßige Wandersänger auf Adels- und Volksfesten die überlieferten Epen und Heldenlieder zur Begleitung von Zimbeln sowie der Saitenzupfinstrumente Pandura und Badirma vortrugen. Der Beruf des Gussan, der im übrigen von Männern ebenso wie von Frauen ausgeübt wurde, schloß Schauspielkunst, Akrobatik und Tanz ein.

Die armenischen Kirchenführer bevorzugten eine ganz in den Dienst frommer beziehungsweise patriotischer Erbauung und Belehrung gestellte Literatur; sie eiferten folglich gegen Barden und Rhapsoden sowie die Feste der Gussanner mit ihren Sängerwettkämpfen. Doch trotz der Androhung ewiger Höllenqualen ließen sich die Armenier nicht die Lust an üppig blühender Phantasie, Zauber und Wucht des dichterischen Wortes verderben. So, wie sich neben der offiziellen Kirchenlehre in der armenischen Alltagskultur zahllose vorchristliche und sogar häretische Praktiken und Glaubensvorstellungen bewahrten, bestand neben, in Konkurrenz zu oder sogar in wechselseitiger Durchdringung mit der geistlichen Literatur die Volksdichtung. Das wichtigste Ergebnis des kollektiven, anonymen Schöpfertums des armenischen Volkes ist sein National-

epos *Sassunzi Dawid* (David von Sassun), das die langwierigen Freiheitskämpfe gegen das arabische Kalifat in der zweiten Hälfte des 9. Jahrhunderts widerspiegelt. Seine heutige Form erhielt das Epos in der Zeit zwischen dem 10. und 12. Jahrhundert.

Ab dem 10. Jahrhundert setzt sich die Lyrik auch in der kirchlichen Literatur durch. Der russische Dichter und Kenner armenischer Dichtkunst, Waleri Brjussow, bezeichnete die mittelalterliche armenische Lyrik als »hochentwickeltste und eigenständigste Schöpfung des armenischen Volkes auf dem Gebiet der Dichtkunst«. Grigor Magistros, ein gelehrter Zeitgenosse des 11. Jahrhunderts und selbst Autor, vermerkte: »Heutzutage findet man bei den Armeniern mehr Gussannerlieder und Gedichte als bei den Griechen.«

Eine Voraussetzung für die Blüte des lyrischen Liedes und Gedichts war die Übereinstimmung von Volks- und Kirchendichtung. Am Anfang dieser Entwicklung steht Grigor Narekazi (ca. 945−1003), dessen dichterisches Werk den Übergang von der herkömmlichen armenischen Hymnodie zur weltlichen Renaissancedichtung bildet. Narekazis Erzieher, Anania Schirakazi (10. Jh.), war der größte Denker seiner Zeit. Grigors Vater jedoch, Chosrow Andsewazi, wurde am Ende seiner Tage als Ketzer verflucht, weil er den Tondraken angehangen haben soll. Tondrak, das Zentrum dieser machtvollen religiös-sozialen Protestbewegung, liegt in der Nähe von Narekazis Geburtsort. Es bleibt ungewiß, inwieweit Narekazi selbst den häretischen Bauernrebellen nahestand; doch weisen die thematische Aussparung des Jenseits in seiner Dichtung, eine große Anzahl von Volkslegenden und -überlieferungen, die seine Beliebtheit beim Volke belegen, wie auch Narekazis Schmähschrift gegen die Tondraken, zu der er sich offenbar − durch seine Gegner

Das Kloster Sanahin in Nordostarmenien: An seiner Akademie unterrichtete in der ersten Hälfte des 11. Jahrhunderts der Gelehrte Grigor Magistros Pahlawuni.

unter Druck gesetzt – gezwungen sah, auf mögliche Querverbindungen hin.

Die Dynamik seiner »aufrührerischen« Dichtung entspringt dem Gegensatz zwischen sündiger menschlicher Unvollkommenheit und göttlicher Vollkommenheit. Das erinnert an eine der Quellen der orientalischen Gnosis, an die Lehre des Markion vom fernen, vollkommenen Gott und seiner unvollkommenen Schöpfung. Narekazis dichterisches Hauptwerk, das ein Jahr vor seinem Tode verfaßte *Buch der Klagelieder* (1002), das als populäres Gebetsbuch auch kurz *narek* genannt wurde, beschreibt in seinen 95 Hymnen die ungestillte Sehnsucht des lyrischen Ich nach Läuterung, Erleuchtung und der mystischen Vereinigung mit Gott. Dichterisch handelt es sich um Dialoge der gläubigen Seele mit Gott und der Gottesmutter beziehungsweise um die Auseinandersetzung des lyrischen Ich mit der eigenen Nichtigkeit; sie führt zu der ernüchternden Einsicht: »Als weiße Taube fliege ich zum Nest, und flieg' als Rabe von dort fort. Kaum aufgestiegen, strebe ich erneut zur Erde.«

Zwar begreift Narekazi sein Werk vorrangig als Anleitung zu Buße und Einkehr, durchbricht dabei aber völlig das herkömmliche Schema, indem er die Arbeits- und Alltagssphäre einbezieht. Dieser Bruch mit der Konvention wird noch durch die mystische Tendenz seiner Dichtung verstärkt, denn die Beschäftigung mit dem Seelenleben, das den Mystikern als Entsprechung der Göttlichkeit galt, führt zu einem gesteigerten Gefühl subjektiver Innerlichkeit. Aus dem mystisch-subjektiven Gehalt seiner Dichtung ergibt sich ferner Narekazis gesteigertes Naturgefühl, wobei die Natur hier erstmalig in der armenischen Dichtung des Mittelalters zum zentralen poetischen Gegenstand erhoben wird.

Narekazis ästhetischer Grundsatz lautete, »das Geistige in fleischlichen Bildern zu sehen«, weswegen er auch als erster armenischer Hymnendichter körperliche Schönheit und Anziehung besang: »Es gibt nichts Erhabeneres und Wertvolleres als die Liebe eines Mannes und einer Frau.« Als dichterischer Revolutionär erwies er sich ebenfalls bei seinen Psalmen. Dem Gegenstand nach religiös geprägt, sind sie in ihrem Ausdruck weltlich. Die Jungfrau Maria erscheint nicht mehr, wie in den traditionellen Hymnen, als »Gebenedeite unter den Weibern«, sondern wird in ihrer weiblichen Schönheit und Anmut gepriesen. Es handelt sich hier um religiöse Liebeslieder ähnlich dem *Hohelied* Salomons, und es stellt wohl mehr als nur einen Zufall dar, daß Narekazi als junger Mann im Jahre 977 im Auftrag des Waspurakaner Herrschers Gurgen eine *Auslegung des Hoheliedes* verfaßte, das ja nach frommer jüdischer Auffassung eine Allegorie der Liebe zwischen Gott und seinem auserwählten Volk darstellt, verschlüsselt allerdings in den diesseitigen Begriffen irdischer Liebe und Leidenschaft.

Grigor Narekazi

»Das Wort zu Gott
aus der Tiefe des Herzens«
(Aus dem *Buch der Klagelieder*)

Den Schrei der Klage aus meinem betrübten Herzen
erhebe ich wieder zu Dir, der Verborgenes schaut,
und werfe ins Feuer die Sucht des wirren Verstandes,
entquollen dem üblen Dunst des schwankenden Denkens.
Das Brandopfer sende
zu Dir ich, auf daß Du es gnädig, erbarmend annimmst.
Es sei meine Gabe,
aus steigendem Rauch dargeboten, Dir gefällig!
Empfange aus meiner knappen Rede den Sinn,
der zur Freude, nicht aber zum Zorn gereiche!
Es drängt sich empor aus dem tiefsten Gemach meines Wissens
zu Dir das Opfer des Klügelns, das willig gespendet.
Nimm an dieses Fett,
der Üppigkeit sichtbares Zeichen!
[...]

Beim Schreckensgericht erschallt Deine machtvolle Stimme,
gewaltig tönt sie herauf aus der Schlucht der Rache,
es tobt und tost in mir der erwachte Zweifel,
es regt sich Bewegung aus widerstreitenden Launen,
die zur Schau ich stelle,
der Aufruhr des Niederen.
Die Waffen gegeneinandergekehrt, so kämpfen
in mir die Scharen der guten und bösen Gedanken,
ich werde entführt als des Todes Gefangner
wie ehedem,
bevor mich die Gnade erreichte,
die Paulus, der ausgesandte, erwählte Lehrer,
der Nachbildner Moses',
den Sieg der Erlösung nannte dank unserm Herrn Jesu.
Denn naht der Tag des Gerichts,
wie die Schrift sagt,
im Josaphat-Tal, dem engen,
am strudelnden Kedron,
am kleinen Rastplatz der Prüfung und der Begegnung,

wo die Welt des Lebens der Ewigkeit Antwort gibt,
dann wird die Erscheinung auch mir begegnen,
auch mir wird sich dann das Ewige nähern,
und Gottes Herrschaft gewinnt Gestalt
und findet mich vor mit vielen Zins fordernden Schäden,
gemein und verwerflich bei wahrheitsentsprechender Ansicht,
zur Züchtigung durch die Wächter härter verurteilt
als Edomiter, Philister und andre Barbaren,
die Schläge treffen.

Doch wird deren verdiente Strafe nach Jahren gemessen,
die strenge Bestrafung für meine Verfehlungen aber
bleibt ohne Begrenzung.
Ach, Grube und Falle sind mitnichten zu umgehen,
so sagen Apostel, so sagen es die Propheten,
Bedrückung verfolgt mich deshalb über die Maßen,
hier stehe ich nun, von ewiger Schande gezeichnet.

Allein Du tust das Wunder, das schließlich die Heilung bringt,
allein Du hälst den Ausweg offen, trotz aller Bedenken,
für jene gefährdete Seelen, die sühnend sich beugen.
Gepriesen im Glanz unerreichbar endloser Höhe
bist Du allein, in Ewigkeit!

Aus: *Die Berge beweinen die Nacht meines Leides:*
Klassische armenische Dichtung. (Hrsg.) Lewon Mkrttschijan.
Aus dem Armenischen übertragen von Horst Lothar Teweleit.
© Rütten & Loening. Berlin 1983.

200

Wie die westeuropäische, so kannte auch die mittelalterliche armenische Versdichtung zunächst keine Endreime. Narekazi verwandte sie, beeinflußt von der Volksdichtung, nur stellenweise. Aber erst Grigor Magistros Pahlawuni (990−1058) machte systematisch Gebrauch vom Endreim. In seinem Poem *Tausendzeiler* (1045) berichtet er von einem Streitgespräch, das er in Konstantinopel mit dem arabischen Dichter Manutsch geführt hatte. Manutsch hatte behauptet, der Koran sei dem Evangelium deshalb überlegen, weil jener in Reimen abgefaßt sei.»Wenn du das ebenfalls vermagst, werde ich Christ!« forderte er seinen armenischen Kollegen heraus. Der nur in vier Tagen abgefaßte *Tausendzeiler*, eine gereimte Nacherzählung der Heiligen Schrift, bildet Grigors Antwort. Sein Verfasser gelangt zu dem nüchternen Schluß:»Es geht hierbei (beim Reimen) weder um Prophetengabe noch um Kunst. Die Gedichte der Araber sind einfache Übungen, in denen jede Zeile mit ein und demselben Reim endet. Ihr nennt das ›Kafa‹.«

Der Reim kam auf Wegen in die armenische Literatur, die der westeuropäischen Entwicklung fast entgegengesetzt waren. Übernahm die westeuropäische Dichtung im 9. Jahrhundert den Endreim von der mittellateinischen Hymnendichtung, so drang er in Armenien ein Jahrhundert später über die Volksdichtung in die bis dahin dominante Hymnodie ein. Erste Impulse gingen von orientalischen, insbesondere arabischen Reimformen aus. Der von Magistros abschätzig erwähnte Kafa stellte anfangs die am häufigsten benutzte Form dar. Zu endgültigem Durchbruch gelangte der Reim im 12. Jahrhundert in den Dichtungen des Katholikos Nerses Schnorhali Pahlawuni (1100−1173) sowie seines Amtsnachfolgers und Neffen Grigor Tra (ca. 1133−1193), die zugleich eine Vielfalt von Reimformen entwickelten. Beide wirkten in Kilikien. Die von ihnen eingeführten Reimpaare, Kreuzreime sowie der umrahmende Reim waren in der westeuropäischen Literatur seit langem geläufig und wurden möglicherweise unter dem direkten Eindruck westeuropäischer Kultur in Kilikien übernommen.

Katholikos Nerses Pahlawuni, wegen seiner herausragenden dichterischen und wissenschaftlichen Leistungen mit dem Beinamen »der Begnadete, Anmutige« (Schnorhali) geehrt, hinterließ ein umfangreiches dichterisches Werk. Zu seinen bedeutendsten Schöpfungen gehört die *Klage über die Einnahme Edessas* (1145), das die islamische Belagerung und Eroberung dieser uralten nordmesopotamischen Stadt, des heutigen Urfa der Türken, ein Jahr zuvor schildert. Die Gattung des Klageliedes — in Übersetzungen tauchen auch die Bezeichnungen »Elegie« beziehungsweise »Lamentatio« auf — besitzt ihren biblischen Prototypus in den alttestamentarischen Klageliedern, die dem Propheten Jeremias zugeschrieben wurden und bereits die sogenannten Prosopopöie kannten, die Personifizierung einer Sache. So tritt bei Jeremias die Stadt Jerusalem als trauernde Witwe auf. Die armenische Literatur hat die »Lamentatio« schon sehr früh übernommen — man erinnere sich an die Prosa-»Klage« in Mowses Chorenazis *Geschichte* —, aber erst in der Lyrik und durch Schnorhali erhielt sie ihre feste, seitdem oftmals wiederholte Form als politisches Gedicht. Nach biblischem Vorbild schilderte Schnorhali Edessa als trauernde Witwe, die ihre Schwestern, die einstigen armenischen Hauptstädte Waraschapat und Ani, herbeiruft, um in ihre Klage einzustimmen.

Nach dem Vorbild Schnorhalis verfaßte Grigor Tra 1189 seine programmatische Klage über die islamische Eroberung Jerusalems, die er der Uneinigkeit der christlichen Staaten anlastet. Aus ihr leitet Grigor Tra den bis heute in der armenischen Publizistik und Dichtung vertretenen Standpunkt her, wonach das armenische Volk nur auf die eigenen Kräfte vertrauen dürfe, und propagiert die Unabhängigkeit Kilikiens unter seinem starken König Lewon II. Hierauf folgte die *Klage über die Kathedrale* (1300) des Sjuniker Fürsten Stepanos Orbeljan, der vor dem sich abzeichnenden Niedergang des Kilikischen Reiches die (Rück-)Verlegung des geistlichen Zentrums nach Wararschapat (Etschmiadsin) befürwortete, dessen Kathedrale er als verwaiste Mutter schildert. Arakel von Bitlis (Arakel Barischezi; ca. 1380−1454) knüpfte in seiner Klage über die Hauptstadt Istanbul (1453), die er aus Anlaß der Eroberung Konstantinopels durch die osmanischen Türken verfaßte, an die Idee vom nationalen Zentrum in Wararschapat an: Mit dem Katholikat im alten ostarmenischen Stammland könne die Wiedergeburt der Nation eingeleitet, die Unterstützung des Westens gewonnen und damit nicht nur die Befreiung Armeniens, sondern sogar die des Byzantinischen Reiches von den Türken erreicht werden. Bis heute pendeln die politischen Hoffnungen der Armenier zwischen diesen beiden entgegengesetzten Programmen: der Befreiung dank auswärtiger Intervention und resignativen Beschränkung auf die eigenen Möglichkeiten und Kräfte.

Nachdem der armenische Staat im 14. Jahrhundert untergegangen war, entwickelte sich die Versdichtung Armeniens in vielem abweichend von der Literatur glücklicherer Länder. Manche Gedichtformen wie die Ode wurden kaum oder gar nicht ausgebildet, da es keine nationalen Höfe und Herrscher gab, zu deren Lobpreis man sie hätte verfassen können. Der von Schnorhali begründete Gedichttypus der Klage erfreute sich dagegen anhaltender Beliebtheit, nicht zuletzt dank des ihm eigenen Optimismus. Der Gegensatz zwischen der glanzvollen Vergangenheit und der aktuellen politischen Ohnmacht wurde von den Dichtern ja nur deshalb heraufbeschworen, um die Leser zum Kampf für die Wiederherstellung der armenischen Freiheit und Größe zu mobilisieren.

Volksdichtung und kirchliche Literatur näherten sich im 13. und 14. Jahrhundert weitgehend einander an. Dichtende Laien blieben nicht länger anonym, sondern erwarben sich, wie Frik (13. Jh.) mit seinen etwa 50, in zeitgenössischer Umgangssprache verfaßten Gedichten, unsterblichen Ruhm; fromme Klostergelehrte und Gottesmänner dagegen wandten sich der Liebeslyrik zu. Diese Entwicklung ist nicht zuletzt der volkstümlichen Aschurnerlyrik zu verdanken. Als »Aschurner« bezeichnete man die in der Nachfolge der frühmittelalterlichen Gussanner stehenden Volkssänger, die eigene, fremde oder volkstümliche Weisen zur Begleitung der Saiteninstrumente Sas, Tar und Kamantscha vortrugen. Nach Art des westeuropäischen Minnesangs bildeten Frauenlob und die — meist unerfüllte — Liebe ihr Hauptthema. Die Ablösung der armenischen Bezeichnung »gussanner« durch das arabische Lehnwort »aschuch« (von arab. »aschiq«, »verliebt«) deutet auf die starken arabisch-persischen Einflüsse in der armenischen Volkslyrik hin.

Nicht nur bei ihren Reim- und Versformen, den Bildern und Motiven griffen die armenischen Aschurner auf das supranationale orientalische Repertoire ihrer Zeit zurück. Viele der über 400 namentlich überlieferten Aschurner bedienten sich orientalischer Künstlernamen, einige dichteten gleich in den Sprachen der Nachbarvölker. Denn armenische Sänger waren im ganzen Orient so beliebt, daß sie auch auf die Hochzeiten und Feste der Perser, Türken, Kurden und anderer islamischer Völker geladen wurden. Deutlich zeigt sich diese supranationale Tendenz bei dem letzten großen Vertreter der Aschurnerlyrik, Sajat Nowa (eigentlich Harutjun; 1712/1722—1795), der auf dem Höhepunkt seiner Laufbahn zwischen 1742 und 1759 am Hofe des ostgeorgischen Königs Erekle II. in Tbilissi (Tiflis) wirkte. Neid und Mißgunst vertrieben ihn jedoch von dort, und nach dem Tod seiner Frau zog sich Sajat Nowa 1770 in das nordarmenische Kloster Hachpat zurück. Es geht die Sage, daß er es bisweilen heimlich verließ, um in Tbilissi an Sängerfesten teilzunehmen. Sajat Nowa vereint in sich verschiedene dichterische Existenzformen der Armenier: den sinnenfrohen Sänger mit dem asketischen Mönch, den neuzeitlichen Dichter des ausgeprägten Personalstils mit dem traditionsbewußten und teilweise konventionellen Schaffen eines »Aschuch«. Als solcher dichtete Sajat Nowa in Armenisch, Georgisch und Aserbeidschanisch, den Sprachen der drei zahlenstärksten Völker Transkaukasiens, weswegen er von der sowjetischen Literaturgeschichtsschreibung gern als Beispiel der Völkerfreundschaft im Sinne des proletarischen Internationalismus in Anspruch genommen wurde. Er starb jedoch wie zahlreiche armenische Glaubensmärtyrer vor ihm: 1795, als der iranische Schah Agha Mohammed Tbilissi erobert hatte, befahl er Sajat Nowa, der sich damals in seiner Heimatstadt aufhielt und gemeinsam mit vielen anderen in der armenischen Surb Geworg-Kirche Zuflucht gesucht hatte, als Sänger in seine Dienste zu treten. Von der Kirchenschwelle aus schleuderte ihm Sajat Nowa in aserbeidschanischer Sprache seine Ablehnung entgegen: »Ich verrate nicht meinen Gott, noch verlasse ich das Gotteshaus«, worauf ihm der gekränkte Herrscher umgehend den Kopf abschlagen ließ.

Traditionelle armenische
Musikinstrumente.

Sajat Nowa

Du weinst mit der Nachtigall,
du blühst wie der Rose Pokal,
dich netzte ihr duftender Strahl,
der Rose Strahl.

Es gleicht dir keine,
nicht eine, nicht eine,
einzig bist du.

Deine Schönheit herrscht überall,
wie Silber den Lockenfall,
deine Haut wie ein Seidenschal,
Seidenschal.

Es gleicht dir keine,
nicht eine, nicht eine,
einzig bist du.

Du bist Sonne und Mond zumal,
meine Schwüre sind ohne Zahl,
dein Gewand gürtet edles Metall,
edles Metall.

Es gleicht dir keine,
nicht eine, nicht eine,
einzig bist du.

Dein Kleid ist Rubin und Opal,
du weinst mit der Nachtigall,
dein Gesicht trägt ein Schönheitsmal,
ein Schönheitsmal.

Es gleicht dir keine,
nicht eine, nicht eine,
einzig bist du.

Die Berge beweinen die Nacht
meines Leides. Was hast du gemacht?
Hast Sajat von Sinnen gebracht,
von Sinnen gebracht.

Es gleicht dir keine,
nicht eine, nicht eine,
einzig bist du.

Aus: *Die Berge beweinen die Nacht meines Leides: Klassische armenische Dichtung. (Hrsg.) Lewon Mkrttschijan.* © Rütten & Loening. Berlin 1983.

Im Armenischen reimen sich »Lieder« (*jerger*) auf »Leiden« (*werker*). Schon die Lyrik Friks schlägt die Themen weltliche Leiden, Verluste und unentrinnbares Elend an, die der Dichter in der düsteren Zeit der Mongoleninvasion am eigenen Leibe erfahren mußte: Einst offenbar sehr wohlhabend, verlor er seine gesamte Familie und all seinen Besitz. Aus solchen Erfahrungen entwickelte sich im 13. und ganz besonders im 14. Jahrhundert die sogenannte »Panduchtlyrik«, in deren Mittelpunkt die Gefühlswelt des *Rarib*, des Vertriebenen oder aus seiner Heimat geflüchteten, in der Fremde jedoch von Sehnsucht und Heimweh gequälten Armeniers steht. Die Volkslieder des 14. bis 16. Jahrhunderts sind voller Symbole des Schmerzes, Verlustes, der Leiden und Sehnsüchte, mit denen die Menschen jener Zeit die schier endlosen Verwüstungen und Entbehrungen umschrieben: das gequälte Rebhuhn, das den Verlust seiner Küken beklagt; die in einen Käfig gesperrte Nachtigall; das zerstörte Nest der Turteltaube; das aus Armenien in die Fremde verpflanzte Pfirsichbäumchen, das, obwohl dort mit Zuckerwasser getränkt, sich nach dem kargen Heimatboden sehnt; der Zugvogel Kranich als Inbegriff der Sehnsucht und der Verbundenheit der vertriebenen Armenier mit ihrer Heimat. Etwa 500 solcher, oft in mehreren Textvarianten überlieferte Weisen wurden traditionell Nahapet Kutschak zugeschrieben, angeblich ein Dichter des 16. Jahrhunderts. Nach jüngerer Forschermeinung stammen sie wahrscheinlich von einem, vielleicht auch von mehreren Volkssängern und Dichtern aus dem 13. bis 15. Jahrhundert. Sie eint nicht nur das Panducht- und Liebesthema, sondern auch die seit dem 10. Jahrhundert belegte alte Gedichtform des *Hajren*, eines Vierzeilers. Jede der vier Zeilen besteht aus 15 Silben, von denen die zweite, fünfte und siebte in der ersten Halbzeile und dazu alternierend die dritte, fünfte und achte in der zweiten Halbzeile betont werden. Die Bezeichnung *Hajren*, verkürzt aus *hajeren* (»armenisch«), besagt, daß es sich hier um eine ausschließlich armenische Versform mit stark volksliedhaftem, einprägsamen Charakter handelt, deren Schlichtheit und Innigkeit sie deutlich von dem üppigen Sprachstil der orientalisierenden Aschurnerdichtung unterscheiden.

Armenisches Volkslied (bisweilen Nahapet Kutschak zugeschrieben)

Ein Pfirsichreis war ich,
das wuchs zwischen Eis und Stein.
Man grub meine Wurzeln aus
und pflanzte mich wieder ein
im fremden Beet,
im üppigen Garten.
Und immerzu gibt man mir
verzuckertes Wasser hier.

Doch ich will heim,
will satt mich trinken
am geschmolzenen Schnee.

Aus: *Lebenslieder, Todesklagen: Lesebuch vergessener Völker.*
(Hrsg.) Klemens Ludwig. (Nachdichtung von Tessa Hofmann).
Peter Hammer Verlag. Wuppertal 1987.

Nahapet Kutschak

»Lied des Verbannten«

Denk ich dem Schicksal der Verbannung nach
in dem ich schmachte, füllen meine Augen
mit Tränen sich; ich irre ruhelos
von Land zu Land, wie Flüsse ruhlos eilen.
Nur Gott weiß, welche Wege meine Füße
berühren werden, Gott nur kennt die Orte,
an denen ich verweilen soll. Warum
läßt er mich nicht in tiefster Erde modern,
wo holde Schlaf des Friedens um mich wär?
Am Tage bin ich wie ein Pfeil: wohin
das Schicksal mich entsendet, dahin eil ich.
Bei Nacht gleich ich dem Bogen, dessen Sehne
entspannt herabsinkt; kraftlos liege ich da...

Aus: *Lebenslieder, Todesklagen: Lesebuch vergessener Völker.*
(Hrsg.) Klemens Ludwig. Peter Hammer Verlag. Wuppertal 1988.
Erstveröffentlichung in: Bethge, Hans: *Die armenische Nachtigall.* Berlin 1924.

Die Kongruenz von weltlicher und geistlicher Dichtung zeigt sich besonders anschaulich bei dem Wardapet (Archimandriten) Howhannes Plus Jersnkazi (ca. 1220—1293), der über 70 Hajrenner hinterließ. Und obwohl Jersnkazi als erster Dichter seines Volkes überhaupt der Klage der Vertriebenen Ausdruck verlieh, brachte er, der christliche Geistliche, eine für seinen Stand und seine Zeit bemerkenswerte Toleranz gegenüber den muslimischen Verursachern der armenischen Leiden auf. So erschloß er seinen Landsleuten nicht nur in seinen »Denksprüchen, geschöpft aus den Schriften muselmanischer Weiser« die arabischen und persischen Philosophen, sondern besang in seinem Poem *Howhannes und Ascha* die Liebe zwischen einer Türkin und einem Armenier als so mächtig, daß sich die junge Türkin, den Drohungen und Schlägen ihres Vaters zum Trotz, zur Religion ihres Geliebten bekehrte, um ihm in der Kirche angetraut werden zu können.

Behandelte Howhannes Plus die Liebe noch als dem frommen Thema der Annäherung von Islam und Christentum untergeordnet, so nahmen sich seine Nachfolger größere Freiheiten bei ihrer Darstellung. Als eigentlicher Begründer armenischer Liebeslyrik gilt Kostandin Jersnkazi (13./14. Jh.), der den Gegenstand ohne die bisherigen Allegorien anging. In seinem *Wort von der Rose* deutete er zum Beispiel das bekannte orientalische Motiv der Liebe der Nachtigall zur Rose um zu einem weltumfassenden Liebesgefühl, während die Metapher ursprünglich die zur mystischen Vereinigung mit Gott strebende Seele des Gläubigen meinte. Spätere Dichter konzentrierten sich noch stärker auf die irdischen, sinnenhaften Aspekte der Liebe und besangen die — stark idealisierte — weibliche Schönheit als göttlich, die Liebe zu Gott dagegen in den Begriffen fleischlichen Begehrens. Die Grenzen zwischen den Begriffen, Bildern und Gattungen zerflossen, Profanes und Sakrales wurden austauschbar. Die herkömmliche Kirchenhymne verschmolz mit dem Aschurnerlied. So faßt Arakel Sjunezi (1350—1425) seine Sehnsucht nach Christus in die Worte:

»Nachts finde ich keine Ruhe./Mein Schlaf ist gestört./Vor Liebesglut bin ich verbrannt,/berauscht vom Wunder der Liebe.« Und Katholikos Grigoris von Achtamar (Achtamarezi) bekannte im 16. Jahrhundert freimütig in einem Gedicht, daß seine »Seele mit dem Fleisch im Kampfe« läge. In einem anderen Liebeslied fand der dichtende Kirchenführer sowohl weltliche, als auch tradierte christliche Bilder, um die Reize seiner Geliebten zu preisen:

O wunderbares Bild, stets rein und schön,
wie Engel von göttlichem Glanz umflossen.
Dein Mund, ein göttlicher Altar, und Weihrauch deine Lippen,
die Zähne aber Perlenschnüre. Du bist die Schönheit ganz!

Die vollständige Überwindung des mittelalterlichen Gegensatzdenkens, der Gegenüberstellung von Körper und Seele, Askese und Ekstase, gelang dem Maler Nahasch Hownatan (1661—1722). In einem seiner Lehrgedichte rief er dazu auf, Körperliches und Seelisches harmonisch in Einklang zu bringen:»Genießt die Freuden des Körpers, doch auch im Geistlichen säumet nicht, gebt dem Geist, was ihm gebührt!«

Die neuarmenische Literatur

Die Parallellität von Konservatismus und flexibler Aufgeschlossenheit, die die gesamte armenische Kulturgeschichte prägt, zeigte sich vom 16. bis 18. Jahrhundert besonders deutlich. Denn während einerseits in Armenien noch zahlreiche kirchliche und Laiendichter die konventionellen Formen — das Liebeslied, die»Lamentatio« und andere — pflegten, entstanden in den ausländischen Kolonien Buchdruckereien als wichtigste Voraussetzung für die Demokratisierung und Modernisierung der armenischen Literatur. Mit dem ihnen eigenen Spürsinn für kulturell wie technisch revolutionäre Entdeckungen hatten sich die Armenier die Erfindung der»beweglichen Lettern« des Johannes Gutenberg (1455) trotz ihrer eingeschränkten Möglichkeiten als Diasporavolk schneller zu eigen gemacht als irgendein anderes Volk Asiens und sogar schneller als manches Staatsvolk Europas einschließlich der Russen. Schon 1512/13 wurden in Venedig, mit dem Armenien seit der Zeit des Kilikischen Reiches rege Handelsbeziehungen unterhielt, die ersten fünf Bücher in armenischer Sprache gedruckt, obwohl im selben Jahr 1512 Armenien für mehr als einhundert Jahre Zankapfel und Austragungsstätte der verheerenden osmanisch-persischen Kriege wurde. Von diesen Verwüstungen gleichsam unbeeinträchtigt, vollzog sich in der Diaspora der rasante Triumphzug des Buchdrucks. In rascher Folge entstanden bis zum Ende des 18. Jahrhunderts in Europa und Asien armenische Druckereien (u.a. in Konstantinopel 1567, Lemberg 1616, Paris 1633, Nor Dschura/Iran 1641, Amsterdam 1663, Smyrna 1676, Madras 1771, Petersburg 1781). In diesen zu ihrer Zeit wirtschaftlich und deshalb auch kulturell führenden Städten stand den armenischen Druckern nicht nur das modernste typographische Wissen zur Verfügung, sondern sie empfingen auch sonst wichtige geistige Impulse.

Der Druck wandelte das Buch vom halbsakralen Wertobjekt zu einem immer breiteren Kreisen erschwinglichen Gebrauchsgegenstand und begünstigte damit auch die Entstehung einer armenischen Presse und Publizistik, die ihrerseits zum Sprachrohr reformatorischer Ideen wurde: weg von dem zur Kanzel- und Kirchensprache erstarrten Grabar, hin zur lebendigen Volkssprache. Die Anfänge dieser Entwicklung erfolgten nicht zufällig in Indien. Aus ihrem unfreiwilligen persischen Exil bei Isfahan geflohen oder ausgewandert, hatten armenische Kaufleute in der südindischen Stadt Madras eine Handelskolonie gegründet, die vor dem Auftreten der britischen Ostindischen Kompanie den indischen Fernhandel zur höchsten Blüte gebracht hatte. Die antikolonialen Freiheitsbestrebungen Indiens beeindruckten die Intellektuellen dieser bedeutenden Armeniergemeinde ebenso stark wie der Kontakt mit ihren englischen Konkurrenten und dem durch sie vermittelten europäischen Gedankengut. So nimmt es nicht wunder, daß ausgerechnet in Madras 1794 die erste armenische Zeitung *Asdarar (Anzeiger)* erschien. 1848 veröffentlichte Mesrop Tariadjan (1803–1858) in der von ihm geleiteten Wochenzeitschrit *Asgasser (Patriot)* in Kalkutta den ersten armenischen Roman in der volkstümlichen Umgangssprache Aschcharhabar.

Mit dem Ende des persisch-türkischen Krieges 1639 setzte auch in Armenien eine gewisse Wiederbelebung der Kultur und vor allem der Gedanke der nationalen Erweckung ein, der sich nach dem Anschluß Ostarmeniens an das Russische Reich noch verstärkte. Der literarische wie politische Aufschwung kristallisierte sich in der Person Chatschatur Abowjans (1809–1848), dessen Roman *Armeniens Leiden* (posthum 1858 veröffentlicht) gewöhnlich als *das* erste neuarmenische Prosawerk aufgefaßt wird. Sein Ruhm gründet sich nicht allein darauf, daß er in neu-ostarmenischer Sprache geschrieben wurde, sondern auch auf seinen zeitgeschichtlichen aktuellen Inhalt. Die Handlung spielt in den letzten Jahren der Perserherrschaft über Ostarmenien und endet mit dem vom Volk bejubelten Einzug der Russen in Jerewan (Oktober 1827). Als erster Autor der Neuzeit wählte Abowjan als Protagonisten einen Helden aus dem Volke, nämlich den Bauernjungen und späteren Partisan Arassi. Durch seinen Mund verkündet er die Idee vom Kampf Armeniens für seine Freiheit und die Wiederherstellung seiner Staatlichkeit nach Jahrhunderten der Unterdrückung.

Abowjan gilt den wenigen Deutschen, die sich überhaupt in der armenischen Kulturgeschichte auskennen, als Kronzeuge deutsch-armenischer Beziehungen. Sein Interesse an der deutschen Kultur geht auf das Jahr 1828 zurück, als er, damals noch ein Seminarist des Klosters Etschmiadsin, Professor Friedrich Parrot von der Universität Dorpat (heute Tartu/Estland), der als erster Europäer den Ararat bestieg, als Dolmetscher diente. Die Eroberung Transkaukasiens durch Rußland löste eine lebhafte naturwissenschaftlich-geographische Erkundung der Region durch europäische Gelehrte und Reisende aus. Den armenischen Gläubigen aber hatte ihre Kirche die Besteigung des heiligen Archenberges untersagt. Die Ararat-Besteigung muß daher auf den jungen Abowjan wie eine Befreiung von mittelalterlichen Tabus im Sinne und Dienste der Aufklärung gewirkt haben. Auf Parrots Vermittlung hin besuchte Abowjan als Gasthörer für Philosophie und Geschichte die damals ganz von deutschen Wissenschaftlern dominierte Universität Dorpat, um seinem Volk anschließend als Lehrer zu dienen. Abowjan steht am Beginn einer kritisch-aufklärerischen, vor allem auf die nationale Erweckung abzielende Phase der armenischen Literatur. Sein frühes Ende ist geheimnisumwittert und, wie bei vielen armenischen Intellektuellen der Neuzeit, gewaltsam. Im März 1848 wurde der unbequeme Abowjan als staatlicher Schulinspektor in Jerewan entlassen. Kurz darauf »verschwand« er spurlos. Bis heute bleibt unklar, ob er durch eigene Hand starb, von der zaristischen Geheimpolizei ermordet wurde oder ob man ihn gar über die nahe Staatsgrenze in die Türkei verschleppte und dort tötete.

Zu den Postulaten der französischen Revolution und der nordamerikanischen Menschenrechtserklärung gesellten sich bei den Nachfolgern des Aufklärers Abowjan – vor allem bei Mikajel Nalbandjan (1829–1866) – diejenigen des liberalen und demokratischen Rußland: Freiheit vom zaristischen Despotismus, soziale Gerechtigkeit für die Bauern. In Armenien entstand die krasse Not der Bauern im Unterschied zu Rußland nicht aus der feudalen Leibeigenschaft, sondern aus der russischen beziehungsweise türkischen Fremdherrschaft: Die Beamten beider Reiche saugten »ihre« Völker nach Kräften aus, ohne in die Entwicklung der Wirtschaft ihrer Kolonien zu investieren. In den Romanen und Artikeln Nabandjans verschmolz folgerichtig die soziale Frage mit der nationalen Befreiung.

Ansicht der georgischen Hauptstadt Tbilissi (pers.-russ.: Tiflis):
In der zweiten Hälfte des 19. Jahrhunderts bis zum Ersten Weltkrieg
befand sich hier das geistige Zentrum der Ostarmenier.

Die materielle und geistige Not Armeniens ließ die Bedeutung der auslandsarmenischen Kulturzentren umso stärker hervortreten. Die Armenien geographisch nächstgelegenen und ab der zweiten Hälfte des 19. Jahrhunderts bis zum Ersten Weltkrieg bedeutendsten waren die georgische Hauptstadt Tbilissi (Tiflis) sowie Konstantinopel, die Hauptstadt erst des byzantinischen, dann des osmanischen Reiches. In Tbilissi, dem zaristischen Verwaltungs- und Kulturzentrum Transkaukasiens, stellten die Armenier im 19. Jahrhundert sogar die größte Bevölkerungsgruppe von Russen und Georgiern. Die Vielfalt der Völker, Kulturen und Religionen widerspiegelt sich bis heute unübersehbar im Aussehen der georgischen Hauptstadt, wo neben den goldenen Zwiebeltürmen russisch-orthodoxer Kirchen und den kegelförmigen Turmhauben armenischer und georgischer Gotteshäuser, Synagogen und Moscheen aufragen.

Ähnlich multikulturell und multireligiös ging es in Konstantinopel zu, dessen Armeniergemeinde sich bis in das 6. Jahrhundert zurückverfolgen läßt. Um 1880 bildeten die Armenier mit einer Viertelmillion einen erheblichen Anteil an der Gesamtbevölkerung der osmanisch-türkischen Hauptstadt. Zahlreiche und

namhafte armenische Künstler, Publizisten und Wissenschaftler lebten in Konstantinopel. Bis sich im frühen 20. Jahrhundert der türkische Nationalismus durchsetzte, gab man sich am Goldenen Horn abendländisch; Frankreich bestimmte die Mode und den guten Geschmack. Die kulturellen Eliten der Armenier, der kleinasiatischen Griechen, Levantiner, Juden und freidenkenden Türken sprachen und lasen französisch und ließen ihre Söhne in Europa, bevorzugt natürlich in Frankreich, studieren. Konstantinopel war der Magnet, der die Armenier aus den immer stärker verarmenden »gawarner«, den östlichen Provinzen des Osmanenreiches, anzog: die verelendeten Bauern, denen die Steuereintreiber des Sultans und die örtlichen Stammesführer der Kurden den letzten Acker, das letzte Schaf genommen hatten, ebenso die auf Erweiterung ihres Wissens und ihrer Erfahrungen begierigen halbgebildeten Bürgersöhne.

In vergleichbarer Weise vermittelte sich russisches Bildungs- und Gedankengut über Tbilissi. Denn Georgien bildete, neben Sibirien und später Mittelasien, ein Verbannungsgebiet für politisch unbequeme Untertanen des Zaren. Beeindruckt von den uralten, jedoch politisch ohnmächtigen Kulturen der Georgier und Armenier, die vielen Russen die »klassischen« Länder Italien und Griechenland ersetzten, traten die verbannten Adelsrebellen der Dekabristen sowie nach ihnen die russischen Demokraten und Sozialrevolutionäre in intensiven Gedankenaustausch mit den transkaukasischen Intellektuellen. Dabei wurde auch viel deutsches Bildungs- und Literaturgut nach Transkaukasien exportiert. Denn Rußland gestattete nicht nur deutschen Wissenschaftlern Zugang zu seinem Bildungswesen, sondern viele junge Einwohner des Zarenreiches, darunter auch Armenier, nahmen ein Studium an deutschen Universitäten, vor allem in Leipzig und der preußischen Hauptstadt Berlin, auf.

Im späten 19. Jahrhundert verlief so die literarische Entwicklung Armeniens weitgehend parallel zu der in Europa und vollzog mit einer geringfügigen zeitlichen Verzögerung die europäische

Abfolge der Stile nach: Klassizismus, Sentimentalismus, Romantik, Realismus, Symbolismus beziehungsweise Spätromantik und Futurismus. Indessen wurden Schwerpunkte gesetzt, die weniger von den französischen, russischen und deutschen Vorbildern diktiert waren als von der uralten Aufgabenstellung der armenischen Literatur und ihrer Tradition, zu belehren und das vaterländische Bewußtsein ebenso wie den Geist der Freiheit und der Rebellion aufrechtzuerhalten. Zwei scheinbar gegensätzliche Stile, die Romantik mit ihrer programmatischen Vergangenheitsverklärung und der kritische Realismus, dienten diesem Ziel.

Als wichtigster Beitrag der romantischen neuarmenischen Erweckungsliteratur gelten die Romane Raffis (Hakob Melik-Hakobjan; 1835–1888) und Murazans (Grigor Ter-Howhannisjan, 1854–1908), deren patriotisches Pathos nicht von ungefähr an die klassische historische Prosa des Mittelalters erinnert. Howhannes Draschanakertzi, Towma Arzruni und andere gehörten zu ihren direkten Quellen. Wie ihre mittelalterlichen Vorgänger sahen die Verfasser der historischen Romane des späten 19. Jahrhunderts ihre Hauptaufgabe in der Beeinflussung gegenwärtiger Verhältnisse: »Ich schreibe einen historischen Roman nicht wegen der geschichtlichen Fakten, sondern wegen der mich interessierenden Gegenwart«, erklärte Murazan. In seinem erfolgreichsten Werk *Geworg Marspetuni* (1896) kritisierte er die nationale Zwietracht und schilderte mit dem adeligen Titelhelden eine ideale Leitfigur, die trotz starker persönlicher Vorbehalte gegen den von Reue zerrissenen und deshalb handlungsunfähigen König Aschot II. Bagratuni im Interesse nationaler Einheit und des Gemeinwohls eigene Bedenken zurückstellt.

Noch unverhüllter zeigten sich die Leitideen der nationalen Erweckung im romantischen Zeitroman, der, wie erstmals Abowjans *Leiden Armeniens*, wichtige Abschnitte der Befreiungsbewegung retrospektiv interpretierte. Besonders erfolgreich war auf diesem Gebiet Raffi, dessen Romane *Chent*

(*Der Verrückte*, 1880), *Dschalaleddin* (1878) und *Kaizer* (*Funken*, 3 Bde.; 1883/87) den russischen, von den Diplomaten Europas aber kurz darauf verspielten Sieg über die Türkei (1878) analysieren. Als Schlußfolgerung propagierte Raffi die Bewaffnung und Selbstverteidigung der westarmenischen Bauern.

Für die nationalen Aufklärer Abowjan und Nalbandjan, mehr noch für Raffi und Murazan, hing die Frage der Zukunft Armeniens von der Rolle des Dorfes und der Bauern ab, die man einerseits als Träger der nationalen Tugenden idealisierte, deren tiefe Armut, Unbildung und Rückständigkeit andererseits kein Intellektueller übersehen konnte. In Rußland war daraus in den 1860er und 1870er Jahren die Volkstümlerbewegung entstanden: junge Intellektuelle, oft kleinbürgerlicher Herkunft, die sich als Lehrer, Agrarfachleute, Krankenschwestern zum »Gang ins Volk« entschlossen, um dadurch ein Vorbild zu geben und die Not der Bauern zu lindern. In aller Regel scheiterten ihre hochherzigen Bemühungen an den Verhältnissen, an der Gleichgültigkeit, dem Unverständnis oder sogar Mißtrauen der Bauern gegenüber den »Dämchen« und »Herren« aus der Stadt. Dennoch prägten die Überzeugungen des »Narodnitschestwo«, des Volkstümlertums, nicht nur eine ganze Generation von Intellektuellen, sondern für lange Zeit auch die russische Literatur.

In Ostarmenien entstand hieraus ab den 1870er Jahren das »Dorfschriftstellertum« (*gjuragrutjun*), das in den 1890er Jahren zur regelrechten Massenerscheinung wurde. In der »Provinzliteratur« besaß es eine westarmenische Parallele. Unzählige, heute fast völlig vergessese Literaten machten sich an die Beschreibung des dörflichen Alltags und der Folgen des Doppeljochs von sozialer und nationaler Unterdrückung. Als erfolgreichster Vertreter gilt Pertsch Proschjan (1837–1907); seine Romane propagierten »Bildung und Waffen« als Ausweg aus der armenischen Unterdrückungssituation.

In der Dorfprosa kollidierte die Volkstümler-Romantik mit

dem Wahrheitsgebot des kritischen Realismus. Viele Dorf-schriftsteller teilten zunächst die Überzeugung der Volkstümler, wonach die patriarchalische Dorfgemeinschaft — russisch *mir* oder *obschtschina*, armenisch *hamajnk* — die soziale und ethische Basis aller Volks- und Nationaltugenden bildete. Sie weigerten sich, den Zersetzungsprozeß wahrzunehmen, der unter dem Ansturm von Industrialisierungs- und Urbanisie-rungsprozessen die transkaukasischen Dorfgemeinschaften befiel, und neigten statt dessen zur hartnäckigen Verklärung des Dorfes als heilem Gegenpol zur städtischen Sittenverderbnis.

Die Emanzipation von der romantisch-populistischen Literatur erfolgte darum außerhalb Armeniens und im Bereich des städti-schen Sittenromans. Die Eroberung Transkaukasiens durch Rußland hatte im 19. Jahrhundert zu einer schnellen Industriali-sierung und einer ebenso rapiden Zunahme des Anteils der Stadtbevölkerung geführt. Das traf besonders auf das transkau-kasische Wirtschaftszentrum Baku am Kaspischen Meer zu, dessen uralte Armeniergemeinde im 19. Jahrhundert schnell wuchs. Zu den Neuankömmlingen gehörte 1875 auch der Romancier Schirwansade (Alexander Mowsisjan, 1858—1935) aus der alten armenischen Händlerstadt Schamacha (heute Schemacha in Aserbeidschan). Seine beiden ersten Romane *Namus* (*Der gute Ruf*, 1884) und *Tschar hogi* (*Böser Geist*, 1891) schildern den Zusammenbruch patriarchalischer Werte und Lebensweisen, nachdem 1871 die Erfindung der Anilinfarben den für Schamacha lebenswichtigen Handel mit der bis dahin für die Textilfärbung unersetzbaren Krapp-Pflanze ein Ende setzte. In seinem bekanntesten Roman *Chaos* (1898) beschreibt Schirwansade am Beispiel der armenischen Industriellenfami-lie Alimjan die sozialen Spannungen und sittlichen Krisen, die der Erdölboom in Baku auslöste.

Schirwansade knüpfte vor allem an russische und französische Vorbilder an, da er trotz gewisser realistischer Ansätze die Werke seiner armenischen Vorgänger nur als Programmlitera-tur auffassen konnte. Deren literarische Mängel waren zwar aus den Bedingungen der Erweckungslitertur erklärbar, entwerteten sie aber als Vorbild für den kritischen Realismus: »Zuerst fand ich die Wahrheit in den russischen Romanen«. Schirwansades oft zitierter Bezug auf den russischen Realismus spricht für das wachsende Interesse an den Verfahren sozialpsychologischer Deutung und an universellen Themen, während formale Elemente wie die Kultivierung des Stils, der Komposition und des Sujetaufbaus auch von den französischen Realisten Zola, Stendhal und Balzac übernommen wurden.

Repräsentiert Schirwansade die soziale Ausrichtung des realistischen Sittenromans, so steht Nar Dos (Mikajel Ter-Howhannisjan, 1867–1933) für die psychologische Prosa. Möglicherweise begünstigte die kulturelle Atmosphäre seines Heimat- und Wohnorts Tbilissi diese Entwicklung, denn im Unterschied zu Baku war Tbilissi organisch und langsam gewachsen; seine selbstsicheren Einwohner führten ein gelassenes, beschaulicheres Leben als die hektischen Bewohner Bakus. Und so tritt in den Novellen, Erzählungen und Kurzgeschichten die Gesellschaftsanalyse zugunsten der Erforschung der inneren psychischen Welt in den Hintergrund. Der Klassenkonflikt wird zum neoromantischen Konflikt des einzelnen mit der Gesellschaft umgedeutet.

Noch deutlicher zeigt sich die romantische Kontinuität in der Dichtung, wo die neoromantische Rückkehr zur expressiven Subjektivität am Ende des 19. Jahrhunderts eine äußerst bemerkenswerte Bekenntnislyrik hervorbringt. Sie verdient umso größere Aufmerksamkeit, als sie in den tragischsten und schwierigsten Abschnitt der armenischen Geschichte fällt. Die gesamteuropäische Katastrophenstimmung der Jahrhundertwende wird in Armenien durch die Vorahnung künftiger Greuel gesteigert, die die Massaker der Zeit von 1894 bis 1898 noch weit übertrafen.

Der türkischen Massenverhaftung vom 24. April 1915 fiel auch die sogenannte »künstlerische Generation« der westarmenischen Intelligenz zum Opfer. Das literarische Engagement die-

Vertreter der »künstlerischen Generation«
und Klassiker der modernen armenischen Malerei: Martiros Sarjan
(Selbstporträt aus den dreißiger Jahren).

ser Autoren entsprang der von Armeniern damals begierig aufgegriffenen geschichtsphilosophischen These von der Kultur als Grundlage nationaler Existenz, mit der sich die schwindende Aussicht auf politisches Gewicht verwinden ließ. Die Idee eines »geistigen Armenien«, das trotz der wirtschaftlichen und politischen Ohnmacht des Landes blüht, fand Anhänger in sämtlichen Bereichen von Kultur und Wissenschaft: Hr. Atscharjan und M. Aberjan in der Sprachwissenschaft und Philologie, M. Sarjan auf dem Gebiet der Malerei, Komitas im Bereich der Musik und T. Toramanjan in der Architektur.

Einer der bekanntesten und beliebtesten literarischen Vertreter der »künstlerischen Generation« ist Daniel Waruschan (1884—1915), dessen umfassender Realismusbegriff vom Wahrheitsgehalt sämtlicher Stilrichtungen ausging. Waruschan, der klassizistische, romantische und symbolistische Elemente zu einer originellen Einheit zusammenfaßte, hatte die thematische und konzeptionelle Vielfalt seines Schaffens mit dem Versprechen eingeleitet, »meine Lyra an einem Felsen zu zerschlagen, falls sie nicht voll tönt«. Ähnlich wie sein nicht minder berühmter Zeitgenosse Siamanto (Atom Jertschanjan, 1878—1915) nahm Waruschan in seinen Visionen das Inferno von 1915 vorweg. Nach dem Vorbild der mittelalterlichen »Klagelieder« und der Erweckungsliteratur bevorzugte er den Gegensatz zwischen der leiderfüllten Gegenwart und der heroischen Vergangenheit, um die Hoffnung auf eine bessere, allerdings noch zu erstreitende Zukunft zu wecken. Um die Kampfbereitschaft seiner Leser zu festigen, protestierte er gegen christliche Demut und Schicksalsergebenheit, da sie den Freiheitstrieb des Menschen verkümmern lassen, und beschwor statt dessen die alten Götter des vorchristlichen Armenien. In seinem Gedicht *Widmung* zitierte er zum Beispiel den Geburtsmythos des Sonnengottes Wahagn.

Daniel Waruschan
Widmung

Die Ehre besang ich mit schilfener Feder
—Dir zum Geschenk, mein Vaterland —
Ich schnitt sie aus dem Pappelwald...
—Dir zum Geschenk, alt Vaterland —
Die Götzen besang ich mit schilfener Feder.
Licht entströmte dem schilfenen Rohr.

Die Sehnsucht besang ich mit schilfener Feder
—Euch zum Geschenk, meine Emigranten —
Sie war der Halm einer gar fremden Pflanze...
—Euch zum Geschenk, arme Emigranten —
Die Bräute besang ich mit schilfener Feder.
Jammer entströmte dem schilfenen Rohr.
Das Blut besang ich mit schilfener Feder
—Euch zum Geschenk, ihr Schwertesopfer —
Sie wuchs aus der Asche wie Binse...
—Euch zum Geschenk, ihr Flammenopfer —
Die Wunden besang ich mit schilfener Feder.
Mein Herz entströmte dem schilfenen Rohr.

Mein verwaistes Haus besang ich mit schilfener Feder
—Dir zum Geschenk, ergrauter Vater —
Ich schnitt sie aus unserer versiegten Quelle...
—Dir zum Geschenk, vergrämte Mutter —
Meinen Herd besang ich mit schilfener Feder.
Rauch entströmte dem schilfenen Rohr.

Und den Kampf, den Kampf, den Kampf besang ich
—Euch zum Geschenk, meine Recken —
Meine Feder schürte der Herzen Glut...
—Euch zum Geschenk, tapfere Recken —
Die Rache besang ich mit schilfener Feder.
Flammen entströmen dem schilfenen Rohr.

Aus: *Lebenslieder, Todesklagen:*
Lesebuch vergessener Völker. (Hrsg.) Klemens Ludwig.
Übersetzt aus dem Armenischen von Raffi Kantian.
Peter Hammer Verlag. Wuppertal 1987

Europas zivilisationsmüder Ruf der Jahrhundertwende, »Zurück zu den Quellen!« erfaßte auch die armenischen Intellektuellen. Waruschans »Heidentum« entsprang aber gleichzeitig der Suche nach neuen Themen und Sichtweisen. Das erstmalig von den kritischen Realisten artikulierte Unbehagen an der thematischen Enge der armenischen Erweckungsliteratur löste unter den Zeitgenossen Waruschans ein lebhaftes Interesse an mythologischen und historischen Sujets fremder Kulturen aus, wie es die Märchen Howhannes Tumanjans, die Poeme und Legenden Awetik Issakahjans oder die symbolischen Märchen und Poeme Wrtanes Papasjans belegen. Kurz bevor die »künstlerische Generation« Westarmeniens im Genozid unterging, erschloß sie neue Horizonte: die ferne, halbmythische Vergangenheit Armeniens und die Exotik der Fremde.

Die armenische Literatur der Sowjetzeit

Oft erkennt man das Wesen einer Sache erst, wenn sie zu bestehen aufgehört hat. Die Demokratisierungsbewegung in der UdSSR, die schließlich zur Selbstauflösung dieses Staates Ende 1991 führte, hat tiefgreifende Krisen in sämtlichen Literaturen der einstigen Sowjetunion ausgelöst, wobei hier die Frage offenbleiben muß, inwiefern es sich bei diesen Literaturen um nationalsprachliche Spielarten einer homogenen Sowjetliteratur oder um eigenständige Nationalliteraturen innerhalb der Sowjetperiode zwischen 1917 beziehungsweise 1920 und 1991 gehandelt hatte. Die 1988 einsetzende Literaturkrise äußerte sich unter anderem darin, daß sich viele Autoren außerstande sehen, ihre bisherige Tätigkeit fortzusetzen. Sie verfaßten bestenfalls Feuilletons, Essays und Reportagen oder flüchteten sich gleich in politische Aktivitäten. Ihre staatlich kontrollierten Standesorganisationen, die Schriftstellerverbände, zerfielen. An ihrer Stelle entstanden unabhängige neue Verbände, die aber ihren Mitgliedern keine materielle Versorgung bieten können, wie sie es bisher als staatlich bezahlte Autoren gewohnt waren.

Jetzt, wo es sie nicht mehr gibt, stellt sich die Frage besonders eindringlich: Was war die sowjetarmenische Literatur? War sie mehr als eine einzige große Lüge und Heuchelei, die einem kleinen, daher wehrlosen, aber freiheitsliebenden Volk abgerungen wurde? Waren ihre Repräsentanten samt und sonders mit Privilegien korrumpierte Staatsdichter, die eilfertig mit literarischen Mitteln die großen Lebenslügen der Sowjetgesellschaft nachplapperten? Die in gefährlicher Weise Völkerfreundschaft und Harmonie beschworen, wo nur Friedhofsruhe infolge von Unterdrückung herrschte? Fragen, die uns auch in Hinsicht auf die einstige DDR-Literatur beschäftigen müssen.

Was Armenien betrifft, so scheint ein abschließendes Urteil etwas verfrüht, insbesondere aus einem Abstand von 4000 Kilometern und angesichts der Tatsache, daß sich die bisher ins Deutsche übersetzten sowjetarmenischen Autoren an zwei Händen abzählen lassen. (Es handelt sich um wenige, in der DDR erschienene Zweitübersetzungen aus dem Russischen. In Westdeutschland enthalten lediglich drei Nummern der Literaturzeitschrift *Die Horen* Übersetzungen armenischer Lyrik und Prosa; außerdem erschien in einem armenischen Kleinverlag in München eine Übersetzung des *Hohen Liedes* von Parujr Sewak und in einem Berliner Kleinverlag ein Gedichtband des Autors S. Chrachuni.) Literarisch betrachtet, ist also (Sowjet-) Armenien für den deutschen, insbesondere den westdeutschen Leser Terra incognita. Diese Lücke läßt sich nicht einfach durch die Aufzählung der wichtigsten Namen und Strömungen schließen. Statt dessen sei hier eine vorläufige Einschätzung der Bedeutung gewagt, die die sowjetarmenische Literatur in der Gesamtentwicklung der armenischen Gegenwartsliteratur besaß.

Die Sowjetisierung Ostarmeniens Ende 1920 leitete eine Nationalisierung des armenischen Kulturlebens ein. Westarmenische Flüchtlinge sowie Zuwanderer aus den traditionellen auslandsarmenischen Kulturzentren trugen zum Aufbau eines vaterländischen Literaturbetriebes mit eigenem Verlagswesen, Theatern, philologischen Forschungseinrichtungen sowie einem das ganze Land umfassenden Bibliothekswesen bei. Diese Frühphase wurde in der gesamten Sowjetunion als Zeit des stürmischen revolutionären Aufbruchs erlebt. Die armenischen Intellektuellen, vor allem der jüngeren Generation, waren überzeugt, daß sie nach dem »reinigenden« Weltenbrand des Krieges und der Revolution vor einer Zeitenwende nie gekannten Ausmaßes standen: Die Ideale der französischen Revolution wie der armenischen Aufklärung — Freiheit, Gleichheit, Brüderlichkeit — würden nun verwirklicht werden.

Sieht man einmal von den ersten politischen Massenverfolgungen in Armenien Ende 1920/Anfang 1921 ab, stand es dort mit der Freiheit nicht allzu schlecht, nachdem der bedeutende nationalbolschewistische Literaturkritiker Alexander Mjasnikjan (Alexander Martuni; 1886–1925) 1921 Ministerpräsident der Republik geworden war. Gleichheit und Brüderlichkeit bedeuteten für die armenische Gesellschaft, die im Unterschied zu Rußland und dem benachbarten Georgien keine krasse Klassenunterschiede kannte, in erster Linie nationale Gleichberechtigung beziehungsweise die Aufhebung des nationalistisch oder religiös motivierten Völkerhasses im proletarischen Internationalismus. Selbst das armenisch-türkische Verhältnis, das noch vor kurzem die sehr einseitige Beziehung zwischen Opfern und ihren Henkern gewesen war, würde sich in Harmonie, gegenseitiger Achtung und Verständnis auflösen. So glaubte man. Die Wirklichkeit war ernüchternd genug. Das armenische Volk verlor nach den Diktatverträgen von Moskau und Kars (1821) nicht nur Westarmenien, sondern auch das ostarmenische Nachitschewan und sogar Arzach.

Die Größe der kommunistischen Ideale wie auch die allmähliche Ernüchterung und den Rückzug von ihnen widerspiegelt das Werk der beiden herausragenden Vertreter der frühsowjetischen Literatur Armeniens, Jerische Tscharenz (Jerische Soromonjan, 1897–1937) und Axel Bakunz (Alexander Tewosjan, 1899–1937). Innerhalb der Sowjetunion verglich man gern ihre Bedeutung für die armenische Gegenwartsliteratur mit der von Wladimir Majakowski und Anton Tschechow für die russische Lyrik beziehungsweise Prosa. Tscharenz teilt mit Majakowski auch die literarische Entwicklung: Einer symbolistischen Frühphase (1913–1917) unter dem Eindruck russischer und armenischer Symbolisten wie Alexander Blok, Fjodor Sologub und Wahan Terjan folgt eine futuristische Periode, während der Tscharenz, in der Wucht und Gewalt seiner innovativen Sprache Majakowski ähnlich, die proletarische Weltrevolution besingt, literaturpolitisch die Verschmelzung von Kunst und Leben fordert und gegen die literarische Tradition polemisiert. Indessen legte sich diese ohnehin bloß verbalradikale Phase schnell, nicht zuletzt durch die verständnisvolle Förderung und den mäßigenden Einfluß Mjasnikjans, der in der Frage des Umgangs mit der Tradition eine Mittelposition einnahm: »Proletarisierung der armenischen Literatur, Armenisierung der proletarischen Literatur«. Mjasnikjan sorgte dafür, daß weder die jungen Futuristen noch die mit ihnen verfeindeten proletarischen Dichter über das Ziel hinausschossen.

Gegen Mitte der 20er Jahre fand Tscharenz zu einer reiferen, teilweise auch traditionelleren Schreibweise. Er verfügte jetzt souverän über das reiche dichterische Erbe Armeniens. In *Gesangbuch*, einem seiner populärsten Gedichte, beschwor er den Genius Narekazis und Kutschaks, in einem Poem — *Dem Berg Massis entgegen* — beschäftigte er sich mit dem Aufklärer Abowjan. Diese Rückkehr zu den Themen der eigenen Nation mochte der Logik und den inneren Gesetzen der armenischen Geschichte entsprechen, geriet aber in immer lebensgefährlicheren Gegensatz zur sowjetischen Innenpolitik. Es bedurfte in den Jahren 1936 und 1937 nur geringfügigster Anlässe, um in den Verdacht des Nationalismus zu geraten, und Tscharenz hatte sich zu intensiv mit den Botschaften der altarmenischen

Literatur auseinandergesetzt; er dürfte zu jener Zeit weniger ein Anhänger der proletarischen Revolution, als der Idee der nationalen Einheit gewesen sein. Am 29. November 1937 wurde der einstige Sänger der Weltrevolution in Jerewan ermordet. Die Legende nennt als Anlaß ein Gedicht, in dem sich Tscharenz eines alten Mittels literarischer Verschlüsselung bediente: Senkrecht gelesen, ergaben die Anfangsbuchstaben der Zeilen die seit Jahrhunderten wiederholte nationale Beschwörungsformel, die Quintessenz armenischer Geschichtsphilosophie: »Armenisches Volk, deine einzige Rettung liegt in deiner vereinten Kraft!«

Sänger der Revolution, Opfer des Stalinismus:
der Dichter Jerische Tscharenz, Armeniens Majakowski
(Porträt von Martiros Sarjan, 1923).

Jerische Tscharenz
Gesangbuch

Den Sonnengeschmack in der Sprache meines süßen Armeniens liebe ich,
die klagende, schluchzende Saite unseres alten Sas liebe ich,
das lodernde Aroma blutgleicher Blumen und Rosen
und der Nairimädchen schlichten Tanzschritt liebe ich.

Ich liebe unseres Himmels Blau, die klaren Wasser, den hellen See,
die Sommersonne und im Sturmgebrüll den Winterschnee,
die schwarzen Mauern ins Dunkel gebückter unwirscher Hütten
und der uralten Städte tausendjähriges Gestein liebe ich.

Wo ich auch bin, vergesse ich nicht den Klagelaut unserer Lieder,
vergesse nicht die Gebet gewordene Eisenschrift unserer Bücher.
Und brennt mir auch scharf das verblutende Herz von unseren Wunden –
mein verwaistes und kummervolles Armenien liebe ich immerdar.

Für mein sehnsuchtsschweres Herz gibt es einen andren Traum auf Erden nicht,
gibt es einen dem Narekazi, dem Kutschak gleichen Verstand auf Erden nicht,
gibt es ein ehrwürdigres Schneehaupt als das des Ararat auf Erden nicht.
Die Höhe meines Massis wie den Weg zum unerreichten Ruhm liebe ich.

Jerewan, 1920

Sas: *mandolinenartiges Saiteninstrument*
Nairi: *Vorfahren der Armenier; hier synonym für Armenier*
Grigor Narekazi: *(945 o. 950-1003) bedeutender Autor mystischer*
Hymnen und Lieder
Nahapet Kutschak: *Autor der armenischen Renaissance,*
der besonders durch seine vierzeiligen Liebes- und Lehrgedichte bekannt wurde
Massis: *armenische Bezeichnung für den Berg Ararat*

Aus: *Lebenslieder, Todesklagen:*
Lesebuch vergessener Völker. (Hrsg.) Klemens Ludwig. Aus dem Armenischen
von Tessa Hofmann. Peter Hammer Verlag. Wuppertal 1987

Auch Tscharenz' Freund Axel Bakunz entging der stalinistischen Vernichtung nicht. Sein Hauptthema war das archaische und in seiner ursprünglichen Naturverbundenheit poetische Leben der Bauern von Sangesur, einer abgelegenen Gebirgsregion im Südosten Sowjetarmeniens. Will man Vergleiche ziehen, müßte man Parallelen bei Henrik Ibsen oder bei Bakunz' russischem Zeitgenossen Michail Prischwin suchen. Ein sich marxistisch und proletarisch nennender, kulturpolitisch zunehmend repressiv auftretender Staat wie die Sowjetunion hatte Schwierigkeiten, tolerant mit den Erben der volkstümlerischen *Gjuragirner* umzugehen, mochte Bakunz literarisch seinen naiven Vorgängern aus dem späten 19. Jahrhundert auch noch so überlegen sein. So führte er als erster moderne Erzähltechniken in die armenische Prosa ein, wobei er vor allem den kommentierend oder moralisierend in den Erzählfluß eingreifenden allwissenden Erzähler durch die »demokratischere« Figurenperspektive ablöste. Bakunz teilte das in den 30er Jahren weit verbreitete Interesse an der Nationalgeschichte. Dies und seine verdächtige »bäuerliche Abweichung« mögen seine Vernichtung »erklären«. Bakunz' Roman über Chatschatur Abowjan blieb unvollendet. Am 18. Juni 1937 »verschwand« der Autor unter ähnlich undurchsichtigen Umständen wie sein Held. In Hrant Matewosjan (geb. 1937), dem bedeutendsten armenischen Prosaschriftsteller der Nachkriegszeit, fand Bakunz seinen konsequentesten Nachfolger. Wenn auch Matewosjans Gegenstand noch immer der Mikrokosmos des armenischen Dorfes ist, so zeigt sich an seinem Werk, welche große Wegstrecke die armenische Dorfprosa seit den »Gjuragirner« zurückgelegt hat. Nun ist die dörfliche Welt zwar teilweise noch schön, aber längst nicht mehr heil. Die von Bakunz eingeführten modernen Erzähltechniken entwickelte Matewosjan zu immer komplizierteren Formen des inneren Monologs, des Gedankenstroms und der kontrastreichen Multiperspektive.

Bakunz und Tscharenz waren die prominentesten, bei weitem aber nicht einzigen armenischen Opfer unter den von der

Revolution verschlungenen Dichtern. Die Hoffnungen, die die Intelligenz des einstigen Zarenreiches in die Oktoberrevolution gesetzt hatte, mußten sich angesichts der Schauprozesse, der Massenverfolgungen und -hinrichtungen, des Marsches von Millionen in den Gulag zerschlagen. Die Frage ist notwendig, warum in Armenien und anderswo so viele der überlebenden Autoren weiterhin ihrem literarischen Tagewerk nachgingen, anstatt entsetzt zu verstummen, warum sie die Völkerfreundschaft verherrlichten, obwohl Verachtung und Gewalt gegenüber Minderheiten den Alltag beherrschten, obwohl Deutsche, Kaukasier und Angehörige diverser kleiner Turkvölker unter dem Kollektivverdacht des Landesverrats 1944 unter mörderischen Bedingungen nach Mittelasien und Sibirien verfrachtet wurden? Und selbst wenn die Zivilcourage für gewöhnlich nicht ausreicht, um für das Lebensrecht anderer Völker zu streiten, erstaunt ihr Fehlen bei der Verteidigung ureigenster Anliegen. Denn die Mehrheit armenischer Autoren akzeptierte das Schweigegebot, das die Regierungen in Moskau und Jerewan über die jüngste armenische Geschichte verhängt hatten.

Obwohl der Völkermord von 1915 die schmerzlichste armenische Erfahrung in der Neuzeit darstellt, wurde ihm bis zur Tauwetterperiode (1953–1963) nach Stalins Tod kein einziger Roman, keine einzige Verszeile gewidmet. Manche Prosaschriftsteller versuchten, die offizielle wie auch die selbstverhängte Zensur zu umgehen, indem sie sich in historische Themen flüchteten, eine in der gesamten Sowjetliteratur weit verbreitete Tendenz. Zudem bot der »Historismus« die Chance, Gegenwarts- und Gesellschaftskritik unter der Tarnung unverfänglicher Vergangenheitsbewältigung zu üben. So nimmt es nicht wunder, daß seit dem Zweiten Weltkrieg in allen Sowjetliteraturen eine kräftige Konjunktur historischer Romane zu verzeichnen war, ganz besonders augenfällig in Armenien, wo diese Gattung seit dem 19. Jahrhundert fest verankert war.

Der historische Roman Armeniens war traditionell patriotisch und gipfelte meist in dem Appell, die von Vernichtung bedrohte

Nation durch verstärkte Wehr- und Kampfbereitschaft zu schüt-
zen. Eine solche Literatur entsprach durchaus den Ansprüchen
und Bedürfnissen stalinistisch-sowjetischer Literaturpolitik
während des Zweiten Weltkrieges sowie in der Periode des
Kalten Krieges. Die bekanntesten sowjetarmenischen Beispiele
solcher konventionellen sowjetischen Großprosa sind Derenik
Demirtschjans Romanwerk *Wardanank* (1943−46) sowie die
Romantrilogie von Stepan Sorjan (*König Pap*, 1944;
Die Armenierfestung, 1960; *Warasdat*, 1967). Anhand von
Helden und Ereignissen, die allen Lesern seit ihrer Schulzeit
bekannt sind, propagierten Demirtschjan, Sorjan und andere
ein weiteres Mal die Leitidee nationaler Eintracht sowie der
gefestigten zentralen Staatsmacht als Voraussetzungen für eine
gesicherte Existenz des Volkes. Autoren der Nachkriegsgenera-
tion haben sich von diesen Klischees teilweise befreien können.

Einen Fortschritt gegenüber der üblichen Lehrhaftigkeit des
armenischen historischen Romans und seiner bisweilen sehr
schablonenhaften Einteilung der Figuren in Helden und Schur-
ken beziehungsweise Opfer und Täter brachte etwa der Roman
Das Jahrhundert der Verluste (1985) des Nachkriegsautors
Wardan Grigorjan (geb. 1950). Grigorjan legte seinen Protagonisten, Fürst Arschawir Kamsarakan, als komplexe, wider-
sprüchliche und innerlich zerrissene Persönlichkeit an, die
gerade ihrer hohen patriotischen Ideale wegen grausam und
hartherzig handelt. So läßt der Fürst seine von Seldschuken-
Kriegern geschändete Frau und ihr Kind lebendig einmauern,
da er nicht sicher sein kann, ob die Fürstin ihm nicht den Sohn
eines türkischen Vergewaltigers geboren hat.

Für die Rückgewinnung der eigenen neuzeitlichen Nationalgeschichte, insbesondere des Völkermordthemas, eignete sich vor
allem eine Spielart des historischen Romans: der − oft mehrbän-
dige − autobiographische Roman, dessen Vorbild für alle
Sowjetliteraturen Maxim Gorkijs autobiographische Trilogie
(*Kindheit*, 1913; *Unter fremden Menschen*, 1915/16; *Meine Universitäten*, 1918) geliefert hatte. Innerhalb der armenischen

Literatur wurde diese Gattung wegweisend von Wahan Totowenz (1894−1937), Gurgen Mahari (Adschemjan; 1903−1969) oder Sapel Essajan (1878−1938) entwickelt. Das waren nicht zufällig aus Türkisch- beziehungsweise Westarmenien stammende Autoren. Ihnen bot der autobiographische Roman die Möglichkeit, am Einzel- beziehungsweise Eigenschicksal ansonsten tabuisierte Bereiche der armenischen Zeitgeschichte aufzuarbeiten: den Verlust der Heimat und des Landes ihrer Kindheit, aus dem die Autoren durch den Völkermord vertrieben worden waren. Ebensowenig ist es ein Zufall, daß die stalinistischen Verfolgungen insbesondere jene Schriftstellergeneration Armeniens trafen, die 20 Jahre zuvor mit knapper Not der Massenvernichtung durch die Türken entronnen war. Im armenischen Bewußtsein erscheinen darum die Verbrechen, die während der Stalin-Ära an armenischen Intellektuellen und Künstlern begangen wurden, als Fortsetzung beziehungsweise Vollendung des türkischen Genozids. Totowenz und Essajan haben den Stalin-Terror nicht überlebt. Der aus der westarmenischen Stadt Wan stammende Mahari durchlitt bis zu seiner »Rehabilitierung« 1954 Lagerhaft und Verbannung in eine Kolchose, wo er als Schweinehirt arbeiten mußte. Er verarbeitete diese Erfahrungen in seinem Erzählzyklus *Nacht* (1963), dem bekanntesten armenischen Beitrag zur sowjetischen Lagerliteratur der »Tauwetter«-Periode.

Mit dem »Tauwetter« erlebte die autobiographische Prosa Armeniens einen deutlichen Aufschwung, doch bestand auch hier, wie bei der historischen Prosa insgesamt, die Gefahr der Vergangenheitsverklärung oder des Abgleitens in die rein private, unverbindliche und wenig aussagekräfte Memoirenliteratur, was die Kritik der 80er Jahre vor allem jungen Autoren anlastete.

In den frühen 60er Jahren erfolgte in der Sowjetliteratur eine Art Jugendrevolte: Junge Autoren setzten sich für größere Aufrichtigkeit, gegen hohles Pathos und für eine ungeschminkte Darstellung des Alltagslebens ein. Im Mittelpunkt der Literatur sollten nicht mehr einseitig positive Heldenfiguren des Produktionslebens, des Bürger- oder Weltkriegs stehen, sondern der Durchschnittsmensch mit all seinen Zweifeln an sich und der Gesellschaft. Statt der Monumentalformen, der mehrbändigen Romane und Epen, bediente sich diese Protestliteratur der kleinen Prosaformen oder der Lyrik als subjektivster Gattung.

In Armenien ging es während dieser Aufbruchphase um nichts Geringeres als die Rückeroberung der eigenen Vergangenheit und des Rechts, die Toten des Genozids zu betrauern. Zwei dauerhafte Denkmale wurden ihnen schließlich gesetzt: einmal das bekannte Mahnmal *Jerern* (Massaker, 1967) auf dem Jerewaner Hügel Zizernakaberd; mindestens ebenso bedeutend war das Poem *Der nimmer verstummende Glockenturm* (1959) von Parujr Sewak (1924—1971). Wie groß auch alle übrigen Verdienste dieses herausragendsten Dichters der Nachkriegszeit sein mögen — in seinen Polemiken gegen Karrierismus, Spießertum und Bürokratismus gleicht er nicht nur seinem Landsmann Tscharenz, sondern vor allem seinem russischen Zeitgenossen Jewgeni Jewtuschenko —, allein schon wegen dieser Überwindung des Genozid-Tabus gebührt Sewak ein dauerhafter Ehrenplatz in der armenischen Literaturgeschichte. Sein *Glockenturm* handelt vom Leidensweg des 1915 von den Türken verschleppten Komponisten Komitas, der als Augenzeuge der Greuel zwar überlebte, jedoch schaffensunfähig wurde: ein lebendiger, in seinen Depressionen gefangener Toter. Den bis dahin als »Idioten« in Sowjetarmenien offiziell verfemten Komitas als Märtyrer rehabilitiert zu haben — er starb 1935 in einer Pariser Nervenheilanstalt, und die Regierung Sowjetarmeniens weigerte sich, die sterblichen Überreste in Armenien beizusetzen —, galt damals noch als eine Tat von so unerhörtem Mut, daß viele Armenier im frühen Unfalltod Sewaks einen Anschlag des sowjetischen Geheimdienstes vermuteten. Es hätte nur allzu sehr jüngsten armenischen Traditionen entsprochen, wenn der Dichter des Märtyrer Komitas ebenfalls den Märtyrertod erlitten hätten.

Parujr Sewak
Vom Leben der Großen

Sie kommen sehr spät, zu spät jedoch nie,
sondern wenn's notwendig ist. Aber weit
in die Zukunft wirkend, enteilen sie
dem Tage, was ihnen niemand verzeiht.

Sie haben Geschwister, sind nicht heimatlos,
Und sind einfacher Leute Kind. Überdies
werden sie als Nachfahren jenes Wilden groß,
der als erster die Enge seiner Höhle verließ.

Ihre Ahnen sind ferner: der Greis, der im Faß
Quartier bezog und seitdem als Weiser gilt,
sowie jener Jüngling, der sehnsuchtsblaß
sich verliebte: in das eigene Bild.

Sie sind vom Blute derer, die fähig sind,
die Seele blindlings dem Teufel zu weihn,
daß ihr Traumbild Leben gewinnt;
was taugt's, vorzeitig begraben zu sein?

Sie sind ungefährlich wie Sonnenbrand,
sind wie Nattern ohne Gift, ohne List.
und sind doch als zu Fürchtende staatsbekannt,
selbst dann, wenn es ihnen zuwider ist.

Mit Königen redend, sagen sie »Du«
(natürlich nur, wenn es denen gefällt).
Nie werden sie schweigen. Hört niemand zu,
sprechen sie dennoch: zu Gott und der Welt.

Doch ein Rechtsbrecher bleibt, wer ein Gebot
selbst in ältesten Gesetzbüchern streicht.
Aber sie fürchten nicht Strafe, nicht Tod,
ihr Leben ist schwer, ihr Sterben ist leicht...

Aus: Sewak, Parujr: *Der Schmerz, der weitertreibt.*
Nachdichtung von Waldemar Dege. Verlag Volk und Welt. Berlin 1987.

Die lange Breschnjew-Herrschaft wurde seit Beginn der spätsowjetischen Reformversuche offiziell als Stagnationsära bezeichnet. Sie war dies auch im literarischen Leben, ohne herausragende Namen oder Werke. Die in den sechziger Jahren umstrittenen, aufsehenerregenden Themen und Stile wie die Jugendprosa und der innere Monolog wurden von alternden Autoren immer noch gepflegt. Wirkliche Veränderungen und Akzentverlagerungen erfolgten fast unmerklich: etwa die literarische Bewältigung von Ökologieproblemen und der Landflucht, welche die armenischen Autoren als Metapher für den Verlust nationaler Werte sowie der kulturellen Identität sahen.

Vor diesem Hintergrund gewann das zweite traditionelle Hauptthema der neuarmenischen Literatur, die »Dorfprosa«, wieder an Aktualität. Bakunz und Matewosjan hatten der sowjetarmenischen Dorfprosa zu beachtlichem Niveau verholfen. Ihnen galt das Dorf als Hort der besten nationalen Werte und Tugenden; folglich wurden erneut im Dorf und bei den Bauern die Wurzeln der armenischen Identität gesucht. »Wer seine Wurzeln nicht kennt«, sagte Matewosjan 1988 in einem Interview, »der ist zu allem fähig«. Freilich konnten die »Dörfler«, wie die sowjetische Literaturkritik die Vertreter der Dorfprosa insgesamt nannte, die tiefgreifenden sozialen und kulturellen Veränderungen im sowjetischen Dorf nicht übersehen. Die negativen Folgen von Verstädterung und Landflucht sind von zahlreichen Autoren geschildert worden, besonders eindrucksvoll aber von Wardges Petrosjan (geb. 1932) in seinem Roman *Der einsame Walnußbaum* (1981): Vergeblich versucht der Lehrer Sahak Kamsarjan das Aussterben eines uralten, schönen, jedoch entlegenen Gebirgsdorfes zu verhindern: »Jawohl, jeder Mensch muß der Quelle treu bleiben, aus der er zum ersten Mal getrunken hat!« — »Aber, lieber Lehrer, das Dorf braucht auch eine Wasserleitung!« Und so ziehen die Gebirgsbauern trotz der erhabenen Schönheit ihrer Heimat und gegen alle Argumente des Lehrers ins Tal, näher zu den Annehmlichkeiten der modernen Großstadt.

In den besten Beiträgen der armenischen Dorfprosa gibt es keinen versöhnlichen Ausgang, keine Rettung des Dorfes vor der Stadt und der Neuzeit. In seiner Novelle *Der Herr* (1983) schildert Matewosjan die Verstädterung als inneren Zersetzungsprozeß, der sich unaufhaltsam unter den Einwohnern des Dorfes Zmakut vollzieht. Ihre nur auf schnellen Gewinn und Vorteile bedachte Denkweise gefährdet den Bestand des alten Waldes, den der Förster Rostom künftigen Generationen bewahren will. Aber seine Appelle an Gemeinsinn und Verantwortungsbewußtsein stoßen auf taube Ohren, rufen sogar Spott hervor. Eindrucksvolle, opferbereite Protagonisten wie Rostom oder der Lehrer Kamsarjan führen einen für die Gegenwartsprosa Armeniens typischen ausweglosen, bisweilen absurden Kampf gegen Behörden und die materialistische Mehrheitsmeinung.

Ein anderer Entwicklungsstrang der sowjetarmenischen Literatur suchte betont den Anschluß an die internationale Entwicklung oder zumindest die Eingliederung der armenischen Gegenwartsgeschichte in die Universalgeschichte durch die Hinwendung zu universellen Themen sowie durch Experimente mit der Sprache und den lyrischen Formen. Sympathisch wirkte in der Lyrik eine verstärkte Nachdenklichkeit und Verhaltenheit. Zwar wurde auch weiterhin die patriotische Lyrik gepflegt, doch betont unpathetisch. Auf das winzige Territorium des heutigen armenischen Staatsgebiets anspielend, vergleicht zum Beispiel Howhannes Grigorjan (geb. 1945) Armenien mit einer Träne auf der Landkarte, einer alten Mutter und einem neugeborenen Kind.

Die politische wie literarische Entwicklung verlief in der »Stagnationsära« unspektakulär. Umso dramatischer wirkten die Veränderungen seit dem Beginn der Karabach-Bewegung in Armenien (1988). Dieser als »Perestrojka« bekannte Zeitabschnitt leitete den Kollaps aller bisherigen offiziellen Werte ein. Allerdings war »Perestrojka« nur ein Wort für die Veränderungen und nicht bereits deren Ziel. Die Perestrojka hinterließ auch in der Literatur ein Vakuum, das gefüllt werden will. Dabei besteht die Gefahr, daß in Ermangelung neuer Einsichten auf das alte vorsowjetische Ideologie-Repertoire zurückgegriffen wird, auf Religion und Nationalismus. Es besteht ferner die Gefahr, daß die Konfrontation mit dem Vakuum psychisch unerträglich scheint. In diesem Fall wird keine heilsame, weil kritische Vergangenheitsbewältigung erfolgen, sondern nur ihre oberflächliche Verdrängung. Die Grundfrage »Wie konnte es soweit mit uns kommen?« bleibt dann offen.

Die Dichter Armeniens (und der übrigen ehemaligen UdSSR) sind vorerst sprachlos. Als Intellektuelle haben sie dazu beigetragen, den Veränderungsprozeß in Gang zu setzen. Im Russischen Reich war der Dichter traditionell eine moralische Instanz; er wurde vom Volk für seine Integrität verehrt und dafür, daß er die Risiken seiner Werke stellvertretend für die schweigende Mehrheit erlitt. In der Sowjetunion stand er als dissidenter Autor entweder in dieser Leidenstradition und damit außerhalb der Gesellschaft (sowie mit einem oder zwei Beinen im Gulag). Oder er war eine Art privilegierter Staatsbeamter, von dem man wußte, daß er berufsmäßig die Wahrheit klitterte. Die Schriftsteller und die Gesellschaft Armeniens müssen nun erneut ihre Rollen und wechselseitigen Erwartungen überdenken. Vielleicht findet sich ja, zwischen Leiden und Lügen, wieder ein ehrenwerter Platz für die Dichter des »literarischen Volkes«.

Die Literatur der Diaspora

Was macht armenische Literatur aus? Die Sprache, der Inhalt, das Bewußtsein oder die Nationalität des Autors? Nirgends wird die Bedingtheit der Antworten deutlicher als in der Diaspora.

Diasporaliteratur im engeren Sinn des Wortes entstand ab den 20er Jahren in Frankreich, wohin sich damals die meisten Überlebenden des Völkermordes aus Kleinasien beziehungsweise dem Nahen Osten flüchteten. Unter bewußter Anlehnung an französische Vorbilder entwickelte sich dort eine Prosa, deren Thema die Diaspora selbst ist: ihr Überlebenskampf, die Anpassung an die neue europäische Gesellschaft, Versuche, das Stigma des orientalischen Paria-Einwanderers loszuwerden, und sei es um den Preis der Verleugnung der eigenen Herkunft. Keiner hat die Assimilations- und Entfremdungsgefahren eindringlicher geschildert als der 1923 nach Frankreich eingewanderte Schahan Schahnur (Schahnur Kerestedschjan, 1903−1973) in seinem Roman *Rückzug ohne Lied*. Als das Werk 1929 in Fortsetzungen in der traditionsreichen Pariser Diasporazeitung *Haratsch* (Vorwärts) erschien, löste es einen Skandal aus; Kritiker sprachen von einer Verunglimpfung armenischer Grundwerte und von Pornographie. Die Provokation war beabsichtigt. Schahnur wollte mit der Geschichte des jungen armenischen Einwanderers Petros, der sich alsbald Pierre nennt und eine unbefriedigende Affäre mit der Französin Nanette eingeht, seine Landsleute schockieren und aus ihrer Apathie herausreißen. Zu diesem Zweck sparte er nicht, wie sonst in den konservativ-sittenstrengen Literaturen des Orients üblich, das Intimleben seines Protagonisten aus, sondern machte es umgekehrt zum Beleg für die Doppelmoral des Diaspora, deren Angehörige oft genug patriotische Phrasen dreschen und die Rückkehr in die Heimat der Vorfahren propagieren, zugleich aber krampfhaft um die eigene soziale Integration im Exil bemüht sind. Schahnur wußte, wovon er schrieb, denn als Literat führte er selbst eine Doppelexistenz. Außer seiner armenisch verfaßten Prosa über die Assimilationsgefahr und Identitätskrise der Auslandsarmenier veröffentlichte er seit 1939 unter dem Pseudonym Armen Lubin französische Gedichte ohne irgendeinen thematischen Bezug auf Armenisches.

Fast umgekehrt verfuhr William Saroyan (1908−1981), der als Sohn armenischer Flüchtlinge in Kalifornien zur Welt kam. Er schrieb Zeit seines Lebens in amerikanischer Sprache, schilderte aber in einigen seiner besten und bekanntesten Kurzgeschichten das Leben der armenischen Einwandererminorität der

USA. So machte er Armenien weiten Leserkreisen außerhalb der eigenen Nation bekannt, als eine Art literarischer Botschafter in armenischen Angelegenheiten; ganz im Gegensatz zu Schahnur, der in seiner armenischsprachigen Prosa und gerade in seinem bedeutendsten Werk *Rückzug ohne Lied* der Tradition nationaler Literaturerziehung verhaftet blieb und sich deshalb ausschließlich an den armenischen Leser wandte: Ihm wollte er einen Spiegel vorhalten, nicht den Franzosen, ihm wollte er enthüllen, wie schlecht es um die Armenier steht.

Eine dritte Existenzform des Diasporaschriftstellers entwickelte sich in Schahnurs Geburtsstadt Istanbul. Hier hatten der Völkermord und der anschließende Massenexodus der Überlebenden zwar die einst blühende, traditionsreiche Armeniergemeinde reduziert, aber der bis in die 80er Jahre anhaltende Zuzug von verängstigten Armeniern aus den »Provinzen« schuf einen gewissen Ausgleich. Die Armenier Istanbuls können auf die Strukturen und Einrichtungen einer großen Vergangenheit zurückgreifen: auf Kirchen, private Nationalschulen, drei Zeitungsverlage, Kulturvereine und Sportklubs. In den späten 40er Jahren kam es zu einer literarischen Wiedergeburt, deren bedeutendste Vertreter die Lyriker Sahrad (Sareh Yaldizciyan, geb. 1924) und Sareh Chrachuni (Arto Cümbüsyan, geb. 1926) sind. Sie schreiben in armenischer Sprache über universelle und existentielle Fragen. Die Sprache ist ihre einzige Verbindung mit dem Armeniertum, ihr Heimatersatz. Armenische Geschichte, insbesondere die des Völkermords von 1915, aber auch Gegenwartsfragen wie der drohende Identitätsverlust aller Diasporagemeinden bilden ein absolutes Tabu in einem Staat, der extrem minderheitenfeindlich ist, laut eigener Verfassung nur ein einziges, nämlich das türkische Volk kennt und seit Jahrzehnten einen blutigen Unterdrückungskrieg gegen Millionen kurdi-

Armenische Beerdigung in Istanbul: Bis 1915 bestand hier eine blühende Armeniergemeinde. Heute führen die Armenier Istanbuls ein Schattendasein am Rande der türkischen Gesellschaft.

scher Bürger führt. Der Preis, den die letzten armenischen Dichter Istanbuls und Erben seiner großen armenischen Literaturtradition zahlen, besteht in der Hinnahme der unzähligen türkischen Tabus beziehungsweise in völliger nationaler Selbstverleugnung und dem Verzicht auf Trauerarbeit.

Die materiellen Bedingungen aller auslandsarmenischen Schriftsteller sind weitaus ungünstiger, als es die ihrer Kollegen in der ehemaligen Sowjetunion waren. Kein Diasporaautor kann von seiner literarischen Arbeit leben, jeder verschleißt sich zusätzlich in einem Brotberuf. Veröffentlichungen hängen weitgehend von Mäzenen ab. Es gibt weltweit ein knappes Dutzend armenischer Literaturzeitschriften beziehungsweise Zeitungen, die Autoren für Veröffentlichungen zur Verfügung stehen. Ihre Existenz wird jedoch durch den Rückgang der Leser oder äußere Einwirkungen wie den libanesischen Bürgerkrieg bedroht. Die Verwüstung Beiruts, wo seit den 30er Jahren ein blühendes armenisches Kulturzentrum in der Nachfolge des Konstantinopeler Zentrums entstanden war, fügte auch der gesamten armenischen Diasporakultur tiefe Wunden zu. Mittelfristig aber wirkt sich der Assimilationsprozeß noch verheerender als Bomben- und Granatbeschuß aus. Der Kreis von Abonnenten und Lesern wird kleiner. Autoren, Redakteure und Verleger stehen vor der Frage, für wen sie eigentlich noch publizieren. Die Kraft und die persönlichen Opfer, die aufzubringen sind, um der Resignation oder vollständigen Assimilation zu widerstehen, werden immer größer. Armenische Diasporaautoren heute sind stille, unprätentiöse Streiter in einem Überlebenskampf, der weltweit von Angehörigen kleiner Sprachgruppen oder -inseln geführt wird (in Europa z.B. von irischen Autoren, die das Gälische dem Englischen vorziehen, von Basken, Katalanen, Friesen, Sorben u.a.). Sie alle eint die Überzeugung, daß das Wort, gesprochen oder geschrieben, ein ebenso elementarer und wertvoller Bestandteil der Kultur ist wie deren materielle Zeugnisse. Sie eint ferner das Credo, daß unsere Weltkultur verarmt, wenn sich die Vielfalt ihrer Bestandteile verringert.

Die Malerei

Wer armenische Kirchen aufsucht, dem fällt selbst bei liturgisch genutzten Gotteshäusern die große Schlichtheit der Innenraumgestaltung auf. Mit Ausnahme eines Marienbildes über dem Hauptaltar sowie weniger, zudem meist neuzeitlicher Heiligenbilder sind sie schmucklos. Sie unterscheiden sich hierin auffällig von anderen ostkirchlichen Gotteshäusern, vor allem den byzantinischen, die reich mit Ikonen, Fresken und oft auch Mosaiken geschmückt sind. Dennoch wäre es falsch, die Armenier pauschal als bilderfeindlich anzusehen. Sie nehmen in dieser wie in vielen anderen Fragen eine tolerante Mittelstellung ein, wobei die Beschreibung ihrer Position noch durch den Unterschied von Volksfrömmigkeit und offizieller Kirchenlehre erschwert wird, die ihrerseits wiederum mehrere Wandlungen durchlief.

Der vorchristliche, stark von iranischen Kulten beeinflußte Glaube der Armenier scheint ohne Bilder, Idole oder ähnliches ausgekommen zu sein, obwohl Jesnik Korbazi in seiner Abhandlung *Wider die Irrlehren* (5. Jh.) die Bilderverehrung als Rückfall in das Heidentum ansah:»Fertigt jemand ein Bild an, nicht etwa aus Liebe zu einem Freund, der seinen Augen durch den Tod entzogen wurde, oder um seine Kunst zu zeigen, sondern um es zu verehren und wie Gott anzubeten, so begeht er eine böse Tat.« Jesnik bezog sich mit dieser Gleichsetzung von bildender Kunst und Religion offenkundig auf das hellenistisch-römische Heidentum. Andererseits wurden in der Amtszeit des Katholikos Mowses (574−604) drei Priester verhaftet und zum Widerruf ihrer Proteste gegen die Bilderverehrung gezwungen. Armenien war zu jener Zeit bereits in den Bilderstreit verwickelt, der im 6. und 7. Jahrhundert erst die Peripherie, im 8. und 9. Jahrhundert das Zentrum des Byzantinischen Reiches erfaßte.

Es ging dabei um nichts Geringeres als den heftigen Zusammenprall zwischen östlichen und westlichen Glaubens- und Kunstauffassungen: Juden, Judenchristen sowie die Anhänger diverser abbildloser östlicher Religionen lehnten es ab, sich ein Bild des Göttlichen und eigentlich Unfaßbaren zu machen. Fromme Scheu hinderte sie, Gott und das Göttliche auf Menschenmaß und Menschenform zu reduzieren. Viele in dieser Tradition stehende Christen empfanden die Bilderverehrung als übelsten Götzendienst (Idolatrie) und Rückfall in die hellenistische Verehrung von vermenschlichten Götterbildern; dies aber kam nach ihrer Logik der Irrlehre des Nestorios gleich, der im christologischen Naturenstreit Jesus auf sein Mensch-Sein reduziert hatte. In Antiochia brachen wegen der Bilderfrage Unruhen aus, in Edessa bewarfen Soldaten die angeblich wundertätige Christus-Ikone mit Steinen. Als schließlich das Heer den aus Antiochia stammenden Syrer Leon III. (717−741) zum Kaiser erhob, verhalfen er und seine Nachfolger der bilderfeindlich-orientalischen Richtung zum Sieg, nicht zuletzt, um den Einfluß des mächtigen Klerus zurückzudrängen.

Armenien ließ sich, ähnlich wie beim Streit um die Naturen Christi, nicht dogmatisch festlegen. Es oszillierte zwischen beiden Extremen, ohne sich zunächst auf den Mittelweg einzupendeln. Mit Sicherheit fanden Bilderstürmer wie Bilderfreunde leidenschaftliche Anhänger, denn die Neigung, für ihre Grundsätze kompromißlos einzustehen, ist Armeniern ebenso eigen wie der Widerwille, sich von anderen einen Glauben diktieren zu lassen. Der armenische Klerus war, wie bereits dargelegt, zu großen Teilen hellenistisch gebildet. Das mag erklären, warum die Kirchenführer trotz der Loslösung von der byzantinischen Reichskirche, die Anfang des 7. Jahrhunderts mit der wechselseitigen Verfluchung als Schismatiker ihren Abschluß fand, im Bilderstreit eine Haltung einnahmen, die zwar mit der byzantinischen Bilderverehrung nicht deckungsgleich, ihr aber auch nicht diametral entgegengesetzt war. Hinzu kam der Kampf der armenischen Kirche gegen die machtvolle und zutiefst bilderfeindliche Häretikerbewegung der Paulikianer. Diese waren zunächst von den gleichfalls bilderfeindlichen byzantinischen Kaisern geduldet, dann, nach dem Sieg der Bilderbefürworter in

Byzanz, verfolgt worden. Die Unterstützung, die Byzanz der armenischen Kirche im Kampf gegen die paulikianische Häresie gewährte, hatte ihren politischen Preis, nämlich die Übernahme der nun herrschenden byzantinischen Position im Bilderstreit. Vorsicht war allerdings auch dabei geboten: Wollte sich die armenische Kirche nicht allzu stark ihrem eigenen Volk entfremden, mußte sie dessen Abneigung gegen die Bilderverehrung ebenso Rechnung tragen wie ab dem 7. Jahrhundert der abbildlosen Kultur der arabisch-islamischen Besatzer Armeniens.

Aus diesem komplizierten Geflecht von Zwängen, Rücksichtnahmen und Überzeugungen entstand, ähnlich der Position der Armenier im Naturenstreit und früher noch als in Byzanz, eine moderate Mittelposition; sie wurde am prägnantesten von dem einflußreichen Geistlichen Wrtanes Kertor (ca. 550–617) formuliert, der 604 bis 607 das vakante Katholikat als Patriarchalvikar verwaltete und anschließend zur rechten Hand des Katholikos aufstieg. In seinem Traktat *Bezüglich der Ikonoklasten* nannte er als statthafte Gegenstände der christlich-armenischen Malerei »alles, was in der Heiligen Schrift steht« und fügte dem die Episoden aus der Christianisierungsgeschichte Armeniens hinzu. Zugleich werden in diesem Text die Unterschiede zur byzantinischen Auffassung deutlich. Für die Byzantiner und alle orthodoxen Christen wirkt das göttliche oder heilige Urbild wesenhaft durch die Darstellung. Der Ikone kommt daher dieselbe Verehrung wie dem Urbild zu, und bereits ihre Herstellung gilt als kultische Handlung. Für Wrtanes Kertor war das Gemälde lediglich »Erinnerungszeichen des lebendigen Gottes und seiner Diener«. Und es entsprach armenischer Fixierung auf die Schrift und göttliche Offenbarung im Evangelium, daß der Inhalt des Buches, nicht aber seine Ausstattung verehrt wurde:

Armenisches Evangeliar aus dem
12. Jahrhundert.

250

Wenn wir das gold- und silbergeschmückte Evangelienbuch erschauen, das darüber hinaus noch einen Einband aus Elfenbein sowie purpurnes Pergament besitzt, und wenn wir uns dann vor dem heiligen Evangelium verneigen oder es küssen, so verbeugen wir uns nicht vor dem Elfenbein und dem in den Barbarenländern erworbenen Lack, sondern vor dem Wort des Erlösers, welches auf dem Pergament geschrieben steht.

Zugleich gestand Wrtanes indirekt ein, daß es in Armenien keine nennenswerte malerische Tradition gab. Die Buchmalerei, die uns rückblickend als eine der größten Kulturleistungen des mittelalterlichen Armeniens erscheint, bezeichnete er als einen Import, »aus dem Land der Griechen kommend«. Sein Plädoyer für diese als fremdländisch empfundene Kunst ist umso überraschender, als sich Wrtanes in seinen übrigen Abhandlungen als ausgesprochen chalcedonfeindlich zeigt und eine Wiedervereinigung mit der byzantinischen Kirche strikt ablehnte. Trotz seiner kirchenpolitisch begründeten Abneigung brachte er mithin seinen Landsleuten ein wesentliches Element der Kultur der byzantinischen Gegner nahe — zum Vorteil der armenischen Kunst, wie im 20. Jahrhundert die armenische Kunsthistorikerin Sirarpie Der-Nersessian hinzufügte. Denn ohne die Orientierung an byzantinischen Vorbildern wäre die armenische Malerei aufgrund der latenten und im Volk stark verwurzelten Abneigung gegen realistische Darstellungen in die reine Ornamentik abgeglitten und von dem Verlust lebensnaher Beobachtung bedroht gewesen.

Auch bei späteren Anlässen gab es, trotz aller sonstigen Spannungen zwischen Armenien und Byzanz, Berührungspunkte im Bilderstreit: Als das 7. Ökumenische Konzil 787 in Nicäa vorübergehend die Auseinandersetzung zugunsten der Bilderanhänger beendete, übernahm die armenische Kirchenführung die konziliare Verurteilung des Ikonoklasmus. Im 9. Jahrhundert flammte jedoch in Byzanz der Bilderstreit erneut auf. Er wurde dort 843 dauerhaft zugunsten der Bilderanhänger durch die Armenierin Theodora beendet, die als Kaiserwitwe auf den byzantinischen Thron gelangt war. In Armenien dagegen blieb das Thema weiterhin so strittig, daß 1204 das erste Konzil von

Sis ausdrücklich das offenbar stillschweigend und vor allem für die Monumentalmalerei bestehende Verbot aufhob, Christus und die Heiligen darzustellen.

Der vordergründige Eindruck eines durchgängigen Ikonoklasmus in der armenischen Geistesgeschichte wird noch durch den Umstand gestützt, daß relativ wenig von der mittelalterlichen armenischen Monumentalmalerei erhalten blieb. Der schlechte Erhaltungszustand ist zum einen darauf zurückzuführen, daß sich der für Temperamalerei notwendige Verputz nicht auf den glatten Oberflächen armenischer Kirchenwände hielt; diese eigneten sich besser für Steinmetzarbeiten als für die Malerei. Zum anderen waren die Kirchen, wenn sie einmal von den Gläubigen aufgegeben werden mußten, jahrhundertelang ungeschützt Witterungseinflüssen ausgesetzt. Wie aber die von der tschechischen Kunsthistorikerin Lydia Durnovo 1948 bis 1957 in Sowjetarmenien durchgeführten Forschungen und Restaurationsarbeiten erbrachten, waren die mittelalterlichen Kirchen reicher ausgemalt, als wir es uns heute vorstellen. Soweit noch erkennbar, zeigen die früharmenischen Fresken des 7. Jahrhunderts Motive wie die Majestas Domini (Kosch, Kirche des hl. Stephanos in Lmbatawank), die Vision des Propheten Hesekiel (Lmbatawank), Christi Einzug in Jerusalem (Kathedrale von Talin) und die bei allen kaukasischen Bergvölkern sehr beliebten »Soldaten Christi«, nämlich die Reiterheiligen St. Georg und St. Sergios. Mit Sicherheit war die um 690 erbaute Kathedrale von Talin einst vollständig ausgemalt.

Fresken späterer Jahrhunderte lassen größere Programme erkennen, doch stellt sich bisweilen die Frage nach der armenischen Urheberschaft. So stammen die Freskenreste der Peter und Paul Kirche (906 erbaut, Fresken von 930) im Kloster

Mutwillige Vernachlässigung führte dazu,
daß von den Fresken in der Kirche des Heiligen Zeichens in Achtamar fast nur noch die Konturenlinien zu erkennen sind. Die Aufnahme zeigt den Zustand von 1989.

Tatew von einer nachkarolingischen, möglicherweise deutschen Schule, die laut Chronistenbericht aus dem 13. Jahrhundert im Auftrag des Abtes tätig wurde. Ein noch ehrgeizigeres Vorhaben, der Bau und die Ausschmückung der Kirche des Hl. Zeichens (Heilig Kreuz Kirche; 915−921) neben der damaligen Königsresidenz auf der Wan-Insel Achtamar, vereinte laut Chronistenbericht »von überall her stammende« Künstler. Obwohl dieser schon für sein Reliefdekor bemerkenswerte Bau von der UNESCO als erhaltenswert anerkannt wurde und ein Ziel für Türkeitouristen darstellt, hat die türkische Regierung nichts zum Erhalt, geschweige denn zur Restauration der Kirche unternommen. Die Folge ist ein Verfall außen wie innen. An vielen Stellen hat sich der Putz mit den Fresken gelöst, die Farben sind, da Fensterverglasungen und Türen fehlen und das Dach schadhaft ist, verblaßt oder ganz verschwunden. Geblieben sind nur die Konturlinien. Sie lassen an den Wänden einen umfangreichen neutestamentarischen Zyklus, im Tambour die Reste eines für das 10. Jahrhundert einmaligen Genesis-Zyklus erkennen.

Noch komplizierter wird die Bestimmung des armenischen Eigenanteils im 13. Jahrhundert, als in den zum georgischen Reich gehörigen nordostarmenischen Gebieten eine kulturelle Wiedergeburt zu intensiven Neu- und Umbauten der Klöster führte; gleichzeitig aber wurde von Georgien ein starker Druck auf die Armenier ausgeübt, die Union mit der orthodoxen Kirche wiederherzustellen. Vor allem in der Grenzregion Gugark nahmen ganze Klöster das Chalcedonense an. Georgische Maler arbeiteten folglich in Armenien oder mit armenischen Kollegen. Auch in der Neuzeit blieb die sakrale Monumentalmalerei unter fremdem, nun orientalischem Einfluß. Das bekannteste Beispiel bilden die Malereien in der Etschmiadsiner Kathedrale, die im 17./18. Jahrhundert von Mitgliedern der in Isfahan ansässigen Malerfamilie Hownatanjan ganz in persischer Manier mit stilisierten Lebensbäumen und Blumensträußen ohne szenische Darstellungen ausgemalt wurde.

Die Buchmalerei

Die Mittelposition der armenischen Kirche im Bilderstreit bewirkte, daß sich die Malerei weitgehend auf die liturgischen Bücher konzentrierte. Bei einem Volk, das seit seiner Bekehrung zur christlichen Offenbarungsreligion der Schrift und dem Evangelium den höchsten Stellenwert in seiner Kultur einräumte, war die Ausschmückung der Evangeliare — später auch anderer religiöser wie weltlicher Bücher — eine natürliche Folge der Buchverehrung.

Man schrieb und malte auf Pergament oder auf Papier, das, wohl infolge der Fernhandelsverbindungen Armeniens mit China, Jahrhunderte früher als in Europa in Gebrauch war. Die früheste im Jerewaner Handschriftenarchiv Matendaran aufbewahrte Papierhandschrift stammt von 981. (In Europa benutzte man erst ab Mitte des 12. Jhs. Papier.) Man schrieb mit schwarzer oder roter Tinte, mit Gänsekielen, Schilfrohrstäbchen oder einer Art Füllfederhalter, dessen früheste Darstellung von 1173 stammte; 900 Buchstaben ließen sich mit einer »Füllung« dieses Geräts ausführen, wie es in einer Randglosse heißt. Knoblauchsaft schützte die armenischen Folianten vor Wurmbefall, erhielt auch die Leuchtkraft und Farbintensität der Illuminationen.

Die armenische Buchmalerei entwickelte sich unter denselben Schwierigkeiten wie die Literatur. Die Verwüstungen Armeniens beeinträchtigten nicht nur die Kulturtätigkeit, sondern gefährdeten auch das vorhandene Kulturgut. Nie wird man die genaue Zahl jener weit über 10 000 Handschriften ermitteln, die bei Plünderungen und Brandschatzungen vernichtet oder, um sie vor der Zerstörungswut der Feinde zu retten, in Tonkrügen vergraben und in entlegenen, später bei Erdbeben eingestürzten Höhlen versteckt wurden, so daß sie, von Zufallsfunden abgesehen, bis heute verschollen sind. Die Menge des Erhaltenen — insgesamt etwa 25 000 Handschriften — ist beeindruckend genug. Folianten (seit dem 9. Jh.) und Fragmente (seit dem 6. Jh.) armenischer Handschriften zeigen ein erstaunlich breites

Spektrum von Stilen und Varianten in der inhaltlichen wie technischen Umsetzung der Aussage, weswegen es schwerfällt, die im Verlauf von 13 Jahrhunderten durch Armenier angefertigten Buchmalereien in wenigen Worten zu kennzeichnen. Anstelle eines eindeutigen Nationalstils besteht eine Fülle von Regional-, Lokal- oder sogar Personalstilen, ganz zu schweigen von den Stilmerkmalen jeder Epoche. Dies verwundert nicht bei einem Volk, das kein starkes politisches Zentrum besaß, dessen Geschmack für das übrige Land richtungsweisend gewesen wäre. Vielmehr entstanden, vor allem im 13. und 14. Jahrhundert, an den armenischen Klöstern eine Vielzahl von Skriptorien (arm. »gratun« - »Schrifthaus«). Die wohlhabenderen und bedeutenderen zeichneten sich durch eine hochgradige Arbeitsteilung aus: Neben den eigentlichen Kopisten und Illuminatoren waren spezialisierte Meister mit der Anfertigung von Farben, Blattgold, Pergament oder Papier betraut. Illuminationen aus solchen Skriptorien verfügen über eine breite Farbskala; sie wurden für Auftraggeber aus dem Hochadel angefertigt. Man bezeichnet diese Prestigemalerei auch als »gelehrte Malerei«. In den Skriptorien peripherer Klöster trieb man weniger Aufwand. Häufig fertigten die Schreiber auch die Illuminationen an. Entsprechend geringer waren die Farbskala und -qualität dieser »kleinen Buchmalerei«, die Darstellungsweise blieb oft volkstümlich, expressiv und einfach.

Eine solche Spaltung in höfisch-aristokratische und Volkskunst trat in sämtlichen christlichen Kulturen des Mittelalters auf. In Armenien verstärkt sich der Gegensatz noch durch die unterschiedlichen Traditionen und Vorbilder beider Malrichtungen. Neben byzantinischen beziehungsweise hellenistischen Vorbildern gab es sowohl Bezüge zu den christlich-orientalischen Nachbarkulturen — vor allem der Syrer und Kopten, die wie die Armenier direkte Erben der frühchristlich-östlichen Kunst waren —, aber auch zur vorislamisch-iranischen Malerei der Sassaniden und später zu den muslimischen Kulturen Vorderasiens. Als Faustregel gilt, daß sich die »gelehrte Malerei« am

Westen, das heißt an Byzanz, später auch an Kilikien und Westeuropa orientierte, die volkstümliche Richtung dagegen am Orient. Wesensmäßige, durch gleichartige Auffassungen hervorgerufene Parallelen bestehen auch mit der vorkarolingischen, karolingischen und sogar mit der christlich-keltischen und angelsächsischen Buchmalerei.

Die Buchmalerei Armeniens kreist nicht nur um religiöse Themen. Auch weltliche Literatur wie der Alexanderroman oder naturwissenschaftliche Abhandlungen wurden zu Unterhaltungs- und Anschauungszwecken illustriert. Ihren eindrucksvollsten und eigenständigsten Ausdruck erlangte die armenische Buchillumination jedoch bei religiösen Themen, wobei sich die malerische Ausschmückung bis zum 11. Jahrhundert auf Evangelienbücher beschränkte. Erst ab dem 13. Jahrhundert und vor allem in Kilikien illuminierte man auch Bibeln, Psalter, Stundenbücher, Lektionare (liturgische Bücher) und Homiliare (Predigtsammlungen). Ihre Ikonographie blieb, insbesondere innerhalb der »gelehrten« Malerei, im Rahmen der byzantinischen Tradition, ihr Symbolrepertoire teilte sie dagegen mit vielen vorderasiatischen Kulturen.

Bildbetrachtungen

Die Anfänge

Einer der ältesten erhaltenen armenischen Handschriften – dem nach seinem langjährigen Aufbewahrungsort Etschmiadsin benannten Evangeliar von 989 – sind vier Miniaturen beigeheftet, die in Stil und Inhalt deutlich von der byzantisierenden Manier des Evangliars abweichen, dafür aber Parallelen zum Evangeliar des Syrers Rabula von 586 aufweisen. Man vermu-

Anbetung des Kindes durch die Heiligen Drei Könige;
Anhang zum sogenannten Etschmiadsin-Evangeliar; 6. Jh.

258

tet, daß beiden Handschriften ein gemeinsames frühchristliches Vorbild zugrunde lag. Die vier Miniaturen aus dem Etschmiadsin-Evangeliar gelten mithin als früheste erhaltene Beispiele armenischer Buchmalerei überhaupt. Sie stellen die Verkündigung an Zacharias, an Maria, die Anbetung durch die Heiligen Drei Könige sowie die Taufe Christi dar.

Im Bildmittelpunkt thront Maria vor einer Basilika. Sie hält eine Mandorla mit dem jugendlichen Christus (Emmanuel) — einer in Byzanz sowie im orientalischen Christentum häufigeren Darstellungsform —, flankiert von zwei Königen beziehungsweise einem Engel und einem König. Wie in der gesamten christlichen Buchmalerei üblich, wurden hier zwei verschiedenartige Episoden verknüpft: die Anbetung durch die fremdländischen Herrscher, die sich stellvertretend für die Völker der Welt vor Christus verneigen, sowie das kanonische Thema »Darbringung der Mandorla«. Wie in den übrigen beigehefteten Illuminationen dominieren gesättigte, meist dunkle Blau- und Violettöne.

Das Motiv des — leeren oder besetzten — Thrones in einer apsisartigen Nische erinnert an jene Kultnische, wie sie bereits auf ägyptischen (vorchristlichen und koptischen), später auch auf frühchristlich-byzantinischen Grabstelen dargestellt wurde, und auch an das Tabernakel oder den Thoraschrein in der jüdischen Kunst, wo üblicherweise Vorhänge den Schrein halb verhüllen. Die Leere des Thrones beziehungsweise des Schreins steht in den frommen Darstellungen des christlichen und jüdischen Orients für die unfaßbare, transzendentale Gegenwart Gottes. Es handelt sich hier um eine von Juden wie Christen aus der Antike entlehnte Symbolik sowohl für das Allerheiligste und den Sakralbereich als auch — und dies ist die ursprüngliche Bedeutung bereits in Ägypten gewesen — für das Jenseits und die Auferstehung im Glauben. In der byzantinischen Kunst erweitert sich das Motiv des leeren Thrones zum Thema der Thronvorbereitung für Christus, den Weltenherrscher.

Entgegen der »richtigen« Raumperspektive komponierte der Künstler die Kultnische mit der thronenden Maria in den architektonisch-sakralen Hintergrund. Dadurch wirkt die Kultnische als Teil der Basilika. Die dunkelroten Tempelvorhänge, die einen organischen Bestandteil des Bildmotivs »Thoraschrein« beziehungsweise »Allerheiligstes« bilden, wurden ins Bild gerückt, indem die Schmalseiten der Basilika frontal dargestellt sind. So entsteht ein gedanklicher und bildlicher Zusammenhang zwischen Kirche, Kultnische und der Gottesmutter, die ikonographisch die irdische Kirche verkörpert. Farblich wird die Einheit von Kirche und Gottesmutter durch Blau- und Violettöne in Marias Überwurf und – realistischer Darstellung entgegengesetzt – in den Ziegeln der Basilika zum Ausdruck gebracht. Die drei Könige erscheinen, wie ostkirchlich üblich, als »Magier« (von altpers. »magusch«), die Hohenpriester der iranischen Elementenverehrung, woraus im Westen die »drei Weisen aus dem Morgenland« wurden. Ihre reich geschmückten Prunkgewänder sind parthisch-arschakidisch, die Beinstellung – gespreizte Knie und nach außen gerichtete Füße – entspricht dagegen der sassanidischer Herrscher. Der französische Kunsthistoriker und Armenist Jean-Michel Thierry hat darum den Stil dieser vier frühesten Miniaturen als »zugleich syro-hellenistisch und iranisch« bezeichnet.

Vom Grabstempel zur Paradiespforte

Die symbolhaltige Verwendung von Elementen der Sakralarchitektur spielt in der christlich-armenischen Buchmalerei eine wichtige Rolle. In vielen Evangeliaren begegnet man dem »Tempietto«, einem kleinen, rotundenhaften Tempelbau, entweder als eigenständigem Bildinhalt wie hier im Etschmiadsin-Evangeliar oder als Rahmen für evangelische Episoden sowie Texte. In letzterem Fall wird auf die Raumperspektive verzichtet. Anstelle von vier oder sogar acht Säulen erscheinen nur zwei. Die bei eigenständigen Tempietto-Darstellungen meist flache Kuppel wölbt sich im zweiten Fall zum Halbkreis und erinnert in ihrer arkadenartigen Struktur an die Kult- beziehungsweise Tabernakelnische mit ihrer halbkreisförmigen Kalotte.

Das Etschmiadsin-Evangeliar wurde 989 im ostarmenischen Kloster Bren-Norawank hergestellt und zählt zu der »gelehrten« Richtung armenischer Buchmalerei im späten 10. Jahrhundert, die, wie die zeitgenössische byzantinische Malerei, unter dem Eindruck der sogenannten makedonischen Renaissance stand. Die Tempietto-Darstellung bringt die mit diesem Sujet verbundenen Symbole und Einzelheiten deutlich zum Ausdruck. Mit vier Säulen ist eine Rotunde angedeutet, die von Vorhängen halb verdeckt ist. In der Mitte des Tempels erscheint eine Öllampe, an beiden Seiten wachsen Zypressen. Das Dach schmückt ein üppiges Pflanzen- und Blumenornament, in das sechs Enten verteilt sind.

Bautypologisch entspricht die Rotunde dem frühchristlichen Martyrion, dem Grab- beziehungsweise Gedächtnisbau zur Erinnerung an einen Märtyrer oder Heiligen. Der Prototypus dieser Bauten ist die Grabeskirche (Rotunde) von Jerusalem. Sie verweist auf Christi Opfertod und die Erlösung von der Erbsünde. Die Zypressen, die bereits in der Antike Trauer und Ewigkeit verkörperten, unterstreichen die Todessymbolik. Die durch Pflanzen — oft auch Tiere — neben dem Tempietto angedeutete Gartenlandschaft wurde zum festen Darstellungsschema über Jahrhunderte hinweg. Sie soll an den Garten erinnern, in dem sich Christi Grab befand und in dem Maria Magdalena Christus als Gärtner antraf. In weiterem Sinne verkörpert sie auch den Paradiesgarten und das Jenseits. Das gilt vor allem für die halbphantastischen, in der »himmlischen Späre« über dem Tempietto gelegenen Landschaften.

Diese Vorstellung wird in der Weiterentwicklung der Grabesrotunde zur Paradiespforte noch deutlicher. Vom mehrsäuligen Tempietto steht nur noch ein Säulenpaar, über dem sich halb-

Etschmiadsin-Evangeliar, 989, Tempietto-Darstellung

kreisförmig eine Arkade wölbt. Solche bogenförmigen Portale schmücken die Kanontafeln am Anfang der Evangeliare; es handelt sich um eine tabellarische Konkordanz gleichartiger Aussagen der vier Evangelien, wie sie erstmals von dem Kirchenhistoriker und Bischof von Cäsarea, Eusebios (ca. 260-340), erstellt wurde. Den Kanontafeln vorangestellt ist meist das Schreiben des Eusebios an Carpianus. In Armenien betrug die Zahl der Kanontafeln gewöhnlich zehn — die Symbolzahl des Dekalogs —, die in frühen Darstellungen zwischen einem Arkadenpaar, seltener zwischen vier oder fünf Arkaden pro Blatt erschienen. Solche Bogen heißen im Armenischen »Choran« (Altar), womit die Herleitung des Symbols von der Kultnische beziehungsweise dem Tabernakel deutlich wird. Trotz der Flächigkeit der Darstellung bemühte man sich lange Zeit, die architektonische Grundform des Tempietto und der Grabesrotunde zumindest anzudeuten; so wurden die Tempelvorhänge und der Marmorcharakter der Säulen, die bei archaischen Darstellungsweisen in korinthischen Kapitellen enden, beibehalten.

Im Bogenfeld des Chorans erscheinen gewöhnlich szenische Darstellungen, Porträtmedaillons (des Eusebios und Carpianus, ab dem 12. Jahrhundert auch der Propheten, soweit sie auf das Neue Testament Bezug nahmen) oder geometrisch-floraler Dekor, der im Verlauf der Jahrhunderte immer komplizierter gestaltet wurde. Parallelen zur Entwicklung des armenischen Steinreliefs im Baudekor sind unverkennbar.

Zu den frühesten szenischen Darstellungen im Bogenfeld der Chorane gehören die »Nil-Landschaften« wie in dem Evangeliar, das Königin Mlke, die Gemahlin des Waspurakaner Herrschers Gagik I., um 862 dem Kloster Warag stiftete. Diese

Morni-Evangeliar, um 1060,
Schmuckleiste des Choran über den Kanontafeln.

265

»ägyptisierende« Manier dürfte auf alexandrinisch-christliche Einflüsse zurückzuführen sein. Im Zentrum des Tympanons erkennt man eine Nilbarke mit Fischern, im Wasser sind Enten und Krokodile zu sehen. Auch in einem Choran des Evangeliars von Morni (um 1060) tauchen noch die Nil-Landschaften auf. Zu den Wasservögeln, Fischen und Polypen gesellen sich dort mythische Mischwesen aus dem vorderasiatischen Repertoire: die Sphinx, der geflügelte Hund, der Greif und der Pegasus.

In der Mitte über der Schmuckleiste des Chorans erscheint ein weiteres Paradiesmotiv: Ein Vogelpaar trinkt aus einem Pokal, über dem ein Buch ─ das Evangelium ─ liegt. Es handelt sich um eine der ikonographischen Varianten des Lebensbrunnens, wobei die trinkenden Tiere ─ meist ein Pfauenpaar ─ die Erquickung der gläubigen Seelen durch Taufe (Wasser) und Eucharistie (Blut) versinnbildlichen. In Verbindung mit dem Todes- und Grabesmotiv der angedeuteten Rotunde ergab sich für den gläubigen Betrachter die Aussage, daß der Opfertod Christi beziehungsweise das heilige Grab die »Quelle des wahren Lebens« bildeten.

Die Umrahmung der Konkordanztabellen mit Choranen erfolgte keineswegs zufällig, sondern unterstrich diese Gedankenkette. In seiner eindimensionalen, flächigen Ausführung als Pforte bedeutet der den Text umrahmende Choran das Eingangstor zum Paradies. Die eifrige Lektüre der Heiligen Schrift, so die Botschaft der Evangelienkonkordanzen, führt zum ewigen Leben und ins Paradies. Einen Ausblick darauf gewähren die phantastischen Garten- und Flußlandschaften im Bogenfeld, neben und vor allem auf der »Pforte«, sowie der meist am Ende der Kanontafeln erscheinende Tempietto mit dem Paradiesgarten oder Lebensbrunnen auf dem Dach. Der ursprüngliche Kuppelabschluß des Choran, der sich noch von der antiken Kultnische beziehungsweise der Grabesrotunde ableitete, tritt später in der Variante eines spitzgiebligen Daches auf. Ab dem 10. Jahrhundert setzte sich aber auch das byzantinische Dekorationsschema mit einem rechteckigen Balkenabschluß der Arkade durch. Im Ornament dieser Schmuckleiste ist zwar der Bogen der Choran-Arkade oft noch erkennbar, doch verliert sich im Verlauf der Entwicklung der architektonische Charakter des Choran immer mehr zugunsten einer flächig-ornamentalen Gestaltungsweise.

Evangelistenporträts

Da Evangeliare über lange Zeit die Hauptträger armenischer Buchmalerei waren, kam naturgemäß den Verfassern der vier Evangelien eine herausragende Stellung zu. Die »kleine« und die »gelehrte« Buchmalerei entwickelten hierfür ganz unterschiedliche Darstellungsweisen.

Anonymes Evangeliar von 1038

Orientalisch-christlicher Tradition gemäß wurden die vier Evangelisten als Gruppe dargestellt. In der ikonographisch üblichen Weise bringen sie ihre Werke Christus dar. Bei einer solchen »Prozession« erscheinen gewöhnlich von links nach rechts Matthäus, Markus, Lukas und Johannes. Hier aber wurde auf die archaischste Version (Matthäus, Lukas, Markus, Johannes) zurückgegriffen. Ungewöhnlich wirkt ferner, daß der von links nach rechts schreitende Evangelistenzug durch Johannes unterbrochen wird. Diese Hervorhebung spielt möglicherweise auf die Sonderstellung des Johannes als Lieblingsjünger Jesu sowie seines Evangeliums an, das sich unter anderem darin von den Evangelien der drei Synoptiker Markus, Matthäus und Lukas unterscheidet, daß es das Leben Jesu in Symbolen auszudrücken versuchte.

Abgesehen hiervon handelt es sich um keine individualisierende Darstellungsweise wie bei den Einzelporträts der »gelehrten« Buchmalerei. Nach östlicher Auffassung möchte der Illuminator die Evangelisten als weltabgewandte Asketen zeigen, die sich deutlich von den Durchschnittsmenschen unterscheiden. Nicht aus zeichnerischem Unvermögen, sondern um diese Distanz zum Profanen und die Vergeistigung der Evangelisten zu betonen, verzichtet der Künstler auf eine stofflich-plastische Gestaltung. Seine Evangelisten erscheinen flächig, beinahe unkörperlich, in lose fallende Gewänder gehüllt, wobei die Mäntel (Himation) an die Überwürfe der Propheten in frühen syrischen Illuminationen erinnern. Schmale Gesichter, große, ekstatisch geweitete Augen, die die Entrücktheit der Evangelisten signalisieren, und die überschlanken rechten Hände in segnender Gebärde betonen diese unweltliche Heiligkeit. Byzantinischen Darstellungsschemata entspricht es, daß die Hände biblischer Gestalten oder Engel vom Gewand bedeckt sind, sofern sie keine Handlung – wie hier den Segnungsgestus – ausführen.

Die farbliche Gestaltung ist ebenso einfach wie effektvoll. Für die Evangelistengewänder verwandte der Künstler acht weiche Farben, wobei Blau (im Untergewand – dem Chiton – sowie im

Überwurf des ersten und vierten Evangelisten) die Gruppe »rahmt«, während Lachsrot beziehungsweise Rosa sich bei den Zweiergruppen rhythmisch wiederholt: Lukas' lachsroter Chiton korrespondiert mit dem Himation des Matthäus, ebenso wie der rosa Überwurf des Markus mit dem gleichfarbigen Chiton des Johannes. Nur das zentrale Evangelistenpaar — Lukas und Markus — trägt einmalig verwendete Farben: Lukas einen grünen Überwurf und Markus einen gelben Chiton. Auf diese Weise erzielt der Künstler eine jenseits menschlicher Individualität liegende Auflockerung des Gruppenporträts, die mit der durch farbliche Wiederholung betonten Geschlossenheit der Gruppe ein Gleichgewicht herstellt. Alle vier Evangelien, so die Aussage dieser Farbgestaltung, bilden eine untrennbare Einheit, die erst durch die Gesamtheit ihrer zu gleichen Teilen einmaligen und wiederholten Glieder vollständig wird.

Es ist bisher noch nicht genau ermittelt worden, ob das »Evangeliar von 1038« in der südarmenischen Provinz Taron entstand. Ikonographisch und stilistisch weist es Ähnlichkeiten mit der sogenannten Melitene-Gruppe auf. Sie umfaßt zehn Handschriften, die in der ersten Hälfte des 11. Jahrhunderts in Skriptorien der damals armenischen Städte Melitene (türk. Malatya) und Sebaste (Sivas) entstanden und ihrerseits Gemeinsamkeiten mit den Wandmalereien der kappadokischen Höhlenkloster des 9. und 10. Jahrhunderts besitzen. T. Ismailowa, die Autorin der umfassendsten Studie über die armenische Buchmalerei des 11. Jahrhunderts, ordnet unter dem gebotenen Vorbehalt das »Evangeliar von 1038«, nicht zuletzt wegen seines auffälligen Archaismus, einem »östlich-hellenistischen« Kulturkreis zu.

Der Gegensatz zur »gelehrten« Buchmalerei könnte kaum größer sein. Sie übernahm, wie die gesamte kilikische Malerei, das byzantinische Darstellungsschema des individuellen Evangelistenporträts in der ikonographisch jüngeren Variante eines sitzenden antiken Philosophen oder Schreibers. Sehr deutlich sind hier auf dem Tischchen vor dem Schreibpult die zeit-

genössisch üblichen Werkzeuge des Kopisten abgebildet. Die plastische Eleganz der hochentwickelten kilikisch-armenischen Schule (bis 1280), die Roslin hier mit reichem Faltenwurf und abgestuften Schattierungseffekten herausstreicht, unterscheidet sich deutlich von der Betonung des linearen Prinzips und der Flächenhaftigkeit in der Buchmalerei des armenischen Stammlandes.

Eine weitere Eigentümlichkeit der kilikisch-armenischen Buchkunst und -malerei bilden die kleineren Formate; ab dem 12. Jahrhundert werden die Bücher in Kilikien handlicher, wie für den privaten und nicht mehr liturgischen Gebrauch geschaffen. Außerdem wurden die Miniaturen direkt dem Text beigefügt und nicht mehr nach orientalischer Tradition als geschlossener Block dem Text vorangestellt. Byzanz ging hierbei einen Mittelweg, indem die Sujetszenen meistens jedem Evangelium vorangestellt wurden. Der Reichtum Kilikiens schlug sich in der kostspieligeren Farbpalette kilikisch-armenischer Buchmalerei nieder, zu deren Ausstattung nun auch so teure Materialien wie Lapislazuli und Blattgold gehören. Bei der Vergoldung wurden komplizierte Relieftechniken angewendet.

In stilistischer und ikonographischer Hinsicht gab das östliche Byzanz den Grundton der kilikisch-armenischen Buchillumination an. Dank seiner ausgedehnten Handelsbeziehungen war Kilikien jedoch das kosmopolitischste Land des Nahen Ostens. Daher machten sich ab dem 13. Jahrhundert auch europäische, vornehmlich italienische Einflüsse bemerkbar, denn mit Genua und Venedig bestanden Handelsverträge.

Ab dem 12. Jahrhundert waren erste kilikisch-armenische Künstlerateliers in Drazark und in Skewra entstanden, bis der Maler Kirakos im 13. Jahrhundert in Hromkla, dem damaligen

Porträt des hl. Markus;
Malatya-Evangeliar, 1268;
Maler: Toros Roslin

271

Sitz des Katholikats, eine regelrechte Künstlerschule ins Leben rief. Ihr berühmtester Vertreter ist Toros Roslin, der im kurzen Zeitraum zwischen 1256 bis 1268 sieben Handschriften anfertigte und illuminierte: einige weitere, unsignierte Arbeiten werden ebenfalls ihm zugeschrieben. Sein Nachname Roslin hat die Vermutung genährt, daß Toros (Theodoros) möglicherweise fränkischer oder gar deutscher Herkunft war. Die Kreuzfahrerstaaten grenzten unmittelbar an Kilikien, und noch heute trifft man unter den aus Kilikien stammenden Armeniern solche, die sich aufgrund von Namensbesonderheiten und ihres katholischen Glaubens für Nachkommen der Kreuzfahrer halten.

Roslins Stil zeichnet sich durch eine plastische Wiedergabe des Gesichts sowie genaue Körperproportionen und eine natürliche Haltung aus. Der Mensch bildet den Hauptinhalt seiner Miniaturen, der architektonische oder landschaftliche Hintergrund dagegen wird einfach und zurückhaltend gestaltet. Porträts und Sujetszenen strahlen heitere Ruhe und inneren Frieden aus. Roslin bevorzugte, wie viele armenische Maler, ein sattes Blau, Rot und Gold. Obwohl gut mit der byzantinischen Kunst vertraut, zeigt Roslins Werk zugleich einen gewissen Einfluß des »lateinischen« Westeuropa.

Sirarpie Der-Nersessian vertrat die Auffassung, die kilikisch-armenische Buchmalerei überrage die des gesamten christlichen Orients und selbst die byzantinischen Miniaturen. Beim Anblick der Werke Roslins läßt sich dieses Urteil nachvollziehen. Ihr Niveau verdankt die kilikisch-armenische Buchmalerei im wesentlichen der gelungenen Synthese unterschiedlichster Einflüsse.

Titelblatt zum Markusevangelium;
Evangeliar von 1232 aus dem Kloster Hormos;
Schreiber und Maler: Ignatios

Titelblätter

Neben den Konkordanztabellen bilden die Titelblätter der vier Evangelien traditionell mit Dekor reich versehene Buchstellen. Das Dekorationsschema ist fast dasselbe wie in Byzanz: am Kopf eine Schmuckleiste mit überwiegend geometrischen oder pflanzlichen Ornamenten; rechts — vor allem in kilikischen Handschriften auch links — wurden dekorative oder szenische Marginalien angebracht. Die Initiale trägt besonders reichen Schmuck.

Der Dekor dieses Titelblattes beschränkt sich auf geometrische Formen. Im Zentrum der Kopfleiste erscheint ein von einem Doppelkreis eingefaßtes Knotenornament, flankiert von je zwei kleineren Rosetten, wobei die Rosettenpaare Variationen eines Grundmusters bilden: ein Beispiel für die auch in der Baukunst immer wieder anzutreffende Unlust der Meister, ein Detail ohne Abwechslung zu wiederholen. Rosetten stellen indessen kein beliebiges Schmuckelement der mittelalterlichen Buchmalerei oder des armenischen Baudekors dar, sondern eine Weiterentwicklung der Wirbelrosette beziehungsweise der noch ursprünglicheren Form des Sonnenrades. Sonnenrad und Wirbelrosette sind alte, in West- und Nordeuropa bei Kelten wie Germanen ebenfalls weitverbreitete Sonnen- und Lichtsymbole.

Das Knotenornament besitzt in seiner ursprünglichen und ältesten Funktion dämonenabwehrende Bedeutung. Hier ist es jedoch dem Motiv der Sternrosette angenähert, wie sie, zur Sphära umgebildet, auch auf zahlreichen armenischen Kreuzsteinen zu finden ist. Das in der Mitte erkennbare Achteck gilt allgemein in der christlichen Ikonographie als Stern Christi, als Weihnachtsstern und Stern der Weisen. Der Kreis, der das Stern- und Flechtbandmotiv umschließt, verkörpert in allen Kulturen die ewige Wiederkehr und Unendlichkeit.

In der Initiale taucht eine weitere Variante des Sonnenrades auf, und zwar viermal. Die Vier jedoch war für die Armenier — wohl schon in vorurartäischer Zeit — eine Zahl von größter sakraler Bedeutung. Im Christentum steht sie für die vier christlichen Kardinaltugenden, die vier Paradiesflüsse, die vier Evangelisten und die vier Hauptpropheten. Das die Kopfleiste umrahmende Band setzt sich ebenfalls aus Vierer-Symbolen zusammen, die in ähnlicher Form bereits in assyrischen und urartäischen Wandmalereien auftauchten. In der christlichen Zahlensymbolik gilt die Vier im Unterschied zur göttlichen Drei als Zahl der irdischen Dinge (z.B. vier Jahreszeiten, vier Himmelsrichtungen).

Die Kreuz-Marginalie rechts bildet eine Reminiszenz an den frühchristlichen Kreuzeskultes, der in Armenien besonders stark ausgeprägt war. Aber nur in Handschriften aus dem 9. und 10. Jahrhundert finden sich, nach syrisch-orientalischem Vorbild, häufiger ganzseitige Kreuzesdarstellungen. Seit dem 12. Jahrhundert beschränkte man sich im allgemeinen auf kleinere Kreuze. Das armenische Kreuz wird in der Regel als lateinisches Kreuz mit geschweiften, gekerbten und verbreiterten Enden wiedergegeben, eine Sonderform, die man auf das Kreuzmonument der Jerusalemer Grabeskirche sowie jenes Kreuz zurückführte, das Konstantin der Große auf dem Konstantinopeler Forum errichten ließ.

Nach dem Zerfall der armenischen Staatlichkeit im 11. Jahrhundert nahm der in der armenischen Kunst ohnehin schon stark ausgeprägte Regionalismus noch zu. Ein Großteil der Werke, die aus den Skriptorien im Gebiet der einstigen Bagratidenhauptstadt Ani stammten, ging leider verloren. Aus dem frühen 13. Jahrhundert, der Endzeit der sogenannten nordarmenischen Renaissance unter den Fürsten Sakarjan, blieben nur die Werke der Illuminatoren Markare und Ignatios erhalten. Ignatios, der Künstler des Horomos-Evangeliars, wurde Augenzeuge der Mongoleninvasion und geriet vorübergehend in Gefangenschaft. In einer von ihm illuminierten Handschrift vermerkte er über die Bedingungen, unter denen seine Malereien entstanden: »In einer bitteren und traurigen Zeit ist diese Handschrift geschrieben: als die Hauptstadt Ani fiel, [...] Städte und Regionen verheert wurden.«

Symbolik

Die armenischen Buchilluminationen sprechen uns vor allem ästhetisch an. Doch in der mittelalterlichen Kunst kam fast sämtlichen Darstellungskomponenten eine symbolhaltige Aufgabe zu, was ganz besonders auf die ohnehin zum Symbolismus neigende orientalisch-christliche Kunst zutraf. Komposition,

Ornamentik, Farben und Details des Sujets waren über lange Entwicklungsräume hinweg stets mehr als zufälliger Zierrat. Tiere der realen und mythologischen Fauna, Pflanzen, aber auch geometrische Muster und Zahlensymbole finden sich, wie bereits dargelegt, in symbolischer Bedeutung ganz besonders häufig auf armenischen Kanontafeln, Titelblättern sowie in Marginalminiaturen. Das erste überlieferte Regelwerk für die Gestaltung der Konkordanztabellen stammt von dem Sjuniker Bischof Stepanos (8. Jh.); seine Darlegungen betreffen die Gestaltung der zehn Chorane, ihre Farbsymbolik, die Anzahl der Arkadenbögen, die Art und religiöse Symbolik der auf den Arkadenbögen sitzenden Vögel sowie weitere Einzelheiten. Auf der Grundlage dieses frühen Malbuches entwickelte Katholikos Nerses Schnorhali im 12. Jahrhundert ein neues Dekorationsschema für die zehn Kanontafeln, welche die Farben der Kirche und ihre organische Verbundenheit mit den alttestamentarischen Propheten, mithin die Einheit von altem und neuen Bund, widerspiegeln sollten.

Eine dritte Inspirationsquelle für die armenischen Buchmaler bildete zweifellos der *Physiologus*, jenes im Abend- wie Morgenland gleichermaßen populäre naturkundlich-religiöse Volksbuch aus dem 2. bis 4. Jahrhundert.»Der *Physiologus* in der uns vorliegenden Gestalt ist ein Produkt ägyptischer und hebräischer Tiersymbolik« (Emil Peters), dessen Wurzeln bis in das zweite vorchristliche Jahrtausend und zu den esoterischen Geheimlehren und Tierbüchern der Priester des alten Ägypten reichen. Ihr unmittelbares Echo findet sich in der Tiersymbolik der Septuaginta, der alexandrinisch-jüdischen Übersetzung des Alten Testaments ins Griechische, ihr mittelbarer Nachklang in der christlich-alexandrinischen Interpretation der alten Tiersymbole. So gehen die auch in der westeuropäischen Sakralkunst bekannten und aus der Hesekiel-Vision des Alten Testaments abgeleiteten Evangelistensymbole Adler, Löwe, Stier und Engel beziehungsweise Mensch auf das 3. bis 5. Jahrhundert zurück. In Armenien tauchen sie ab dem 10. Jahrhundert in den Initialen der Evangelientexte auf und bilden eines von vielen Unterscheidungsmerkmalen zur byzantinischen Buchmalerei.

Doch auch sonst sind Tier- und Pflanzensymbole äußerst zahlreich. Hähne symbolisieren Wachsamkeit, aber auch die Passion, Kraniche die Ergebenheit, Tauben und Rebhühner die Gläubigen; zwölf Rebhühner stehen für die Apostel Jesu. Der Pfau symbolisierte schon in vorchristlicher Zeit die Unsterblichkeit der Seele; wegen seiner Schönheit wurde er besonders häufig als Paradiesvogel dargestellt. Der fabelhafte Phönix galt den orientalischen Christen bereits im ersten Jahrhundert als Symbol des Triumphes des Lebens über den Tod, als Sinnbild der Auferstehung. Zusammen mit den aristokratischen (Wappen-)Tieren Adler und Löwe diente der Phönix daher auch als Christussymbol.

Zu den ebenfalls in der Bauskulptur Armeniens beliebten Mischwesen gehören der Greif, der geflügelte Hund, das geflügelte Pferd (Pegasus) sowie die frauenköpfige Sirene. In den Marginalminiaturen erscheinen zudem tierköpfige Menschen, die entweder in Tiermasken auftretende Schauspieler darstellen könnten oder die auch im *Physiologus* erwähnten tierköpfigen Monstren, die letztlich wohl altägyptischer oder altasiatischer (mesopotamischer) Herkunft sind.

Besonders deutlich läßt sich diese lange Motivkette an der Sirene verfolgen, einem komplexen und vieldeutigen Symboltier der christlich-mittelalterlichen Kunst. Ursprünglich stammte sie aus Ägypten, wo sie den Seelen- oder Ba-Vogel verkörperte. Ba hieß bei den alten Ägyptern jenes unsterbliche Seelenprinzip, das sich nach dem Tode vom Körper löst, um als Vogel davonzufliegen. Die Griechen integrierten, neben verschiedenen anderen altägyptischen Fabelwesen, auch die Sirene in ihre Mythologie und Kunst. Die christlich-europäische Kunst kannte die Sirene ebenfalls, wich allerdings von den alten Vorstellungen ab, indem sie sie als Nixe — frauengestaltig und fischleibig — abbildete. Interessanterweise hielt sich die christlich-armenische Kunst an die ursprüngliche Auffassung von der Sirene als frauenköpfigem (Seelen-)Vogel.

In armenischen Handschriften treten Sirenen (und andere Tiere) oft paarweise oder doppelköpfig auf. Solche antithetischen Tierpaare mit verschlungenen Hälsen oder doppelköpfige Vögel waren schon im Orient des Altertums außerordentlich beliebt und wurden deshalb in die frühchristliche Kunst, etwa der Kopten, übernommen. In Armenien faßte man die doppelköpfige Sirene beziehungsweise das Sirenenpaar als Verkörperung des Dualismus der menschlichen Seele und des inneren Widerstreits zwischen Gut und Böse auf. Darüber hinaus symbolosierte die Sirene in der christlichen Kunst ganz allgemein die körperliche Liebe und fleischliche Lust, im seelisch-geistlichen Bereich den Glaubenszweifel und die Häresie.

Auch die armenischen Pflanzensymbole besitzen oft eine sehr alte Tradition. Eines der in Armenien beliebtesten, häufig in Verbindung mit dem Phönix dargestellten Symbole ist der Lebensbaum, der ebenso zum ursprünglich iranisch-vorderasiatischen Symbolrepertoire gehört wie der Granatapfelbaum. Nerses Schnorhali deutete den Granatapfelbaum als »Güte der Propheten«. Palmenbaum und Weinstock standen für das Paradies und das ewige Leben, bei Nerses Schnorhali für die himmlische Gerechtigkeit. Die Weintraube spielte auf die Eucharistie (Apostelkommunion) an und galt allgemein als Symbol der Gnade in der Beziehung zwischen Gott und den Gläubigen. Wie auch in der westeuropäischen Tafelmalerei benutzten die Armenier in ihrer Kunst Rose, Nelke, Hyazinthe, Anemone und Lilie als Mariensymbole. Doch symbolisierte die Lilie zugleich Marias Sohn, Jesus, und im weiteren Sinne die Gnade des Jüngsten Gerichts.

Unter den geometrischen Zeichen besaß das Kreuz die stärkste Symbolkraft. Schon das Volk der Urartäer und dessen assyrische Nachbarn verehrten es als Lichtsymbol und glaubten an seine magische Kraft, Unheil abzuwenden, weshalb man es als Amulett verwandte. Den christlichen Armeniern galt es als Zeichen des Sieges und der Kraft, nicht des Leidens. Im Unterschied zu den Byzantinern, die bis zum 5. Jahrhundert das Chi-Rho-Symbol — das Christus-Monogramm — benutzten, diente den Armeniern das Kreuz von Anfang an auch als Staatssymbol. Es ist sicher kein Zufall, daß es in Byzanz von dem monophysitischen Kaiser Anastasios I. (491 — 518) zum Staatssymbol erhoben wurde, denn alle Monophysiten empfanden das Kreuz als Zeichen des Lebens, des Sieges und Triumphes und nicht als Marterinstrument des römischen Strafvollzuges.

Die Armenier haben in ihrer darstellenden Kunst dieser Überzeugung am konsequentesten Ausdruck verliehen. Als Flachrelief ausgeführt, bildet das Kreuz das beliebteste Motiv in armenischen Kirchenkuppeln. Dort versinnbildlicht es Gottvater, der in den Ostkirchen niemals figürlich dargestellt wird. Die einzigartige Besonderheit des armenischen Kreuzes besteht in seinem pflanzlichen Charakter; seine Achsen enden meist in palmetten-, ranken- oder knospenartigen Auswüchsen, der Kreuzesfuß in Akanthusblättern. Das »blühende« Kreuz (crux florida) ist somit zugleich der »arbor vitae«, der Lebensbaum oder das lebendige Holz und damit das Zeichen der Auferstehung. In Inschriften wird der Gekreuzigte als »Ranke der Gerechtigkeit« bezeichnet. Die älteste sakrale Bedeutung des Kreuzzeichens als Licht- beziehungsweise Sonnensymbol scheint auch in christlich-armenischer Interpretation und Umdeutung noch durch. Für die Armenier waren die Christusworte »Ich bin das Licht, die Wahrheit und das Leben« entscheidend. Nicht zufällig trägt darum die Christusgestalt an der Westfassade der berühmten Hofkirche von Achtamar ein aufgeschlagenes Buch mit den programmatischen Worten: »Ich bin das Licht der Welt!« Denn Christus steht in Armenien in unmittelbarer Nachfolge der antiken Sonnen- und Lichtgötter Wahagn, Mihr (Mithras) und Apollon und wird als Sieger über das Dunkel, den Tod und die Hölle gefeiert.

Die Abbildung zeigt einen Choran mit der 3. und 4. Kanontafel. Basen und Kapitele der äußeren Säulen ruhen auf Stierköpfen.

Schon im Altertum symbolisierte der Stier Fruchtbarkeit und Stärke und galt als vornehmstes Opfertier, vor allem für den Lichtgott Mithras. Auf Christus bezogen, erinnert der Stier an dessen Opfertod. Die Ornamentleiste, die die Kanontafel von dem oberen, rechteckigen Schmuckbalken abgrenzt, wurde nach rechts verlängert und gliedert so den rechten Bildrand in eine irdische und eine himmlische Späre. Unten erblickt man einen blühenden Lebensbaum mit einem straußenartigen Vogel, darüber einen Pfau als Paradiesvogel. Ein antithetisches Löwenpaar im Zentrum des Schmuckbalkens wurde mit der königlichen und daher ebenfalls Christus zugeordneten Farbe Purpur gestaltet. Beide Löwen tragen Lotusblüten im Maul, ein aus der arabisch-islamischen Kunst entlehntes Motiv. Links oben sitzt eine Sirene mit zeitgenössischer, also mongolisch geprägter Kopfbedeckung, während die Paradiesgartenlandschaft über dem Choran aus zwei Vogelpaaren besteht.

Ab Mitte des 13. Jahrhunders bis 1338 besaß das Kloster Gladsor in Nordostarmenien eine bedeutende Akademie, die dieser Stätte der Gelehrsamkeit den Beinamen »zweites Athen« einbrachte. Ihre künstlerische Leistung war dem wissenschaftlichen Niveau ebenbürtig. Dem Gladsorer Skriptorium gehörten so bedeutende Buchmaler wie Momik, der Philosoph Jessaji Ntschezi, sein Schüler Toros von Taron (Taronazi) und Awag an. Eine regelrechte Gladsorer Schule der Buchmalerei gab es allerdings nicht; die dortigen Buchmaler vereinten die Maltraditionen des Armenischen Hochlandes mit Impulsen aus Kilikien, wie sie etwa der Wandermaler Awag vermittelte. Im Unterschied zu Awag repräsentierte Toros Taronazi, der auch als Dichter hervortrat, eine bodenständigere Malrichtung. In seinen Werken finden sich zahlreiche Tiersymbole, die der Volkskunst oder uralten, zum Teil totemistischen Vorstellung ent-

Evangeliar von 1323, Kloster Gladsor;
Schreiber und Illuminator: Toros Taronazi;
Kanontafeln

Կանոն Դ Յորս երեք — Կանոն Դ Յորս երեք

nommen wurden. Dazu gehören auch Schlangen und Drachen (arm. *Wischapner*); erstere bilden das wichtigste armenische Totem; Schlangenkulte haben sich entsprechend in manchen entlegenen Dörfern bis heute erhalten. Ein Relikt des Kultes stellen auch die zu einem antithetischen Schlangenpaar geformten armenischen Bischofsstäbe dar.

Der Illuminator der rechts abgebildeten, ihren Stilmerkmalen nach vermutlich kilikischen Handschrift, baute die Gestaltung des Titelblattes vollständig auf der Tiersymbolik auf. Die mit Blattgold — das das himmlische Licht und die Unendlichkeit des Universums verkörpert — prunkvoll unterlegte Kopfleiste zeigt in zwei Achtecken eine Hirschkuh, die ein roter Löwe verfolgt. In Armenien wurde solches Rot seit dem Altertum aus dem Blut der weiblichen Kermes-Schildlaus gewonnen. Sie heißt im Armenischen *karmir wordan* (»roter Wurm«), wovon sich das europäische Lehnwort »Karminrot« beziehungsweise »Karmesinrot« herleitet. Den Arabern war es als »Armenischrot« bekannt. Es stellte einen der kostbarsten Exportartikel Armeniens dar und wurde vor allem für die Textilfärbung, aber auch bei der Buchmalerei benutzt.

Das schon im antiken Vorderasien beliebte Motiv der Tierjagd taucht auch über der Kopfleiste auf: Ein Adler schlägt, flankiert von zwei roten Füchsen, einen Hasen. Der Adler verkörperte in vielen Religionen des Altertums den Sonnengott und wurde als Wappentier der armenischen Kirche im 5. Jahrhundert aus der parthischen Kunst übernommen. Beide Jagdszenen stehen nach armenisch-christlicher Deutung für die Hingabe der gläubigen Seele an den Erlöser. Als Lastersymbole verkörpern Fuchs und Hase jedoch Ungerechtigkeit und Wollust.

Dem marginalen Kreuz entspringt eine komplizierte, kreuzartige Komposition aus Rankenwerk, in das Vögel, Füchse und

Anonymes Evangeliar, 13. Jh., vermutlich aus Kilikien; Titelblatt des Johannesevangeliums

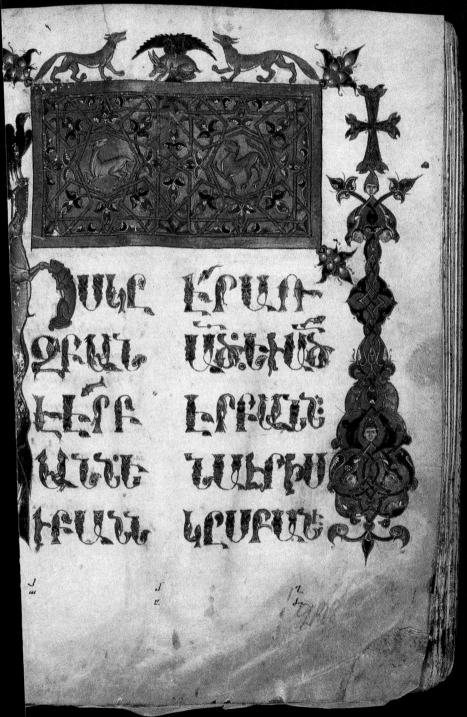

ԽԱՂ ԷՐԱՆ

ԶՐԱՆ ՄԱՏՆ

ԷԷՐ ԷՐԱՆ

ԱՆԷ ՆԱԲԱ

ԻԱՆ ԿԱՍԱՆ

menschliche Köpfe meist paarweise eingeflochten sind. Die armenische Initiale»I«links besteht aus dem Adler, der als Symboltier des Johannes dessen Evangelium in den Fängen trägt; zugleich erscheint der Adler hier auch als Symbol Christi, der die Einheit der vier Evangelien versinnbildlicht. Als Tugendsymbol verkörpert er die Gerechtigkeit. Am Adler hängt ein Stier, gefolgt von einem Kranich. Ein in die Vorderbeine des Stieres verbissener Löwe bildet den Bogen des»I«. Auch die meisten übrigen Buchstaben des Anfangssatzes des Evangeliums bestehen aus ineinander verschlungenen Pfauen, Kranichen, Fischen, roten Löwen sowie einem Sirenenpaar. Diese Übertragung der religiösen Tiersymbolik auf die als heilig geltenden Buchstaben des armenischen Alphabets stellen eine folgerichtige, in Armenien im 12. Jahrhundert einsetzende Weiterentwicklung der Buchmalerei dar.

Szenische Darstellungen

Da Evangeliare über Jahrhunderte die wichtigsten Träger armenischer Buchmalerei waren, bildeten die Szenen aus dem Leben Jesu ihr Hauptthema. Chronologisch geordnet, ergeben sie den Festtags- oder liturgischen Zyklus, der mit den höchsten Feiertagen des Kirchenjahres zusammenfällt. Das Morni-Evangeliar (11. Jh.) zeigt das früheste Beispiel eines armenischen Festtagszyklus, der aber im Unterschied zum byzantinischen»Zyklus der zwölf Feste«nur elf Episoden aufwies: Mariä Verkündigung, die Geburt Jesu, Beschneidung (Darstellung im Tempel), Taufe, Verklärung, Erweckung des Lazarus, Einzug in Jerusalem, Heiliges Abendmahl, Kreuzesabnahme, Himmelfahrt und die Ausgießung des Heiligen Geistes (Pfingsten). Außerdem herrschten sowohl in der Thematik als auch in der Ikonographie regionale

Evangeliar von 1391, Achtamar, Hochzeit von Kana;
Illuminator: Zerun von Wostan

Akzentsetzungen. Während zum Beispiel die Buchmaler Arzachs Episoden aus der Kindheit Jesu, den Judaskuß, das neutestamentarische Gleichnis von den törichten und den klugen Jungfrauen sowie aus dem Alten Testament den Sündenfall bevorzugten, zeigten die Maler Waspurakans eine besondere Vorliebe für die Verklärung und die Wundertaten Christi.

Südwestarmenien beziehungsweise Waspurakan erlebte dank des Fernhandels zwischen dem Iran, Mesopotamien und Kleinasien einen intensiven Kulturaufschwung, der sich auch in der Literatur und Buchkunst ausdrückte. Aus dem 13. bis 17. Jahrhundert blieben so 1500 illuminierte Handschriften aus dieser armenischen Provinz erhalten; die meisten davon wurden auf Papier angefertigt. Diese Menge ist umso eindrucksvoller, als die Arbeiten nicht nur in bedeutenden Skriptorien wie dem Kloster Surb Gamariel bei Chisan oder dem Kloster Awagwank entstanden, sondern ebenso in bescheidenen Einsiedlerklausen am Ufer des Wan-Sees oder in entlegenen Taurus-Tälern.

Die Waspurakaner Handschriften orientieren sich an Vorbildern des 11. Jahrhunderts und stellten auf hergebrachte Weise die Illuminationen den Evangelientexten voran. Aus der Vielzahl der Werke wird eine stilistische Dreiteilung ersichtlich: Zu den beiden üblichen Stilen der »gelehrten« und der volkstümlichen Malerei trat als dritter und charakteristischster Regionalstil eine orientalisierende Richtung, die deutlich an iranische Miniaturen der Mongolenzeit erinnert. Die Figuren haben puppenhafte Gesichter mit nach außen gezogenen Lidern und S-förmigen Augenbrauen. Ihre Körperhaltung wirkt statisch und schematisch, die Füße sind nach außen gekehrt. Die bekanntesten Vertreter dieser Richtung sind Kirakos von Urunkar (1. Hälfte 14. Jh.) und Zerun von Wostan (Ende 14. Jh.), der die nach ihm benannte »Zerun-Schule« ins Leben rief. Beide Maler beschränkten sich, oft in lakonischer Verkürzung, auf das Wesentliche. Mit der volkstümlichen Richtung teilten sie den Linearstil sowie die sparsame Farbpalette der reinen, ungemischten Farben.

Unser Beispiel zeigt im Bildzentrum den mit der Hochzeitskrone geschmückten Bräutigam, links neben ihm Jesus. Im Unterschied zu den historisierenden Gewändern entstammen die sechs Weinkrüge, die Krone des Bräutigams und das Mobiliar der zeitgenössischen Wirklichkeit Waspurakans. Die auf kräftigem Grün, Rot und Gelb aufbauende Farbkomposition ist für

Zerun kennzeichnend. Ein allgemeines, hier besonders auffälliges Erkennungsmerkmal armenischer Buchmalerei stellen die dunklen Konturlinien dar; in der byzantinischen Malerei fehlen sie meist. Sie betonen den linearen, zeichnerischen Charakter armenischer Miniaturen.

Anonymes Evangeliar, 13./14. Jh., Arzach, Heiliges Abendmahl

Ein ganz anderer Regionalstil präsentiert sich in der umseitigen Sujetszene. Anstelle des Abendmahltisches mit Wein und Brot erscheint eine Rosette mit einem Tatzenkreuz, wie es schon in der urartäischen Kunst als Licht- und Heilssymbol üblich war. Von den elf Aposteln sind nur die Köpfe zu sehen; unten rechts schleicht sich der Verräter Judas davon. Eine derartige ikonographische Verkürzung bis hin zur Chiffre ist für die volkstümliche Malrichtung kennzeichnend, vor allem in entlegenen Randprovinzen des Armenischen Hochlandes wie Arzach und Sjunik. Eine ähnliche Komposition trat bereits in frühen syrischen und koptischen Denkmälern auf, zum Beispiel im syrischen Rabula-Evangeliar (586), aber auch in späteren syrischen Handschriften. Hellviolett oder Rosa, Lindgrün und ein kräftiges Rot begegnen uns häufiger in den Miniaturen Südostarmeniens (Arzach, Sjunik, Nachitschewan).

Nach dem Tod des Rektors der Klosterakademie von Gladsor (1338) entstand 1340 in Tatew, dem reichsten und einflußreichsten Kloster der südostarmenischen Randprovinz Sjunik, eine neue Akademie (bis 1410 bzw. 1435), die bewußt an die Gladsorer Traditionen anknüpfte und darum in gewisser Weise auch deren Erbin war. Ihr zweiter Rektor, Grigor Tatewazi (14. Jh.), gilt als bedeutendster Vertreter der Tatewer Buchmalerei.

In lakonischer Verkürzung vereint das Bildbeispiel die kanonische und die apokryphe Version der Verkündigung Mariä, die nach der offiziellen Ikonographie im Tempel beziehungsweise zu Hause, nach apokrypher Auffassung aber am Brunnen erfolgte. Als Chiffre für den Brunnen erscheint im Bildzentrum in einer Nische ein Wasserkrug. Darüber wird eine Basilika beziehungsweise ein Haus angedeutet. Das rote Wollknäuel in Marias Linker steht als Chiffre für die häusliche Arbeit des Spinnens und somit für Marias Darstellung im Heim. Der herkömmlichen

Evangeliar von 1297, Verkündigung Mariä;
Illuminator: Grigor Tatewazi

289

byzantinischen Darstellungsweise entspricht Marias abwehrende Geste und ihr bekümmerter Gesichtsausdruck. Sie besagen, daß Maria als künftige Mutter des gekreuzigten Gottessohnes um ihre Leiden weiß und sie bewußt annimmt, jedoch ohne Freude. Zum Personalstil Grigor Tatewazis gehört der vollkommen mit geometrischen Mustern ausgefüllte Hintergrund. Diese Muster erwecken den Eindruck eines Teppichs, dessen Ornamentik teils der Volkskunst, teils dem auch auf Kreuzsteinen oder im Baudekor auftretenden Schmuck aus Rankenwerk und geometrischen Elementen entnommen wurde.

Die Abgeschiedenheit der zerklüfteten und schwer zugänglichen armenischen Randprovinz Sjunik führte kirchengeschichtlich zu einem regelrechten Partikularismus. Er äußerte sich erstmals im krisenreichen 7. Jahrhundert, als der Sjuniker Bischof im Zuge des unter den transkaukasischen Kirchen Armeniens, Albaniens und Georgiens herrschenden Naturenstreits versuchte, sich vom armenischen Katholikat zu lösen und dem chalcedon- und byzanzfreundlichen Katholikat des benachbarten Albanien anzuschließen. Zwischen 940 und 950 wiederholte der selbstbewußte, in Tatew residierende Bischof den Trennungsversuch. Diese hochgradige Eigenständigkeit Sjuniks und seiner Kirche drückt sich bis zu einem gewissen Grad auch in der Malerei Grigor Tatewazis aus. Und obwohl man erwarten könnte, daß das Tatewer Skriptorium aufgrund seiner Bedeutung und Wohlhabenheit ausschließlich die »gelehrte« Buchmalerei repräsentierte, zeigen sich in der Malerei seines bedeutendsten Illuminators starke volkstümliche Ansätze.

Das Beispiel rechts steht für den hochentwickelten kilikischen Stil: Realistische Plastizität und Proportionalität wurden bereits zu Beginn des 13. Jahrhunderts erzielt; nun gesellt sich eine

Anonymes Evangeliar der 1280er Jahre,
Erweckung des Lazarus

290

16

expressive, fast dramatische Dynamik hinzu. Sie widerspiegelt sich im bewegten, individualisierenden Gesichtsausdruck der Figuren, vor allem aber in der unruhigen, auf sich kreuzenden Diagonalen aufbauenden Bildkomposition, die durch den kühnen Kontrast von Violett, Hellrot und Hellgrün in ihrer Wirkung noch gesteigert wird. Im Gegensatz zum Realismus der Figurengestaltung steht der in Farben und Formen phantastische Hintergrund: die Grabeshöhle und eine Berglandschaft. Während sich der Malstil barockhaften, beinahe manieristischen Tendenzen nähert, entspringen die »Umrahmung« des Bildes mit einer Palmettenbordüre und dessen teppichartiges »Ausfransen« in arabeskes Rankenwerk einer noch nicht aufgegebenen Verhaftung in der orientalischen Ornamentik.

Die Baukunst

»Hajastan — karastan« — »Armenien, ein Steinland«, sagt eine armenische Redensart. Eine fromme Legende erklärt den Steinreichtum des Landes damit, daß sich die Armenier zu spät einstellten, als Gott die Erde unter die Völker verteilte. Da blieb dem Herrn keine andere Wahl, als den Sack auszuleeren, in dem sich die Erde befunden hatte: die übriggebliebenen schweren Steine wurden zum Heimatboden der Armenier. Armeniens Steine sind ein Fluch für seine Bauern, die sie erst tonnenweise von den Äckern sammeln müssen, damit sie diese bestellen können. Für die armenischen Steinmetze stellten sie jedoch stets eine Herausforderung dar.

Gebaut wurde und wird in Armenien vor allem mit dem leicht zu bearbeitenden Tuff, einem Gestein vulkanischen Urspungs. Armenischer Tuff tritt in zahlreichen Farbvarianten von Schwarz bis Weiß auf; am häufigsten aber sind die rosafarbenen Nuancen. Seltener wurde Basalt, ebenfalls ein vulkanisches Gestein, verwendet. Ziegelbauten kamen, unter persisch-safawidischem Einfluß, erst ab dem 17. Jahrhundert und vornehmlich im iranischen Teil Armeniens auf.

Die Christianisierung Armeniens setzte nicht nur eine rege Bautätigkeit in Gang, sondern führte auch zu einer tiefgreifenden technischen Zäsur: Die Bauten wurden nun nicht mehr in massiven Quadern ausgeführt, wie sie bei den noch erhaltenen urartäischen Bauten zu sehen sind, sondern als Gußmauerwerk: Sein Kern besteht aus einem Gemenge von Mörtel und Steinen und wird an beiden Seiten fast fugenlos mit Werksteinplatten verschalt. Diese Mauertechnik besaß gegenüber der Quaderbauweise die großen Vorzüge, sowohl sparsamer als auch erheblich erdbebenfester zu sein. Zwar war das Gußmauerwerk in der Antike bereits den Römern bekannt gewesen, doch von den zeitgenössischen Techniken unterscheidet sich das armenische Gußmauerwerk erheblich: Während in Europa und besonders in Byzanz die Mörtelfugen geradezu betont wurden, sind sie in Armenien kaum sichtbar, weshalb auch auf Putz verzichtet werden konnte. Da mit Ausnahme des 1969 bis 1975 rekonstruierten Tempels von Garni (77 n. Chr.) sowie des spätantiken Badehauses (2. Hälfte des 3. Jhs.) der königlichen Sommerresidenz von Garni keine nennenswerten Beispiele vorchristlicher Architektur Armeniens erhalten sind, fällt es schwer zu beurteilen, inwieweit bautypologische Traditionen fortgeführt beziehungsweise durchbrochen wurden.

Wie in der Sakralbaukunst der übrigen christlichen Kulturen Kleinasiens und des Mittelmeerraums steht am Anfang der armenischen Bauentwicklung das longitudinale Schema: einschiffige, tonnengewölbte Saalkirchen mit einer fensterlosen, oft wie in syrischen Kirchen hufeisenförmigen Apsis und offenen Galerien an den Längsseiten; oder dreischiffige Basiliken, die – ebenfalls nach syrischem Vorbild – zwei rechteckige Räume neben dem Altar aufweisen (z.B. Jereruk, Dwin, Tekor, Aschtarak, 5./6. Jh.). Bei den Basiliken überwiegt der orientalisch-kleinasiatische Typus. Er unterscheidet sich vom römisch-hellenistischen darin, daß alle drei Schiffe von einem Sattel- oder Pultdach überwölbt werden und keine Lichtgaden vorhanden sind, so daß der Innenraum dunkel und nicht – wie in Basiliken des westlichen Typus — lichtdurchflutet ist. Von der antiken Tempelbauweise wurden die drei- bis siebenstufigen Fundamente übernommen, auf denen fast alle armenischen Kirchen errichtet sind.

Bereits im 5. Jahrhundert setzte sich zunehmend das Kuppelgegenüber dem Tonnengewölbe durch. In allen Ostkirchen wurde der zentrale Kuppelbau zum vorherrschenden Bauprinzip, doch spricht manches für die vor allem von georgischen Kunsthistorikern geäußerte Vermutung, daß es sich bei dieser frühen Anwendung der komplizierten Kuppeltechnik im christianisierten Transkaukasus um die »Übersetzung« weit älterer profaner Holzbautechniken in die sakrale Steinbauweise gehandelt habe. So wurden bei archäologischen Ausgrabungen in Transkaukasien Wohnbauten aus dem 3. vorchristlichen Jahrtausend freigelegt, die ein zentrales »Kuppelgewölbe« trugen. Der römische Baumeister Vitruvius (1. Jh.v.Chr.) nannte diesen Typus »kolchisches Haus«; eine andere Bezeichnung lautet »pontisches Haus«, was bereits die weite Verbreitung an der südöstlichen Schwarzmeerküste verdeutlicht. Der fragliche Hausbautypus war jedoch weit über die antike Kolchis, also das heutige Westgeorgien, hinaus verbreitet. Im Armenischen Hochland bildete er ebenfalls die archaischste, bis in das 20. Jahrhundert hinein auftretende Form des Bauernwohnhauses mit einer einzigen großen Wohn- und Schlafstube, in deren Mittelpunkt sich eine Öffnung (arm. »Jerdik«) zur Beleuchtung, Belüftung beziehungsweise zum Rauchabzug befindet. Es handelt sich um ein Scheingewölbe aus Holzbohlen, das im Armenischen »hasaraschen« — »Tausendfachbau« — wegen der Vielzahl der übereinandergefügten Holzstücke genannt wird; der Jerdik ruht auf einem oder zwei hölzernen, durch Schnitzwerk meist reich verzierten Pfosten.

Kreuzkuppelbasilika von Odsun; 6. oder 7. Jh.

Auf die Steinbauweise übertragen, ergaben sich Kuppel- und Turmkonstruktionen, die den transkaukasischen Sakralbau Armeniens beziehungsweise Ostgeorgiens und Albaniens erheblich von den flach gewölbten Kuppeln der Byzantiner unterscheiden. In Armenien wird das Kuppelgewölbe nur im Innern der Kirche sichtbar. Sie erhebt sich über einem polygonalen, anfangs sechs-, häufiger achteckigen, ab dem 9. Jahrhundert auch runden Tambour (Trommel), der auf Trichternischen ruht, die im Unterschied zur orientalischen Trompe oft aus fächerförmig aneinandergelegten und vergossenen Platten gebildet sind. In der zweiten Hälfte des 7. Jahrhunderts treten erstmals Pendentifs (Hängezwickel) anstelle der Trompen auf, zum Beispiel bei der auch sonst byzantinisch beeinflußten Bischofskathedrale von Swartnoz. Ab dem 9. Jahrhundert lösen dann die Pendentifs das Trompensystem allmählich ganz ab. Trompen und Pendentifs sind bautechnische Lösungsvarianten, um vom Rechteck des Unterbaus zum Rund des Vierungsturms oder Tambours überleiten zu können. Bei den byzantinischen Zentralkuppel-

bauten war das Pendentif-System von Anfang an üblich. Obwohl sowohl der iranische, als auch griechisch-römische Tempel als Zentralkuppelbauten errichtet wurden, gibt es in beiden Kulturkreisen keine Parallelen zum armenischen Tambour.

Von außen wurden die armenischen Kirchenkuppeln meist von einer kegelförmigen, ab dem 11. Jahrhundert auch schirmartigen Kuppelhaube ummantelt, die den transkaukasischen Kuppelkirchen ihr einzigartiges, unverwechselbares Aussehen verleiht. Die Kuppelkirchen wurden, vor allem in Verbindung mit Zentralbauten, zum Inbegriff des armenischen Gotteshauses schlechthin. Sie treten in zahlreichen Varianten auf: als ein um Kreuzarme oder Apsiden erweitertes Quadrat beziehungsweise Rechteck, als Drei- und vor allem als Vierpaß, seltener als radiale Sechs- und Achtpaßformen, wie sie im benachbarten Anatolien und Byzanz beliebt waren.

Während die römische Gemeindehalle zum Prototypus der einschiffigen wie der basilikalen christlichen Architektur wurde, setzte sich die Zentralbauweise am frühesten bei Baptisterien und den im Zuge des Märtyrer- und Heiligenkults errichteten Gedächtnisbauten (Martyria) durch. Außer den frühchristlichen Memorialbauten und dem transkaukasischen beziehungsweise »pontischen« Wohnhaus gab es jedoch noch einen dritten, nämlich iranischen Impuls für den armenischen Zentralkuppelbau. Der altarmenische Historiker Agathangelos übermittelt eine dem heiligen Grigor in den Mund gelegte Vision, in der dem Erleuchter Armeniens nicht nur die Bauplätze für die Gedächtniskirchen offenbart wurden, die er himmlischer Weisung gemäß in Etschmiadsin für die heilige Hripsime und ihre 36 Gefährtinnen errichten sollte, sondern auch deren Bauweise: überkuppelte Zentralbauten, deren Vorbilder ganz offenkundig die iranischen Feuertempel darstellten:

Vor dem Königspalast sah ich einen runden goldenen Sockel, breit wie ein Plateau, von dem sich eine mächtige Feuersäule erhob, mit einem Wolkenkapitell und darüber einem Flammenkreuz. Und ich sah drei andere ähnliche Postamente an den Orten, wo die Jungfrauen ihr Martyrium erlitten hatten... Diese Postamente waren von blutroter Farbe... Über den vier Säulen vereinigten sich wunderbare Jochbögen, und auf den Bögen sah ich einen Kuppelbau in der Form eines Zeltes aus Wolken... Unter diesem Zelt sah ich die siebenunddreißig heiligen Märtyrerinnen von unaussprechlicher Schönheit in ihren leuchtend weißen Gewändern... Auf der Höhe des Baues sah ich den göttlichen Thron ganz aus Feuer, wo sich das Kreuz des Weltenherrn erhob...

Die Entwicklung der armenischen Zentralbauten führte zur überkuppelten Kreuzkirche, bei der sich die Kuppel über dem Schnittpunkt der Achsen erhebt. Dem Grundriß dieser Kirchen lag entweder ein freies, also auch von außen sichtbares oder ein in das Quadrat beziehungsweise Rechteck der Außenmauern eingeschriebenes Kreuz zugrunde, das von außen ummantelt war. Die Innenraumgestaltung variiert stark: Die Kreuzarme können rechteckig abschließen oder wurden zu Apsiden (Konchen) umgewandelt, die polygonal beziehungsweise hufeisenförmig, meist jedoch halbrund enden. Bei komplizierten Anlagen befinden sich vier Ecknischen zwischen den Apsiden oder Kreuzarmen (z.B. Awan, 590/609; Hripsime-Kirche von Etschmiadsin, 618), die zu Nebenräumen überleiten. Die beiden östlichen Nebenräume dienten, wie in allen frühchristlichen Kirchen, als Pastophorien, also als Prothesis (Voraltar zur Vorbereitung des Meßopfers) und Diakonikon (Sakristei) zur Aufbewahrung der liturgischen Geräte und Bücher. Die zwei westlichen Eckräume wurden als Baptisterien, zum Aufenthalt der Vorbeter, des Adels oder als Frauenräume benutzt. Die Kuppel ruhte auf den Außenmauern beziehungsweise Konchen oder auf freien Stützen, die in Armenien stets als Pfeiler ausgeführt wurden. Der auf eine Vision Grigor des Erleuchters zurückgeführte Vierstützenbau gilt als archaischste Variante des Kuppelbaus. Als sehr produktive statische Lösung erwies sich indessen die Kuppelhalle. Bei diesem schon ab dem 6. Jahrhundert belegten Kirchentypus wurden die hohen, massiven Stützpfeiler an die Seitenwände gebunden (z.B. Ptrni, Arutsch; beide 7. Jh.).

Eine komplizierte Weiterentwicklung des Tetrakonchos (Vierapsiden- bzw. Vierpaßbaus) mit vier freien Kuppelstützen und freiem Umgang stellen die Rundkirchen dar. Das bekannteste

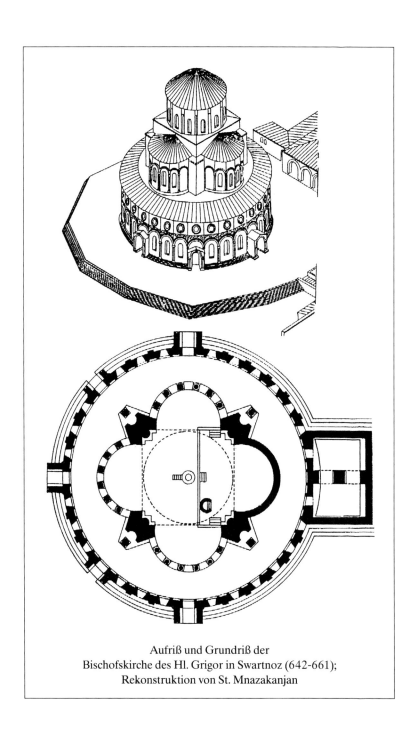

Aufriß und Grundriß der
Bischofskirche des Hl. Grigor in Swartnoz (642-661);
Rekonstruktion von St. Mnazakanjan

armenischen Beispiel ist die Bischofskirche des hl. Grigor von Swartnoz (642–661). Ihr Vorbild war vermutlich die Kirche der hl. Sergios und Bacchos (um 515) in Konstantinopel, ein Martyrion wie auch die Grigorkirche von Swartnoz selbst. Freilich erwies sich der monumentale Rundbau als ungeeignete Form in der Geschichte der armenischen Baukunst. Die Kathedrale von Swartnoz und ihr Nachfolgerbau, die Grigorkirche des Königs Gagiks (auch: Gagikaschen) in Ani (1000), stürzten schon bald bei Erdbeben ein. Offenbar war diese Konstruktion für das erdbebenintensive Armenien wenig geeignet. Lediglich die Rundkirche von Bana (881) in der nordostarmenischen Provinz Tajk hielt sich bis in das frühe 20. Jahrhundert, wohl dank eines doppelt verstärkten Unterbaus.

Im 7. Jahrhundert, dem Goldenen Zeitalter der klassischen armenischen Sakralarchitektur, war bereits eine erstaunliche Vielfalt unterschiedlicher Zentralkuppelbauten entwickelt, ebenso Mischformen zwischen Längs- und Zentralbauten (Kuppelbasiliken, Kuppelhallen). Die Leistung der armenischen Baumeister bestand J.-M. Thierry zufolge dabei weniger in der Entwicklung gänzlich neuer Formen, als vielmehr darin, bereits bekannte Verfahren – zum Beispiel aus der Mausoleumsarchitektur des späten römischen Kaiserreichs sowie die der frühchristlichen Zentralbauten – für große Kirchen nutzbar zu machen. Dieser Formenkatalog war bereits abgeschlossen, bevor 640 die Araber in Armenien einfielen. Alle weiteren Entwicklungen, vor allem ab dem 10. Jahrhundert, erfolgten eher in den Details der Außenbaugliederung und der Dekoration, denn als Erweiterung des ursprünglichen Formenbestands.

Ab dem 9. Jahrhundert schwand, ähnlich wie in anderen Bereichen der Kultur, auch in der Baukunst die Einheitlichkeit der Entwicklung. Die politische Zerstückelung des Landes, das nie wieder zu einer starken, zentralen Regierung aller armenischen Gebiete fand, löste einen regelrechten Provinzialismus mit unterschiedlichen Regionalstilen aus. Einige gemeinsame Tendenzen sind dennoch erkennbar, so die Aufgabe basilikaler

Strukturen, die erst im 17. und 18. Jahrhundert neu belebt wurden, und der nichtummantelten Tri- und Tetrakonchen.

Vom 10. bis zum 13. Jahrhundert erfolgten intensive Aus- und Neubauten der Klöster. Dem armenischen Mönchstum lagen zwar die Regeln des hl. Basileios zugrunde, es war jedoch ebenso stark von orientalischen, vor allem syrischen Auffassungen geprägt, also von Askese und Einsiedlertum anstelle eines ständigen Zusammenlebens (Koinobion) der Mönche nach festen Ordensregeln. Bis zum Hochmittelalter hatte sich allerdings die koinobitische Form des Mönchtums durchgesetzt: An die 2000 Klöster bestanden damals, deren Einkünfte sowohl aus eigenem Landbesitz wie von abgabepflichtigen Bauern stammten; auch finanzierten sie sich aus Schenkungen und Spenden. Die vor allem nach der Befreiung Nordarmeniens von den Seldschuken ab Ende des 12. Jahrhunderts einsetzende rege Bautätigkeit führte zu etlichen Neuerungen: Vielen Kloster- und Wallfahrtskirchen wurde westlich eine Halle (arm. *gawit* oder *schamatun*) vorgebaut, die in der Regel niedriger, in ihrer Grundfläche aber oft erheblich größer als die Kirche selbst war. Dieser Vorbau erfüllte unterschiedliche Zwecke: als Versammlungsort der Mönche, später auch als Gerichtssaal oder Unterrichtsraum. Es ist ferner anzunehmen, daß, ähnlich wie in Byzanz, mit Kirchenstrafen belegte Mönche und Laien dem Gottesdienst nur von der Vorhalle aus beiwohnen durften.

Da die Regeln des Basileios vorschrieben, daß Tote nicht näher als 30 Schritte bei einer Kirche begraben werden durften, andererseits aber durch das Stifterwesen auch das Bedürfnis gewachsen war, Wohltäter, Angehörige des regionalen Adels sowie hohe geistliche Würdenträger in größtmöglicher Nähe zum Altar beizusetzen, bot die halbprofane Vorhalle, die in diesem Fall

Kloster Sanahin, Schamatun (Vorhalle) der Erlöserkirche (1181) mit vier Rundpfeilern.

Schamatun genannt wird, einen Kompromiß. Die früheste Form des Gawit beziehungsweise Schamatun war die longitudinale, tonnengewölbte und zum Teil durch Pfeilerreihen in mehrere »Schiffe« gegliederte Halle, die aber schnell quadratischen oder rechteckigen Vier-Pfeiler-Bauten mit zentraler Lichtquelle aus einem Jerdik wich; der Jerdik wurde in späteren Jahrhunderten durch kleine Aufbauten (»Laternen«) vor Wetter und Regen geschützt. Die Vier-Pfeiler-Halle erinnert am stärksten an das profane Vorbild des »Hasaraschen«-Wohnhauses. Relativ häufig trat bei den Gawitner die zentrale Kuppelhalle mit Wandpilastern oder einer vermutlich der arabisch-omaijadischen Architektur entlehnten Rippenkonstruktion mit Spitz- oder Rundbögen und sich rechtwinklig kreuzenden Bogenpaaren auf, oft kombiniert mit zwei freien Stützen (z.B. Schamatun der Kirche des Hl. Zeichens, Hachpat; 1210).

Auch die Innenraumgestaltung der Kloster- und Wallfahrtskirchen änderte sich entsprechend der wachsenden Bedeutung des Stifterwesens im Hochmittelalter. Vom 10. Jahrhundert an wurde es üblich, für Spender eine Messe zu lesen. Nach den armenischen Kirchenregeln durfte jedoch nur einmal pro Tag eine Messe auf dem Altar gelesen werden, was dazu führte, daß Nebenaltäre in den Seitenräumen errichtet beziehungsweise außer den traditionellen östlichen Pastophorien auch neben dem Westeingang − zum Teil sogar zweigeschossige − Nebenräume mit Altären gebaut wurden.

Eine weitere Neuerung stellten ab dem 13. Jahrhundert die Glockentürme dar, die den Ostkirchen zunächst unbekannt waren. Man rief die Gläubigen durch Klappern und Klopfbretter (arm. *kotschnak*) zum Gottesdienst, in Anlehnung an Noah, der ebenfalls mit einem Klopfbrett zur Rettung auf die Arche gerufen haben soll. Ab dem 10. Jahrhundert wurden kleine Glocken in offenen Dachaufsätzen über dem Vorraum beziehungsweise über dem Eingang angebracht. Freistehende steinerne Glockentürme nach dem Vorbild der französischen Romantik wurden in Byzanz Ende des 9. Jahrhunderts eingeführt und von

Georgien übernommen. In Armenien griff im 13. Jahrhundert die an Georgien angrenzende Provinz Gugark diese Neuerung auf – zum Beispiel der Glockenturm des Klosters Hachpat –, gefolgt von den südostarmenischen Provinzen Sjunik und Arzach im 14. Jahrhundert. In Südarmenien tauchten Glockentürme erst viel später auf, nämlich im 17. Jahrhundert. Meistens wurde der Glockenturm der Kirche westlich, bisweilen auch südlich vorgesetzt, aber nur so hoch gebaut, daß er die Hauptkuppel nicht überragte. Dieser Turmtypus besteht aus einem Portikus, einem Obergeschoß sowie einer offenen Rotunde mit den Glocken (z.b. Etschmiadsin, Hauptkathedrale des Klosters und Kirche der hl. Hripsime: Glockentürme des 16./17. Jhs.).

Im 13. und 14. Jahrhundert machte sich ansatzweise eine der westeuropäischen Gotik verwandte Neigung zur betonten Vertikalität bemerkbar. Die Höhe der ursprünglich gedrungenen Tamboure steigt, ihr Durchmesser dagegen verringert sich. Vor allem im 14. Jahrhundert drückt sich dies auch in der wachsenden Zahl mehrgeschossiger Bauten – Bibliotheken, Mausoleen beziehungsweise Grabkapellen, Glockentürme – aus, ohne daß es zu einer völligen Stilwandlung vergleichbar der Ablösung der westeuropäischen Romanik durch die Gotik gekommen wäre. Die bis zum 7. Jahrhundert entwickelten Bauformen des Kreuzkuppelbaus sowie die Mischformen von Längs- und Zentralbauten behielt man im wesentlichen bei.

Die Leitidee des intensiven und dabei konservativen armenischen Kirchenbaus war ein Gotteshaus, dessen Formen in der kunstgeschichtlichen Literatur bisweilen als »kristallin« bezeichnet wurden: Es besitzt eine kegelförmige, meist zentrale Hauptkuppel, unter der sich die tonnengewölbten, von Satteldächern bedeckten Arme gruppieren. Als Vorbild sahen manche Autoren die Vulkankegel der höchsten Gipfel des Armenischen Hochlandes; andere dagegen führten diese strenge Symmetrie auf die armenische Neigung zur Abstraktion, zur Geometrie und zum mathematischen Denken zurück. Die meist ummantelten Apsiden unterstreichen den monolithischen, kubischen Charakter armenischer Kirchen sowie den Gegensatz zur byzantinischen Bautradition, der sich auch das benachbarte Georgien trotz sonst zahlreicher Gemeinsamkeiten mit Armenien anschloß. In Georgien treten häufig, wie bei den byzantinischen Vorbildern, die Apsiden vor die Mauerflucht und bewirken damit eine stärkere Gliederung und Auflockerung der Fassaden. Armenien folgte dagegen orientalischen und vor allem syrischen Auffassungen. Sie führten zu einem krassen Gegensatz zwischen der Außen- und der Innenraumgestaltung: Von außen wirken armenischen Kirchen klar und einfach gegliedert, fast festungsgleich in ihrer Geschlossenheit: eine Burg Gottes. Lediglich der Tambour und die Fassaden werden durch Blendarkaden geschmückt. Ab dem 7. Jahrhundert bilden die für Armenien charakteristischen Dreiecks- oder prismatischen Nischen ein zusätzliches Gliederungselement. Sie dienten anfangs bei ummantelten Kuppelkirchen zur äußeren Markierung der Apsis sowie zur Verringerung der Mauermasse zwischen der Apsis und den Eckräumen. Seit Ende des 9. Jahrhunderts erscheinen sie auch an den Seitenfassaden auf der Höhe der Innenpfeiler (z.B. Kuppelhallen von Schirakawan, um 893, und Noradus, um 900; Kathedrale von Ani, 989−1001).

Die Innenraumgestaltung zeigt dagegen eine überraschend komplizierte und vielfältige Gliederung, wobei die Einheit zwischen dem Sakral- und dem Gemeindebereich (Schiff) nie völlig aufgegeben wurde. Zwar ist der Altarbereich stets bühnenartig erhöht (Exedra), aber er wird den Blicken der Gläubigen nicht durch eine Bilderwand (Ikonostase), eine Voraltarschranke oder einen Lettner entzogen wie bei den Byzantinern, Russen oder Georgiern. Dem mittelalterlichen Philosophen Howhannes Pilipossa zufolge galt die Vorschrift, wonach der Altartisch aus Stein und unbeweglich sein mußte. Dieser Steinaltar wurde

Gotikähnliches Höhenstreben: Zweigeschossige Mausoleumskirche der Hl. Gottesmutter (1339) im Kloster Norawank/Amaru. Muttergottes mit Erzengeln im Tympanon des unteren Westeingangs.

im Zentrum der Ostapside so aufgestellt, daß die Geistlichen ihn während der Liturgie umschreiten konnten. Der Vergleich des Altarbereiches mit einer Bühne drängt sich auch durch die Vorhänge auf, die man seit dem 8. Jahrhundert benutzte, um den gesamten Altarraum zu bestimmten Höhepunkten der Liturgie – zum Beispiel während der Wandlung – oder während der Karwoche zu verhüllen. Sämtliche armenischen Kirchen sind mit dem Altar nach Osten ausgerichtet. Obwohl die Ostung kein ausschließliches Merkmal Armeniens darstellt, wird sie dort als Relikt des im Christentum untergründig fortbestehenden Sonnen- und Lichtkults aufgefaßt. Der Haupteingang lag dementsprechend meist dem Altar westlich gegenüber, manchmal aber auch, nach syrischem Brauch, im Süden, wo sich das heilige Jerusalem befindet.

Bei den Ausmaßen ihrer Kirchen strebten die Armenier niemals jene Monumentalität an, die gotische Dome und Kathedralen erreichten. Die armenischen Baumaße blieben gewollt bescheiden, sozusagen menschlich, selbst bei den eindrucksvollsten Repräsentativbauten. Der Zentralkuppelbau unterstreicht die Intimität und Geschlossenheit dieser gleichermaßen für Menschen wie für die Gottheit errichteten Räume. Der höchste Punkt erhebt sich nicht über dem Altar, sondern im Zentrum, über der Gemeinde. Geschlossenheit, Geborgenheit und Sammlung beherrschen den Raumeindruck. In diesen Kirchen sind Gläubige ganz anders »bei sich«, als in einer gotischen Kathedrale, wo sie sich im Wald der Säulen fast verlieren. Wie Südeuropäer sind auch Armenier in ihren Kirchen und bei Gott »zu Hause«. Der vertraute Umgang mit Ihm und mehr noch mit der Gottesmutter zeigt sich im Kommen und Gehen (auch während der langwierigen Gottesdienste); Kinder dürfen spielen, quengeln oder lachen. Schwalben, die in der Kuppel oder Apsis-

Die Innenraumgestaltung armenischer Kirchen ist schlicht, der Schmuck beschränkt sich meist auf ein Marienbild über dem Altar wie hier in der Hripsime-Kirche von Etschmiadsin.

wölbung nisten, werden niemals vertrieben, sondern als heilige Vögel, die die Treue verkörpern, geduldet, trotz ihres Kots.

Der Geschlossenheit und Strenge der kristallinen Bauform entsprach die sparsame Verwendung von Baudekor, der in Armenien in aller Regel als Flachrelief ausgeführt wurde und sich, wie bei den syrischen Kirchen, zunächst auf die Verzierung von Friesen, Türen und Fenstern beschränkte. Später wurden auch der Tambour sowie vor allem die Ostfassade mit Bauschmuck versehen.

Das bekannteste, wenngleich nicht sehr typische Beispiel armenischer Bauplastik stellt die Heilig Kreuz Kirche (Surb Nschan) von Achtamar dar; der berühmte Baumeister und Mönch Manwel errichtete sie innerhalb von sechs Jahren (915–921) im Auftrag des Waspurakaner Königs Gagik Arzruni neben dessen Residenz. Ein lebensgroßes Stifterbildnis an der Westfassade, als Hochrelief ausgeführt, zeigt den Herrscher in Prunkgewändern, wie er Christus das Modell der Kirche darbringt. Dem Prestigecharakter dieser Hofkirche entspricht ihre überreiche Ausschmückung mit Reliefs und Fresken im Inneren. Der Baudekor wurde in mehrere Register gegliedert, dessen größtes alttestamentarische Szenen enthält wie das Isaaksopfer, die Opferung des Propheten Jonas an ein geflügeltes Seeungeheuer, Daniel in der Löwengrube und die Benennung der Tiere durch Adam. Es handelt sich vorwiegend um Szenen der Erlösung durch bedingungsloses Gottvertrauen, wie sie der frühchristlichen, nicht aber der zeitgenössischen byzantinischen Kunst geläufig waren. Das nächste höhere Register zeigt Tierkampfszenen, darüber ein Fries aus Weinranken mit»Trauben, Winzern, Versammlungen von Tieren und Reptilien, nach Arten geordnet, deren Darstellung den Blick erfreut«. Ananun Arzruni, der anonyme Chronist aus dem Herrschergeschlecht Waspurakans, von dem

Eindrückliches Beispiel armenischer Bauskulptur:
Die Palastkirche des Heiligen Zeichens auf Achtamar
im Wan-See: Stifterporträt König Gugiks; unten: Details der Friese.

eine Geschichte des Hauses Arzruni von 880 bis 940 überliefert ist, schrieb die Bauskulpturen der Achtamar-Kirche dem Baumeister Manwel zu:

Der genannte Mönch unterstützte den König mit seiner Begabung und hat dort die vollkommen entsprechenden Bilder von Abraham bis David und Christus, die Reihe von Propheten und Apostel dargestellt, jeden nach der Regel, bewundernswürdig anzuschauen. Er schuf und vereinigte in den Teilen der Kirche Massen von wilden Tieren und Vögeln, Wildschweinen und Löwen, Stieren und Bären gegenüber, die Gegensätze der Natur zeigend.

Es ist anzunehmen, daß Manwel die Bauarbeiten einschließlich der Ausschmückung der Kirche zwar leitete, daß er aber an der Ausführung zahlreiche, möglicherweise sogar muslimische Meister beteiligte. Dafür spräche auch die archaisierende Betonung des Alten Testaments, das ja die Grundlage sowohl der islamischen, als auch der christlichen Offenbarungsreligion ist. Stilistisch ähneln die fettleibig-plumpen Körper des Baudekors und der Monumentalmalerei der arabischen Malerei des Abbasiden- und Omaijadenkalifats. Das bei den Einzelfiguren angewandte, sonst für die armenische Bauskulptur ungewöhnliche Hochrelief geht auf parthische, das Repertoire schimärenhafter Tiere (Widder-Vogel, geflügelter, drachenartiger Fisch) auf sassanidische Einflüsse zurück. Dem Inhalt und Stil ihres Schmuckes nach stellt die Heilig Kreuz Kirche ein einzigartige Verbindung arabisch-iranischer, vorislamischer, frühchristlicher sowie lokaler armenischer Traditionen dar und »darf nicht als ein für die armenische Kunst charakteristisches Monument angesehen werden. [...] Wie die meisten königlichen Prestigebauten fällt diese Kirche durch ihren kosmopolitischen Charakter aus dem Normenkanon der gängigen Kunst heraus.« (J.-M. Thierry)

Die Wirkung dieses Gesamtkunstwerks aus Malerei, Bauskulptur und Architektur, die durch seine exponierte Lage auf einer Insel noch gesteigert wurde, war beträchtlich. Sie wurde noch dadurch erhöht, daß die Augen der Figuren einst mit Türkiskugeln ausgelegt und die Bildreliefs farbig waren. Es wird sogar be-

310

richtet, daß die Reliefs der Kirche früher vollkommen vergoldet waren:

> Die Überreste davon sieht man noch stellenweise, so daß die Kirche durch den Reflex der Sonnenstrahlen als eine zweite Sonne auf dem blauen See glänzte und von weitem sichtbar war. Die Überlieferung erzählt, daß man die ganze Kirche, um die Farben zu schützen, von außen mit einer perlengeschmückten Decke schirmte, die eine Frau gestickt und der Kirche geschenkt hatte.
>
> (Ipsiroglu, 1963)

Von diesem fabelhaften Reichtum läßt sich heute kaum noch etwas ahnen. Aber nicht nur die Heilig Kreuz Kirche von Achtamar wird von wachsender Baufälligkeit bedroht. Der Geist der Toleranz, der einst Menschen offenbar unterschiedlichen Glaubens in der Anstrengung vereinte, herausragende Denkmäler zum Ruhme Gottes (und der armenischen Stifter) zu errichten, ist längst dem der Zerstörung und dem engstirnigen nationalen Wahn gewichen. Die Türkei tut sich mehr als schwer, die Existenz anderer Kulturen auf ihrem derzeitigen Staatsgebiet anzuerkennen, selbst wenn es sich um untergegangene, vernichtete Kulturen handelt. Griechische, georgische und armenische Kirchen und Klöster von internationaler kunsthistorischer Bedeutung werden mutwillig vernachlässigt oder sogar bewußt zerstört, so als könnte damit ein weiteres Zeugnis für die nichttürkische Vergangenheit Kleinasiens beziehungsweise des sogenannten »Ost-Anatolien« getilgt werden. Abgesehen von den Zerstörungen armenischer Gotteshäuser während der Armenierverfolgungen im Osmanischen Reich 1894 bis 1915 sowie nach dem Völkermord gab es seit 1945 einige Fälle, in denen Angehörige der türkischen Armee Sakralbauten sprengten – zu Übungszwecken.

Die bekanntesten Beispiele armenischer Architektur stellen das Kloster Chtsgonk (9.– 11. Jh.), die Kirche des Klosters der Heiligen Gottesmutter bei Ani (13. Jh.), Bagaran (7. Jh.) und Arakeloz (14. Jh.) dar. Historischen Quellen zufolge hatten die tiefe Frömmigkeit und der Baueifer der Armenier im Armenischen Hochland Tausende von Sakralbauten hervorgerufen. 1036 davon wurden im Zeitraum von 1915 bis 1922 dem Erdboden gleichgemacht, 691 weitere halb zerstört, oft nur deshalb, weil sich unter der muslimisch-türkischen Bevölkerung hartnäckig der Irrglaube hielt, die Armenier hätten Schätze in ihren Kirchen versteckt. Obwohl die Türkei mehrere internationale Abkommen unterzeichnet hat, in denen sie sich zum Schutz des Kulturgutes von Minderheiten verpflichtete, unternimmt sie nichts, um zu verhindern, daß Bauern durch Steinraub ganze Kirchen abtragen, oder daß sakrale Baudenkmäler als Moscheen, Gefängnisse, Toiletten, Ställe, Kornspeicher und Bauernhöfe zweckentfremdet werden, wobei die Umwandlung in ein Museum oder eine Moschee – letzteres unter Abriß der Altarapside – noch die »schonendste« Form der Profanisierung beziehungsweise Zweckentfremdung darstellt.

Nicht weniger bedroht sind armenische Baudenkmäler in jenen Gebieten Ostarmeniens, die seit den 20er Jahren aserbeidschanischer Herrschaft unterstehen: in Arzach und besonders in Nachitschewan, dessen armenische Bevölkerung schon zwischen dem Ersten und Zweiten Weltkrieg weitgehend vertrieben wurde. Bis 1978 wurden in diesem kleinen Landstrich 30 armenische Baudenkmäler, darunter 19 Kirchen und drei Kathedralen, vernichtet. Die als Meisterwerke armenischer Steinmetze weltweit berühmten Kreuzsteine – in Nachitschewan entstand ein eigener Regionalstil – wurden zu Tausenden zerschlagen und die Bruchstücke für den Straßenbau benutzt. Von den 1600 amtlich registrierten Bau- und Kulturdenkmälern Arzachs werden nur 64 vom Staat unterhalten; es handelt sich dabei überwiegend um muslimisches Kulturgut des 17. und 18. Jahrhunderts. Die Mehrzahl christlich-armenischer Sakralbauten ist, wie das im 4. Jahrhundert gegründete Kloster Amaras, dem Verfall oder mutwilliger Zerstörung preisgegeben, woran selbst die 1988 neu aufgeflammte Protestbewegung der Arzacher Armenier bisher wenig hat ändern können.

Daß es sich in der Türkei und Aserbeischan um nationalistisch und keineswegs um religiös motivierte Zerstörungsakte handelt, belegt das positive Gegenbeispiel des Iran: Sowohl unter der Monarchie der Pahlewis als auch in der Islamischen Republik Iran wurden armenische Sakralbaudenkmäler in dem zum Iran gehörigen kleinen Teilstück des historischen Armenien geschont und zum Teil sogar restauriert. Schah Resa Pahlewi II. ließ für armenische Pilger eine zum Wallfahrtskloster des hl. Thaddeus führende Straße ausbauen. Die heutige iranische Regierung erlaubt die Erforschung und Pflege der christlich-armenischen Kulturdenkmäler, ganz im Gegensatz zur Türkei. Eine ehrfürchtige, fromme Scheu, die Gotteshäuser Andersgläubiger zu verwüsten und zu entehren, findet sich indessen auch bei einfachen Bauern in der Türkei, vor allem bei Kurden, die in vielen Fällen mit den Dörfern ihrer 1915 ermordeten und vertriebenen armenischen Nachbarn beziehungsweise Vorgänger auch deren Kirchen und Kapellen übernahmen. Pietät hält sie meistens davon ab, diese Bauten zu zerstören. Ganz im Unterschied dazu steht die Haltung nationalistisch motivierter türkischer (Kunst)Historiker, die der kleinasiatischen Kulturgeschichte eine inzwischen auf fünf Jahrtausende zurückdatierte türkische Präsenz zugrundelegen; soweit noch vorhanden, wird das vor- und nicht-türkische Kulturerbe in dieses Raster eingebaut, mit oft wahrhaft grotesken Verzerrungen der geschichtlichen Tatsachen. Am häufigsten aber wird die einstige Präsenz von Armeniern, Griechen, Georgiern und anderen Völkern schlichtweg unterschlagen, verschwiegen, geleugnet.

Derart von der nationalen Unduldsamkeit ihrer türkischen Nachbarn bedroht, haben die Baudenkmäler der Armenier praktisch nur in der Republik Armenien Überlebensaussichten. Abgesehen von der zum Glück kurzfristigen atheistischen Zerstörungswut der 20er Jahre, der zahlreiche Kirchen zum Opfer fielen, besaß die armenisch-apostolische Kirche nach dem Zweiten Weltkrieg recht günstige Möglichkeiten zur Denkmalspflege. Der Erhalt und die Restauration sakraler Baudenkmäler lag auch dem derzeit amtierenden Katholikos Wasgen I. stets am Herzen, weswegen ihn die kirchliche Nationalversammlung von 1962 mit dem Titel »Erbauer-Katholikos« ehrte. Nur einmal zuvor war in der armenischen Kirchengeschichte dieser Titel einem Katholikos verliehen worden, nämlich Nerses III. (641−662), dem Stifter der Grigor-Kathedrale von Swartnoz.

Daß wir die armenische Baukunst als zentralen Ausdruck armenischer Kulturtätigkeit vor allem mit Kirchen und Klöstern verbinden, liegt nicht zuletzt daran, daß von der profanen Baukunst weit weniger erhalten blieb. Denn im Unterschied zur nationalistisch motivierten Neuzeit galten den Eroberern des Mittelalters die Gotteshäuser andersgläubiger Feinde fast immer als sakrosankt. Festungen, Zitadellen und Stadtmauern dagegen wurden geschleift, falls die Eroberer nicht beabsichtigten, sich dauerhaft niederzulassen. Wohnhäuser, Gasthöfe, Handelshäuser, öffentliche Bäder und Mühlen litten bei Kriegshandlungen oder wurden zerstört, wenn die Eroberer die Besiegten vertreiben wollten. Die meisten Beispiele weltlicher armenischer Architektur finden sich in der einstigen Bagratidenhauptstadt Ani. Die Anfänge der seit dem 5. Jahrhundert unter diesem Namen belegten Festung sollen bis auf die Urartäer zurückgehen. Wie viele armenische Zitadellen wurde Ani in 1500 m Höhe auf einer dreieckigen Felszunge errichtet, die an ihren zwei Längsseiten in tiefe Schluchten abfällt. Die zugängliche Basis dieses Dreiecks schützte König Smbat I. Bagratuni 989 durch eine turmbewehrte doppelte Wallmauer.

Nachdem Armenien im 9./10. Jahrhundert die Araberherrschaft abgeschüttelt hatte, erlebten der Handel und damit die Städte einen mächtigen Aufschwung, der sich auch in einem regen Ausbau der Haupt- und Residenzstadt der Bagratiden niederschlug. Zu Beginn des 11. Jahrhunderts war Ani für damalige Verhältnisse eine blühende Großstadt mit 100 000 Einwohnern in rund 10 000 Wohnhäusern. Als Vorbild für die Stadtplanung soll Jerusalem gedient haben. Ani bestand aus drei Teilen: einer Hochstadt mit der Zitadelle, dem Residenzpalast und der Palastkirche der Bagratiden, einer Vorstadt sowie einer tief in die Hänge der Schluchten gegrabenen Felsenstadt,

314

die bis zu 30 Kirchen, Grabkapellen, weitläufige Hallen und Speicher, 400 Wohnhäuser sowie mehrstöckige und bisweilen auch überkuppelte Taubenhäuser besaß. Dieser Stadtteil Anis bildet neben dem Wallfahrtskloster Gerard (13. Jh.) bei Jerewan das bekannteste Beispiel armenischer Felsenarchitektur. Als Stadt bestand Ani bis Mitte des 14. Jahrhunderts, danach als dörfliche Siedlung noch bis in die Neuzeit.

Kreuzsteine

Das ausgeprägte Gedächtnis der Armenier und ihre Erinnerungsfähigkeit drückt sich nicht allein in der Geschichtsschreibung aus. In der Baukunst knüpfte die für die armenische Architektur so fruchtbringende Zentralkuppelbauweise gewiß nicht zufällig an die frühchristlichen Memorialbauten (Martyria) an, die als Zentralbauten ausgeführt wurden. Denn diese waren Ausdruck eines alten und besonders ausgeprägten religiösen Bedürfnisses: erinnernd zu bewahren und zu verehren.

Noch weitaus frühere Zeugnisse sakraler Memorialkunst finden sich in den megalithischen (großsteinzeitlichen) Denkmälern. Die megalithische Kultur besitzt ein außerordentlich weites Verbreitungsgebiet von Indien und Nordafrika bis zu den Neuen Hebriden. In Westeuropa weisen vor allem die Bretagne und Irland eine eindrucksvolle Fülle megalithischer Grab- und Sakralbauten auf. Ebenso groß wie ihr Verbreitungsgebiet ist der Zeitraum, den die megalithische Kultur umfaßt. Er reicht über die gesamte Jungsteinzeit (5.− 2. Jts. v. Chr.; in Europa: 4000 bis 1500 v. Chr.) und dauert in Westeuropa bis in die frühe Bronzezeit an. In Armenien ist die megalithische Kultur mit Steinkreisen, für die sich vor allem in der Bretagne und in Italien Parallelen finden, und monolithischen Stelen, den *Wischapner* (»Drachen«), vertreten. Auch die Urartäer setzten die Tradition, monolithische Stelen zu errichten, fort, nun aber behauen und geglättet sowie mit Keilinschriften versehen.

Aus frühchristlicher Zeit stammen reliefierte, vierseitige Stelen mit biblischen Szenen beziehungsweise Figuren, die auf massiven, ebenfalls mit Reliefs versehenen Sockeln ruhten. Teilweise errichtete man für diese Stelen komplizierte Postamente wie für das Stelenpaar von Odsun (6./7. Jh.), das von Arkaden umschlossen wird. Mehrere Stufen führen zu den Stelen hinauf, die, wie die Kirchen Armeniens, in Ost-West-Richtung aufgestellt wurden.

Dieser Tradition der Ostung folgen auch die Kreuzsteine (arm. *chatschkar*, wörtlich:»Kreuz-Stein«), die wohl als unmittelbare Nachfolger der frühchristlichen Stelen angesehen werden können. Das früheste datierte Exemplar, der sogenannte Kreuzstein der Königin Katranide auf dem Friedhof von Garni (bei Jerewan), stammt aus dem Jahre 879. Offenbar entwickelte sich die bis in das 16. Jahrhundert gepflegte Kreuzsteinkunst zunächst in Südostarmenien, in Sissian beziehungsweise Sjunik. Die ältesten Beispiele des 9. Jahrhunderts zeigen noch recht einfache, bisweilen sogar ungeschlachte Darstellungen und Techniken. Im Zentrum steht ein lateinisches, seltener ein griechisches (gleicharmiges) Kreuz, dessen geschweifte und zugleich gekerbte Enden an Malteserkreuze erinnern. Dem Kreuzesfuß, teilweise auch dem Kreuzeskopf, entspringen Knospen und Akanthusblätter, letztere oft zu parallelen Rillen stilisiert. Seitlich vom Kreuzeskopf oder an den Seitenarmen erscheinen Weintrauben, was das Kreuz als Weinstock ausweist und an das Blutopfer Christi sowie die Eucharistie erinnert. Häufig flankieren zwei kleinere Kreuze das Mittelkreuz, das sich auf einer Scheibe beziehungsweise Kosmoskugel (Sphära) oder dem zu einer Stufenpyramide stilisierten Berg Golgatha erhebt, letzteres eine Darstellungsform, die unter monophysitischem Einfluß in der ersten Hälfte des 7. Jahrhunderts in der ostkirchlichen Kunst auftritt. Die Scheibe unter dem Kreuz trägt gewöhnlich reichen geometrischen Schmuck, dem oft die Wirbelrosette oder das Sonnenrad zugrundeliegt. Insofern handelt es sich hier um eine Weiterentwicklung eines alten, in der vorchristlichen wie in der Volkskunst Armeniens gebräuchlichen Licht- und Ewigkeitssymbols, das mit der armenischen Auffassung vom Kreuz als Zeichen des Triumphes des Lebens korrespondiert. Das Kreuz erscheint als Variante des im 5. Jahrhundert in die christliche Kunst übernommenen altpersischen Motivs des Lebensbaumes.

Der Kreuzeskult selbst geht noch auf die Tage des Erleuchters Grigor zurück. Zum Zeichen des Sieges des neuen Glaubens, so heißt es, habe Grigor monumentale Holzkreuze an vorchristlichen Heiligtümern errichtet und damit jene Stätten bezeichnet, an denen später bedeutende Kirchen und Kloster entstanden. Selten und erst ab dem 13. Jahrhundert zeigen Kreuzsteine entweder auf den seitlichen Bildfeldern oder sogar im Mittelfeld szenische Darstellungen, vorzugsweise die Kreuzesabnahme und die Auferstehung Christi oder, im Zentrum des oberen Bildfeldes, den zwischen Maria und Johannes dem Täufer thronenden Christus (Deesis). Solche Kreuzsteine mit dem Corpus Christi nannte man »Allerlöser« (*Amenaprkitsch*) und schrieb ihnen ganz besondere Schutzkraft gegen Krankheiten, Unwetter und Mißernten zu. Die Amenaprkitschner waren deshalb auch Gegenstand inbrünstiger Verehrung und sogar Ziel von Pilgerfahrten, doch galt und gilt diese Verehrung im weiteren Sinne allen Kreuzsteinen. Die Beziehung, die die Armenier zu ihnen entwickelten, läßt sich am ehesten mit der orthodoxer Christen zu den Ikonen als Vergegenwärtigung des Göttlichen vergleichen.

Als Kunstform blieben szenische Darstellungen und der Corpus Christi auf Kreuzsteinen jedoch eine Ausnahme. Volkstümlich-monophysitischer Auffassung entsprach es, daß Christus vor allem als Gottes- und erst in zweiter Linie als Menschensohn gesehen wurde. Die Kreuzsteine betonten darum seinen göttlichen Triumph in der Wiederauferstehung und Himmelfahrt, in weiterem Sinne den Kreislauf von Tod und Leben. Die Passion des Menschen Jesus trat demgegenüber in den Hintergrund.

Aussehen und Funktion der Kreuzsteine zeigen eine große Viel-

falt. Man errichtete sie als Votivgabe, zum Dank oder zur Fürbitte, aber auch aus weltlichen Anlässen wie einer gewonnenen Schlacht, dem Bau einer Brücke oder zur Erinnerung an eine geliebte oder verehrte Person. Erst in späteren Jahrhunderten engte sich die Kreuzsteinsetzung auf die Funktion als Grabstein ein.

Die Zugehörigkeit der Kreuzsteine zu den Gedächtnisbauten zeigt sich vor allem in den Inschriften der Stifter, die bei der Mehrheit vorhanden sind. Wie die Glossen und Kolophone armenischer Handschriften stellen sie für die Geschichtsforschung oft sehr wertvolle Quellen dar.

Kreuzsteine sind überall dort anzutreffen, wo Armenier gelebt haben, also nicht nur auf Friedhöfen, sondern auch in freier Landschaft, als Grenzsteine und vor allem natürlich in der Nähe von Kirchen und Klöstern. Man errichtete sie freistehend, mit oder ohne Sockel, oft mit vorkragendem Kopfteil, meißelte sie in Felsen oder ließ sie in Kirchenfassaden, vor allem aber in den *Jerdik* von Vorhallen ein. Im 13. Jahrhundert erreichte die Kreuzstein-Bildhauerei ihren absoluten Höhepunkt: Nicht nur das Kreuz und die Randzonen, sondern der gesamte Hintergrund wurden nun reliefiert, wobei bis zu drei Reliefschichten entstanden. die geometrisch-pflanzliche Ornamentik ist manchmal so fein, daß sie wie Spitzen beziehungsweise Ajourtechnik wirkt.

Zeichen des Glaubens und des
göttlichen Triumphes über den Tod;
Armenische Kreuzsteine.
Sie dienten als Votivgaben, Gedächtnisbauten,
Pilgerstätten sowie Grabsteine.

Die Kreuzsteinkunst bildet einen völlig eigenständigen und originellen Ausdruck des in vielen Ländern verbreiteten frühchristlichen Kreuzeskultes. Einzigartig sind die Kreuzsteine auch als Kunstform, denn kein Stein wiederholte einen anderen, jeder blieb ein Einzelstück. Will man überhaupt Vergleiche ziehen, so noch am ehesten mit den inselkeltischen Kreuzsteinen, Kreuzstelen und Hochkreuzen in Großbritannien sowie in Irland, deren Entwicklung zwei Jahrhunderte früher einsetzte als die der armenischen Kreuzsteine und vom 7. bis zum 12. Jahrhundert währte. Die Parallelen lassen sich nicht hinreichend mit den frühen Kontakten Irlands zum orientalischen, insbesondere dem koptischen Christentum erklären. Der irische wie auch der armenische Kreuzstein entspringen in erster Linie innerlich verwandten Glaubensinhalten und -erfahrungen, nämlich der Integration der in beiden Völkern starken Verehrung für die Sonne als mächtigstem, weil unwandelbarem Himmelskörper in die christliche Erlösungslehre. Ebensowenig wie die armenischen Meister, beschäftigte die gälo-irischen Steinmetze der Opfertod Christi. Die alten Sonnen- und Ewigkeitszeichen standen im Vordergrund der Darstellung, manchmal sogar buchstäblich im Zentrum wie die Wirbelrosette im Achsenschnittpunkt des Hochkreuzes von Killamery in Südirland. Bis in das 19. Jahrhundert hinein verehrten die christlichen Gälen die Sonne in ihren Gesängen als

das Auge des allmächtigen Gottes,
das Auge des ruhmreichen Gottes,
das Auge des Königs der Heerscharen,
das Auge des Königs aller Lebenden.
Ruhm dir, du Sonne,
Antlitz des lebendigen Gottes.

Eine ganz ähnliche Gleichsetzung der Sonne mit dem Göttlichen findet sich in einem Hymnos des armenischen Katholikos Nerses Schnorhali (12. Jh.), der die Heilige Dreifaltigkeit mit den Worten des Johannes Chrysostomos als »Aufgang meines Lichtes, Sonne der Gerechtigkeit« pries.

Heute mehr denn je bedroht:
Der Sewan-See, die »blaue Perle Armeniens«,
auf 2000 m Höhe gelegen.

Wir und Armenien:
Eine Bitte statt eines Schlußwortes

Sie sind noch alle da, die aus der Weite von Zeit und Raum in diesem Buch beschworenen Ideale, Helden und Protagonisten armenischer Wirklichkeit und Vorstellungskraft. Sie leben, im Gewand unserer Zeit, bisweilen mitten unter uns, so wie Howhannes und Ascha (Ayşe), das vor sieben Jahrhunderten von Howhannes Jersnkazi Plus ersonnene armenisch-türkische Liebespaar, kleinasiatische Geschwister von Romeo und Julia. Ihre Liebe ist kostbarer denn je, weil belasteter denn je. Ihre modernen Namen dürfen wir nicht preisgeben, denn Howhannes und Ayşe werden bald erneut auf der Flucht sein. Sie suchen einen geschützten Ort. In der Türkei gab es diesen Ort für ein türkisch-armenisches Paar nicht. In den Augen ihrer Landsleute, ja selbst ihrer engsten Blutsverwandten gilt die Muslimin Ayşe als Verräterin an Volk und Glauben, weil sie einen armenischen Christen geheiratet hat und in Deutschland ihre beiden Kinder katholisch taufen ließ. Neunmal in acht Jahren mußten Howhannes und Ayşe den Wohnort wechseln, denn die Nachbarn verletzten Ayşe mit Rasierklingen, belästigten sie und drohten ihr mit Ermordung. Die Polizei ihres eigenen Landes verweigerte ihr Hilfe. Da kehrte Ayşe mit Howhannes nach Deutschland zurück, wo sie als Gastarbeiterkind aufgewachsen war.

Aber in den Augen deutscher Behörden und Gerichte stellt ihr Schicksal keine religiös oder geschlechtsspezifisch motivierte Verfolgung dar. Auch der Asylantrag des Armeniers Howhannes wurde als unbegründet abgelehnt. Howhannes ist ein vorbildlicher armenischer Familienvater und mustergültiger Bürger: Er arbeitete in seinem Beruf als Zahntechniker und kam für Unterhalt und Miete auf. Die Entscheidung, ob Howhannes und

Ayşe trotz abgelehntem Antrag in Deutschland bleiben dürfen, lag endlich bei einem einzigen Landrat sowie beim Innenminister von Rheinland-Pfalz. Zwei katholische Bischöfe, die Landesausländerbeauftragte, das Diakonische Werk von Rheinland-Pfalz sowie die Gesellschaft für bedrohte Völker hatten sich nachdrücklich für das Bleiberecht von Howhannes und Ayşe eingesetzt – bisher vergeblich. Falls es ihnen nicht gelingt, in einem anderen europäischen Land Schutz zu finden, werden sie in die Türkei, in eben jenes Leben abgeschoben, vor dem sie geflüchtet sind. Denn die, die in Deutschland über ihr Los zu entscheiden hatten, wollen weder das Schicksal von Armeniern noch von Türkinnen kennen und lassen sich schon gar nicht von einem alten Gedicht über die verfolgte Liebe anrühren, sondern starren gebannt auf Ausländer- und Flüchtlingszahlen.

Andere Bilder, andere Gestalten drängen heran. Vor mir auf dem Tisch liegen Photos und Lichtbilder ausgebreitet, die ein Freund Ende Oktober 1992 in Arzach aufgenommen hat. Schwarzweiß-Porträts junger Männer mit ernstem Blick. Augen von Gefallenen, Opfer im Kampf für das Überleben in der eigenen Heimat. Vielleicht hatten diese Kämpfer Wardan Mamikonjan zum Vorbild, dessen Untergang andere zum Durchhalten ermutigte. Ein neues Bild, farbig diesmal: Ein alter Mann, hager, in Khaki, in einer Hand ein Buch. Er erinnert mich an die Darstellung des Mönches Jerische auf dem Mahnmal der Schlacht von Sardarapat. Jerische erlebte als Augenzeuge und Mitstreiter die Schlacht des Wardan Mamikonjan im Jahre 451, und deshalb gehört er auf dem Relief des Mahnmals in Mönchskutte und mit Buch zu den Helden von Awarajr. Aber das Buch, das jener alte Bauer aus Mardakert in der Hand hält, handelt von der Bienenzucht und nicht vom Krieg. Und der alte Mann begreift sich nur zeitweilig als Kämpfer, nur solange, bis sein

Bauer und Kämpfer. In der Hand trägt dieser vertriebene Arzacher aus Mardakert ein Buch über Imkerei. Ihr will er sich nach dem Sieg widmen.

Heimatdorf wieder von den Aserbeidschanern befreit wird, die im Sommer den Nordteil des Bezirkes eroberten und die Armenier von dort vertrieben. Dort war der alte Mann im zivilen Leben Bauer, dorthin will er nach dem Sieg der Seinen zurück. Denn er glaubt ganz fest an dieses Leben nach dem Krieg, an die Normalität, auf die er sich schon jetzt während der Kampfpausen lernend vorbereitet.

Diese Sehnsucht nach Bauen — nach Ackerbau und Wiederaufbau — durchzieht alle Berichte und Bilder aus Arzach. Von Granaten und Bomben beschädigte und zerstörte Wohnhäuser, Schulen und Krankenhäuser werden immer wieder instand gesetzt. Allen Widrigkeiten zum Trotz haben zehn Schulen ihre Tätigkeit aufgenommen, ebenso eine Universität (zur Zeit der Aserbeidschanerherrschaft die Pädagogische Hochschule von Stepanakert). Aber Lernbegierde und Baueifer allein schaffen noch keine Normalität. Wie sehr der Arzacher Alltag von der Friedensnormalität abweicht, zeigt ein Blick in die Räume der höheren Klassen: Dort sitzen fast nur Mädchen. Beinahe alle jungen Männer ab siebzehn kämpfen an der Front. Und die verläuft an allen Enden Arzachs.

Dennoch wirkt dieser Krieg in der Republik Armenien bedrückender als in Arzach selbst, und dies trotz aller Bemühungen der armenischen Regierung, ihr Land aus dem Konflikt mit Aserbeidschan herauszuhalten. Am stärksten kommt die Trostlosigkeit in den nordarmenischen Erdbebengebieten zum Ausdruck, wo der Wiederaufbau zum völligen Stillstand gekommen ist; ebenfalls betroffen ist die Landeshauptstadt Jerewan, die schon zu Sowjetzeiten den Wasserkopf des Landes bildete, seit 1988 aber durch den Zuzug von Flüchtlingen und Erdbebenopfern ihre Einwohnerzahl auf über zwei Millionen verdoppelte, ohne daß zusätzlicher Wohnraum geschaffen werden konnte. Die Aufbruchstimmung, die noch im September 1991 während des Referendums über die Unabhängigkeit der Republik herrschte, ist nach vier Jahren Energie- und Transportblockade, drei Wintern in Hunger und Kälte und einem Kriegsjahr in Arzach sowie in den an Aserbeidschan angrenzenden Bezirken der Republik Armenien verflogen. Marschierten Ende Februar 1988 in Jerewan Hunderttausende für politische Reformen und nationale Selbstbestimmung, so gingen 1992 Anfang November 400 000 Menschen für derart elementare Dinge wie niedrige Brotpreise und höhere Löhne auf die Straßen, die allabendlich aus Gründen des Energiesparens im Dunkeln versinken. Schon wurden Ende November 1992 aus Jerewan die ersten Toten gemeldet, die bei einem frühen Kälteeinbruch in ihren wochenlang unbeheizten Wohnungen erfroren waren — auch sie Opfer des von Aserbeidschan auf Armenien ausgedehnten Krieges. Schließlich wurde am 20. Oktober 1992 im Verlauf des blutigen ossetisch-inguschischen Konfliktes im Nordkaukasus die letzte Lebensader zerstört, die Armenien mit russischem Erdgas versorgte.

Die Wirtschafts- und Sozialverhältnisse sind ebenfalls bedrükkend: Der durch die Energieblockade hervorgerufene Verlust belief sich im Herbst 1992 auf 30 Milliarden Rubel, die Industrieproduktion ging 1992 um 70% zurück. Anfang 1993 konnten nur noch drei der 400 wichtigsten Betriebe des Landes aufrechterhalten werden. Jeder zweite Arbeitnehmer Armeniens war im Herbst 1992 beschäftigungslos. Jetzt droht die soziale und wirtschaftliche Krise in eine politische umzuschlagen. Allmonatlich durchgeführte Meinungsumfragen zeigen, daß der Ansehensverlust der Regierungspartei Armeniens ebenso stetig voranschreitet wie die Inflationsrate. Politische Krisen aber bilden die größte Bedrohung für die Demokratisierungsprozesse in den jungen nachsowjetischen Republiken.

Um die Industrieproduktion wieder in Gang zu setzen und Wohnungen, Schulen und Kindergärten beheizen zu können, hat sich die armenische Regierung im November 1992 zu einem sehr umstrittenen Schritt entschlossen, der das ganze Ausmaß ihrer Sachzwänge deutlich macht: Sie will das Kernkraftwerk Mezamor (Kreis Hoktemberjan) wieder in Betrieb nehmen, das im März 1989 nach dem verheerenden Erdbeben sowie heftigen

Umweltprotesten abgeschaltet worden war. Seit seiner erstmaligen Inbetriebnahme 1976 hat das nur 24 km von der Millionenstadt Jerewan entfernte Kraftwerk 150 Mal radioaktive Gase und Wasser ausgestoßen. In einem noch vor der Reaktorkatastrophe von Tschernobyl verfaßten und von 360 prominenten Sowjetarmeniern unterzeichneten Protestbrief an den Parteisekretär der KPdSU, Michail Gorbatschow, wurde darum die Armenien von Moskau auferlegte Produktion von Atomstrom als Genozid am armenischen Volk verurteilt. Im Januar 1993 beschloß die armenische Regierung, den noch betriebsfähigen der beiden Reaktoren des Kraftwerks wieder einzuschalten, auch ohne technische Nachrüstung und trotz der extrem hohen Risiken einer Nuklearkatastrophe im Erdbebenland Armenien.

Das armenische Volk hat seine größten Kulturleistungen trotz häufig scheinbar ausgeloser, zutiefst entmutigender Verhältnisse hervorgebracht. Aber es wäre zynisch, wollte man nur auf die Fähigkeit zur Selbsthilfe und andere Überlebensstrategien vertrauen, die dieses leidgeprüfte Volk entwickeln mußte. Es reicht ebensowenig aus, armenische Kulturleistungen zu bewundern oder mit Ergriffenheit die Geschichte armenischer Verfolgungen in Vergangenheit und Gegenwart zu studieren, um sich dann angesichts der Fülle von Problemen und des Ausmaßes der Tragik seufzend davonzustehlen wie vom Bett eines unheilbar Kranken. Und schon gar nicht sollte man einem Volk resignierend den Untergang prophezeien, wie es *Der Spiegel* in seiner Ausgabe vom 6. April 1992 tat:»Und viel spricht dafür, daß Armenien seinem Schicksal nicht entgehen wird: das ewige Bauernopfer im Schachspiel der Großen zu sein.«

Nein. Das armenische Volk wird, in seiner Heimat oder zumindest in der Diaspora, überleben. Und der Krieg zwischen Arme-

»Luftbrücke der Menschlichkeit«
1992 die einzig wirksame Hilfe für die isolierten Arzacher.
Blick in den Frachtraum. Vorn links Baroness Cox.

niern und Aserbeidschanern wird, wie bisher jeder Krieg, enden. Armenien muß dabei nicht zwangsläufig zum Opfer werden, ebensowenig, wie sich Geschichte zwangsläufig wiederholen muß. Es ist keineswegs ausgeschlossen, daß zur Abwechslung einmal die Gerechtigkeit siegt, die Menschenrechte — zu denen das Recht auf Heimat innerhalb gesicherter Grenzen gehört — und der Minderheitenschutz beachtet werden. Die Wahrscheinlichkeit eines solchen Ausganges wächst mit der Zahl aktiver Freunde Armeniens. Bislang waren es nicht viele, die sich, oft unter Gefahr für das eigene Leben und die eigene Gesundheit, zeitweilig oder dauerhaft für Armenien und das Existenzrecht der Armenier einsetzten. Die bekanntesten waren und sind in Deutschland der evangelische Pfarrer Johannes Lepsius (1858—1926), in Norwegen der Polarforscher und spätere Flüchtlingshochkommissar des Völkerbundes, Fridtjof Nansen (1861—1930), in den USA der Konstantinopler Botschafter Henry Morgenthau (1856—1946), in (Sowjet)Rußland der Friedensnobelpreisträger Andrej Sacharow (1921—1989) und dessen Witwe, Jelena Bonner, in Großbritannien die zweite Spre-

cherin des Oberhauses, Baroness Caroline Cox. Zusammen mit Christian Solidarity International (CSI), einem kleinen Schweizer Hilfswerk, fliegt oder fährt sie seit 1991 alle zwei Monate nach Arzach, um den fast gänzlich eingeschlossenen Menschen Medikamente und Lebensmittel zu bringen. CSI und Baroness Cox haben geholfen, wo große internationale Hilfswerke kläglich versagten. Tausende Armenier verdanken der mutigen britischen Aristokratin ihr Leben, ebenso ihren engagierten Helfern aus der Schweiz und anderen Staaten. Die Gefahren für den Einzelnen würden gemindert, die Wirksamkeit der Hilfsleistungen erhöht werden, wenn mehr Menschen die Helfenden politisch, praktisch und materiell unterstützten. Mit einer Spende von 200 DM kann beispielsweise in Arzach eine vierköpfige Familie ein Jahr lang unterhalten werden, ohne den Weg in die Emigration, Entwurzelung und völlige Abhängigkeit von fremder Wohlfahrt antreten zu müssen. Mehr noch als unsere Bewunderung oder unser Mitleid benötigen die Armenier unsere Solidarität und Unterstützung – in ihrer Heimat und als Flüchtlinge. Vor wenigen Wochen warnte Jelena Bonner die Vereinten Nationen, daß das selbst hilfsbedürftige Armenien sich nun auf die Aufnahme von etwa 200 000 weiteren armenischen Flüchtlingen vorbereiten müsse, diesmal aus Georgien und Abchasien, dessen etwa 76 000 Armenier (Stand 1989) zwischen die Fronten von Georgiern und Abchasiern sowie deren nordkaukasischen Verbündeten geraten sind. Eine solche Massenflucht wäre das jüngste Kapitel in der langen Geschichte armenischer Tragödien. Es liegt an uns, sie zu verhindern.

Hinweise und Kontaktanschriften für praktische Hilfsmöglichkeiten finden Sie auf der nächsten Seite.

Berlin im Februar 1993

Kontaktadressen

Christian Solidarity International e.V.
Bundesdeutsche Sektion
c/o Pfarrer Hansjürgen Stückelberger
Alpenstr. 4
7700 Singen
Tel.: 0 77 31/6 78 02, Fax: 0 77 31/6 78 65

Steuerabzugsfähige Spenden unter dem Stichwort »Luftbrücke der Menschlichkeit« bitte an: Christian Solidarity International e.V., Kto. Nr. 3 403 029, BLZ 692 500 35, Sparkasse Singen

Steuerabzugsfähige Spenden bitte an das Spendenkonto der Gesellschaft für bedrohte Völker, Gemeinnütziger Verein e.V., Postgiroamt Hamburg, Kto. Nr. 7400-201, BLZ 200 100 20. **Wichtig:** Als Verwendungszweck »Arzach/Karabach« oder »Armenien« angeben!

Information über die Arbeit der Gesellschaft für bedrohte Völker im Allgemeinen bei deren Bundesbüro, Postfach 20 24, 3400 Göttingen, Tel. (05 51) 4 99 06-6, Fax: 05 51/5 80 28

Informationen über die Armenienarbeit:
Koordinationsgruppe Armenien der Gesellschaft für bedrohte Völker
c/o Frau Elvira Kiendl
Prüfeninger Str. 55
8400 Regensburg

Sonstige Kontakt- und Informationsmöglichkeiten
Informations- und Dokumentationszentrum Armenien
c/o Dr. Gerayer Koutcharian
Kühlebornweg 22
1000 Berlin 41
Fax: 0 30/8 51 79 74

Zentralrat der Armenier in Deutschland e. V.
c/o Herrn Dr. Antranig Aznavour (Vorsitzender)
Schmedenstetter Str. 18
3152 Lahstedt-Münstedt
(vermittelt auch Kontakte zu armenischen Orts- und Regional-
verbänden)

Diözese der armenischen Kirche in Deutschland
Primat Bischof Karekin Bekdjian
Allensteiner Str. 5
5000 Köln 60
Tel.: 02 21/7 12 62 23; 7 12 50 63
Fax.: 02 21/7 12 62 67

Deutsch-Armenische Gesellschaft e. V.
c/o Prof. Dr. Christian Hannick (Vorsitzender)
Am Trimmelterhof 70
5500 Trier
Tel.: 06 51/16 13

(Die Deutsch-Armenische Gesellschaft veröffentlicht viertel-
jährlich ein Vereinsblatt, die *Armenisch-Deutsche Korrespon-
denz*.)

Glossar

Autokephalie (»Eigenhäuptigkeit«)
Kirchenrechtliche Unabhängigkeit östlicher (orthodoxer) Volkskirchen vom Konstantinopler Patriarchat. Äußeres Zeichen der Autokephalie ist ein eigenes Kirchenoberhaupt (Katholikos) sowie die Wahl des Patriarchen und der Bischöfe unter den Angehörigen der eigenen Kirche.

Chalcedonense
Beschluß und Lehrmeinung des vierten gesamtchristlichen Konzils von Chalcedon (griech.: Chalkedon; 451), das sich mit christologischen Fragen, insbesondere dem Streit um die Verbindung der göttlichen und der menschlichen Natur Christi (Naturenstreit) befaßte. Dabei setzte sich die orthodoxe Mitte gegen die →monophysitische Lehre des Eutyches durch. Lehrmeinung des Konzils war es, daß in der Person Christi die göttliche und die menschliche Natur »unvermischt« und »ohne gegenseitige Durchdringung« vereint seien. Die Lehre des Eutyches, die verworfen wurde, ging dagegen von der Verschmelzung der göttlichen und der menschlichen Natur Christi zu einer neuen, dritten bzw. einzigen Natur aus.

Dadurch spaltete sich die Christenheit in drei Richtungen: in die schon auf dem Konzil von Ephesos (431) verurteilten Anhänger des antiochenischen Patriarchen Nestorios (381−351), nach dessen Lehre der Logos (die göttliche Vernunft) in Jesus nur gewohnt habe, er also nicht göttlicher Natur sei; zweitens in die Anhänger der sogenannten Einnaturenlehre (Monophysiten); drittens in die Getreuen der orthodoxen Reichskirche.

Chanat
Herrschaftsbereich eines Chan; im persisch-türkischen Einflußbereich meist der eines untergebenen Fürsten.

Churritische (hurritische) **Sprachen**
Erloschene, weder semitische, noch indoeuropäische Sprachfa-

milie (besser: Sprachinsel). Die churritischen Sprachen waren im zweiten Jahrtausend v. Chr. im Orient zwischen Nordwestmesopotamien und Nordsyrien bis nach Kleinasien verbreitet. Außer dem eigentlichen Churritischen gehörte im ersten Jahrtausend v. Chr. das Urartäische (als letzter Ausläufer?) zu dieser Sprachfamilie.

Gnosis (griech. Erkenntnis)
Eigentlich Gnostizismus, da Gnosis nicht die Lehre, sondern nur die Erleuchtung als Heilsmittel meint. Die gnostizistischen Lehren verarbeiteten das religiöse, mythologische und philosophische Gut der Griechen, Juden, Iraner, Babylonier, des vorchristlichen Ägypten sowie der Christen und Judenchristen. Die Auseinandersetzung mit diesen Lehren erfolgte, besonders gegen Ausgang der Spätantike, vor dem Hintergrund einer tiefen religiösen Entfremdungserfahrung. Die Lehren des Gnostizismus kennzeichnet, bei allen Unterschieden in den Kulthandlungen oder der Ethik, ein ausgeprägter Antimaterialismus sowie ein aus den orientalischen, vor allem iranischen Mysterienreligionen entlehnter Dualismus.

Als Religionsbewegung entstand der Gnostizismus bereits im Hellenismus, erreichte seine stärkste Verbreitung und Entwicklung während der Römerzeit, doch erstreckt sich seine Wirkung anhaltend bis in das Mittelalter und sogar bis in die Neuzeit, vor allem im Bereich der Esoterik. Die Übergänge zwischen Gnostizismus und christlicher Rechtgläubigkeit waren anfangs fließend, doch seine unterschiedlichen Schulen wurden bald von den christlichen Kirchenlehrern und -vätern als Sekten und sogar Irrlehren verdammt. Die für Armenien bedeutendsten gnostizistischen Schulen waren die des Markion und des Mani (Manichäismus).

Ikonoklasmus (Bilderzerstörung, Bilderbekämpfung)
Gegenbewegung zur Bilderverehrung (Ikonodulie) im Byzantinischen Reich sowie den angrenzenden Ländern. Der Ikono-

klasmus erfaßte Ende des 6. Jahrhunderts erst die Peripherie, im 8. und 9. Jahrhundert auch das Zentrum von Byzanz (eigentlicher Bilderstreit von 725 bis 843). Träger des Ikonoklasmus waren abbildfeindliche Judenchristen sowie vom →Monophysitismus geprägte orientalische Christen, teilweise auch byzantinische Herrscher (z.b. Leon III., Konstantin V.), Träger der Bilderverehrung hauptsächlich der hellenistisch gebildete Klerus. In Armenien fand die Bilderverehrung im Volksglauben keinen Anklang. Die theologisch-dogmatischen Aussagen des Klerus fallen in ihrer Mehrheit nicht bilderfeindlich aus, doch gleicht die offizielle Haltung dem Bild gegenüber eher der westkirchlichen, denn der byzantinischen Einstellung.

Jungtürken (türk.: *Genç Türkler*)
Aus der antiabsolutistischen, gegen Sultan Abdul Hamid II. gerichteten osmanischen Opposition hervorgegangene türkische Nationalistenbewegung; seit 1889 als Organisation (Komitee für Einheit und Fortschritt, türk.: *Ittihad ve Terrake Cemieti*), nach der Machtergreifung von 1908 auch als politische Partei. Wie die meisten anderen antihamidischen Oppositionsbewegungen auch, arbeiteten die sehr bunt zusammengewürfelten jungtürkischen Gruppen zunächst auf die Wiedereinsetzung der Reformverfassung von 1876 hin. Ab 1894 wird in jungtürkischen Programmen die soziale und wirtschaftliche Unabhängigkeit von den damaligen europäischen Großmächten betont (Antiimperalismus). Alle Bürger des Osmanischen Reiches sollen als Osmanen gleichgestellt werden (Osmanismus). Das Recht der osmanischen Völker auf nationale Selbstbestimmung einschließlich der Separation wird dagegen entschieden bestritten.

Verbot und Verfolgung zwingen die jungtürkische Führung ins Pariser Exil, wo zwischen dem ersten und zweiten Jungtürkischen Kongreß 1902 bzw. 1907 Kontakte zu armenischen Parteien, insbesondere der Daschnakzutjun aufgenommen werden, doch beschränkt sich die jungtürkisch-armenische

Zusammenarbeit aufgrund des wechselseitigen Mißtrauens und unüberbrückbarer Interessengegensätze auf taktische Zweckbündnisse. 1902 spaltet sich die jungtürkische Bewegung in der Zentralismusfrage in die demokratischere Gesellschaft für persönliche Initiative und Demokratisierung um Prinz Sabaheddin und in die Gesellschaft für Einheit und Fortschritt unter Achmed Risa (Ahmet Riza). Da letztere über eine starke Anhängerschaft im türkischen Militär verfügt, gelingt es ihr, unter der Losung »Freiheit, Gleichheit, Brüderlichkeit der Völker« im Frühjahr 1908 in Saloniki (Makedonien) einen Militärputsch durchzuführen, in dessen Folge im Juli 1908 die Verfassung von 1876 wieder in Kraft tritt und das Osmanische Reich zur konstitutionellen Monarchie wird. Unterbrochen von einem Umsturz der probritischen Kompradorenpartei Freiheit und Einheit (Juli-Dezember 1912), bestimmt die jungtürkische Partei vom Juli 1908 bis Oktober 1918 die osmanische Politik.

Von Januar 1913 an regiert das jungtürkische Triumvirat Enver-Talaat-Dschemal (Cemal), die ideologische Ausrichtung der Jungtürken bestimmt der Dichter Ziya Gökalp. In der Innen- und insbesondere in der Nationalitätenpolitik gilt offiziell der Osmanismus als Staatsprinzip, faktisch werden »unzuverlässige« Völker wie Araber, Albaner und Kurden brutal unterdrückt, im Falle der christlichen Armenier sogar gezielt vernichtet.

Nach der türkischen Kriegskapitulation (Mudros, 30.10.1918) fliehen die jungtürkischen Führer ins Ausland. Die neue türkische Regierung führt unter dem Druck der internationalen Öffentlichkeit vom 27.4.1919 bis 13.1.1920 Kriegsverbrecherprozesse gegen die jungtürkische Führung durch, bei denen u.a. die für die Deportation und Vernichtung der armenischen Bevölkerung Verantwortlichen verurteilt werden; es handelte sich bei diesen Jungtürken-Prozessen zugleich um den erstmaligen Versuch, mit Mitteln des Rechts politische und Staatsverbrechen zu be- und verurteilen. Da Auslieferungsbegehren des türkischen Staates – u.a. an Deutschland – fehlschlugen und viele der gegen Jungtürken verhängten Todesurteile nicht vollstreckt wurden, übten armenische Überlebende des Genozids im Ausland Vergeltung an den flüchtigen Jungtürken.

Katholikos (Pl.: Katholikoi)/**Katholikat**
Titel oder Nebentitel (Patriarch-Katholikos) des leitenden Bischofs (Patriarchen) einiger autokephaler orientalischer Kirchen (Armenier, Georgier, Nestorianer, Syrisch-Orthodoxe); Kirchenoberhaupt. Sein Sitz und Amt heißt Katholikat.

Kolophon (griech.: Spitze, Ende)
Schlußschrift am Textende alter Handschriften oder Frühdrukke mit Angaben über Titel, Verfasser, Schreiber (Kopist), Illuminator, Stifter, Ort und Zeit der Herstellung, Weiterverkauf und sonstige Einzelheiten zum Schicksal einer Handschrift.

Masdaismus (auch: Mazdaismus)
Altpersischer, stark missionarischer Götterglaube, nach dem Religionsstifter Zarathustra (griech.: Zoroaster; vielleicht 600−520 v.Chr.) auch Zoroastrismus genannt. Zarathustra wurde der neue Glaube von dem Schöpfergott Ahura Masda (altpers.: Herr der höchsten Weisheit) offenbart. Der Masdaismus Zarathustras bezieht noch ältere, polytheistische Glaubensvorstellungen, so z.B. den Elementenkult, ein. Unter der Dynastie der Sassaniden (226−651) endet die bisherige Religionstoleranz; der Masdaismus wird zur Staatsreligion Irans erhoben und den unterworfenen Völkern aufgezwungen. Um prophetische Hymnen (Gathas), einige jüngere Ritualtexte sowie die Lehre vom dualistischen Kampf des Guten mit dem Bösen erweitert, wird der Neu-Masdaismus der Sassanidenzeit auch als Awesta-Lehre bezeichnet. Anhänger des Masdaismus (Parsen) leben noch heute als religiöse Minderheit im Iran sowie in Nordindien.

Matenadaran (arm.: Handschriftensammelstätte, Archiv)
Eigenständiger Bautypus in mittelalterlichen Klöstern Arme-

niens (Klosterarchiv bzw. -bibliothek); oft gleichbedeutend verwendet für das gleichnamige Institut zur Erforschung und Archivierung alter, vorwiegend armenischer Handschriften und Frühdrucke in Jerewan.

Millet (arab.-türk.: Nation)
Im Unterschied zum modernen europäisch-westlichen Nationsbegriff meint *Millet* die Glaubensnation, d.h. die Angehörigen einer jener Offenbarungs-Religionen, die durch ein heiliges Buch, vergleichbar dem Koran, verkündet wurden. Diese »Schriftbesitzer« sind zwar nach koranischem Recht nicht mit den rechtgläubigen Muslimen gleichrangig, besitzen aber im Unterschied zu den völlig rechtlosen »Heiden« (Polytheisten, Naturreligionen) gewisse Autonomierechte wie das ihrer eigenen inneren Verwaltung und Gerichtsbarkeit, soweit nicht Muslime betroffen sind. Ansprechpartner für den osmanischen Staat waren die Religionsführer einer *Millet* (*Millet başi*, sprich: Millet baschi), also die Oberrabbiner in Konstantinopel sowie die christlichen Patriarchen in der osmanischen Hauptstadt. Ihre Amtseinsetzung bedurfte stets der ausdrücklichen Genehmigung durch den Sultan, der mit ihnen auch die Schutzverträge über die jeweilige Glaubensgemeinschaft schloß.

Bis zum 19. Jahrhundert gab es im osmanischen Reich nur drei vom Sultan anerkannte Glaubensnationen: die jüdische, die griechisch-orthodoxe und die armenisch-apostolische (*Ermeni millet*). Im Zuge der inneren Reformversuche sowie unter dem Druck europäischer Staaten, vor allem Frankreichs und Österreich-Ungarns, stieg jedoch die Zahl der Glaubensgemeinschaften mit offiziellem Millet-Status bis 1914 auf siebzehn. Zu ihnen gehörten nun auch die Konvertitengemeinschaften aus verschiedenen orientalischen Nationalkirchen. Am 5.1.1831 erkannte die osmanische Regierung offiziell die *Katolik millet* an, zu der auch die armenischen Katholiken (Armenisch-Unierte) gehörten. Die evangelischen Armenier erhielten im Dezember 1850 sogar den Status einer eigenen Glaubensnation (*Ermeni protestant millet*).

Monophysiten

Im christologischen Naturenstreit Anhänger der Idee von der einen (einzigen; einigen) Natur des menschgewordenen Gottessohnes, die nach der Lehre des Patriarchen Kyrillos von Alexandria aus der göttlichen und menschlichen Natur Christi entstanden war. Das Konzil von →Chalcedon verwarf die Weiterentwicklung dieser Lehre durch Eutyches. Die armenische Kirche orientiert sich seit ihren nationalen Synoden von Dwin (506/7 und 552) an dem von Severos von Antiochia (Patriarch von 512−518; gest. 538) gelehrten, moderaten, weil auf Aussöhnung mit der Reichskirche abzielenden Monophysitismus. Dieser greift einerseits auf die Ursprünge bei Kyrillos zurück, andererseits auf den monophysitisch ausgelegten Kompromiß im *Henotikon* des byzantinischen Kaisers Zenon.

Panturanismus

(auch: Pantürkismus, Panturkismus; Alltürkentum)
Der Gedanke von der politischen, wirtschaftlichen oder kulturellen Vereinigung sämtlicher →Turkvölker. Der Panturanismus entstand Ende des 19. Jahrhunderts unter den von Rußland beherrschten Aserbeidschanern als Reaktion. Vorbild war der Panslawismus. Die wichtigsten Ideologen und Begründer des Panturanismus waren die Aserbeidschaner Gasprali (Gasprinskij) Ali Hüsseyinsade (Hüseyinzade) sowie Ahmet Ağaoğlu (Achmed Agajew). Als ersten Schritt zum politischen Panturanismus, also dem staatlichen Zusammenschluß aller turkstämmigen und -sprachigen Völker, sahen sie den Oghusianismus, d.h. die Vereinigung der anatolischen Türken mit den Aserbeidschanern; beide zählen zur oghusischen (südwestlichen) Untergruppe der verzweigten türkischen Sprachfamilie.

In der Ideologie und politischen Praxis der →Jungtürken spielte der Panturanismus die Hauptrolle; er ist der Hintergrund vieler innen- wie außenpolitischer Maßnahmen, u.a. für den mit den Aserbeidschanern geteilten Antiarmenismus, da die armenischen Siedlungsgebiete dem Oghusianismus buchstäblich im Wege stehen.

Unter Mustafa Kemal führte die Republik Türkei eine Außen- und Armenienpolitik, die faktisch den Zielen des Oghusianismus diente, offiziell aber auf die Propagierung der panturanischen Ideologie verzichtete. In den 60er und 70er Jahren wurde der politische Panturanismus in der Türkei hauptsächlich durch den Rechtsradikalen Alparslan Türkeş und dessen Partei der Nationalistischen Bewegung (Milliyetçi Hareket Partisi — MHP) bzw. deren Nachfolgepartei, die Nationalistische Arbeitspartei (Milliyetçi Çalişma Partisi — MÇP) wiederbelebt. Zu den Trägern des politischen Panturanismus zählen und zählten in der Türkei auch die Grauwölfe oder Idealistenvereine (Ülkücüler), ferner der rechte Flügel der regierenden Mutterlandspartei (ANAP). In Aserbeidschan ist u.a. der Innenminister Iskandar Hamidow, der enge Beziehungen zu den Grauwölfen unterhält, ein entschiedener Parteigänger des politischen Panturanismus. Die offizielle Regierungspolitik der Türkei beschränkt sich derzeit auf einen gemäßigten Panturanismus, d.h. auf die verstärkte wirtschaftliche und kulturelle Zusammenarbeit der »türkischen« Staaten innerhalb einer Art türkischem Commonwealth.

Schisma (griech.: Spaltung)
In der Kirchengeschichte die Spaltung der christlichen Kirche aus dogmatischen und kirchenrechtlichen Gründen. Der Naturenstreit führte 451 beim Konzil von →Chalcedon zur ersten großen Kirchenspaltung zwischen den sogenannten →Monophysiten (genauer: vorchalcedonensischen Kirchen), der Reichskirche bzw. den Anhängern der orthodoxen Mitte (sogenannte Dyophysiten) und den Anhängern des antiochenischen Patriarchen Nestorios. Versuche des oströmischen Kaisers Zenon, mit seinem *Henotikon* (482) eine Kompromißformel zu finden und die Abspaltung der Monophysiten zu verhindern, schlugen fehl und leiteten ihrerseits die Spaltung der Großkirche (katholische Kirche) in die orthodoxe (östliche) und die lateinische (westliche) Kirche(n) ein. Darum wurde Zenons *Henotikon* 519 aufgehoben. Auch Versöhnungsversuche späterer

byzantinischer Kaiser, vor allem Justinians I. (Kaiser 527—565) und Justins II. (Kaiser 565—578) scheiterten.

Tondraken (auch: Thondraken)
Armenische Nachfolgesekte der von Byzanz und dem armenischen Klerus verfolgten und in der ersten Hälfte des 9. Jahrhunderts vollständig unterdrückten Paulikianer. Versprengte Paulikianer scharten sich Mitte des 9. Jahrhunderts im Dorf Tondrak (Sjunik in Ostarmenien) um den Priester Smbat. Im 11. Jahrhundert wurde die Bewegung zerschlagen, die wie ihre Vorläufer- und Nachfolgebewegungen von den sozialen Unruhen, vor allem der der Bauern, stark geprägt war. Ebenso wie das paulikianische Gedankengut und ab dem 11. Jahrhundert das der Sonnenkinder kennzeichneten die tondrakische »Irrlehre« →masdaistische und →gnostizistische Glaubensvorstellungen.

Turkvölker
Völker, die ethnisch und sprachlich zum selben Zweig der uralaltaischen Sprachfamilie gehören; ursprünglich aus Zentralasien (der heutigen Mongolei) stammend, breiteten sie sich im Verlauf eines Jahrhunderte währenden Wanderungsprozesses nördlich bis Sibirien (Jakuten), südlich über Mittelasien und seit dem 11. Jahrhundert westlich bis Kleinasien (sogenannte oghusische oder anatolische Türken) aus.

Zeittafel

15.–13. Jh. v. Chr.

Hethitische Quellen erwähnen »Hajassa« als erste Staatenbildung im Nordwesten des Armenischen Hochlandes (Dreieck der heutigen Städte Ersindschan – Trapesunt – Erzurum); daher die armenische Eigenbezeichnung »Haj« (Armenier) und »Hajastan« (Armenien).

13.–12. Jh. v. Chr.

Assyrische Inschriften erwähnen die churritischen Nairi-Völker westlich des Wan-Sees.

9.– 6. Jh. v. Chr.

Zusammenschluß der Nairi-Stämme zum Königreich Biainili (das Reich Urartu der assyrischen Inschriften) mit Residenz in der Stadt Tuschpa (Wan).

6.–3. Jh. v. Chr.

Als Volk erwachsen die Armenier aus den churritischen Vorgängervölkern (Nairi bzw. Urartu), aus indoeuropäischen und nordmesopotamischen Elementen.

570–2. Jh. v. Chr.

Armenische Dynastie der Jerwandiden herrscht als Statthalter der Meder und der persischen Achämeniden über Armenien.

um 190 v. Chr.

Herrschaft der armenischen Adelsfamilie der Artaschiden.

95–56 v. Chr.

Herrschaft von Tigran II. (der Große); infolge des anfangs erfolgreichen pontischen Krieges und antirömischer Aufstände in Kleinasien erlangt Armenien um das Jahr 70 v. Chr. unter Einschluß Kilikiens und Nordsyriens seine größte Ausdehnung und politische Bedeutung.

53–428
Königsdynastie der ursprünglich parthischen Arschakiden herrscht über Armenien.

114–117
Armenien unter römischer Herrschaft.

301
Nach armenischer Kirchenüberlieferung gehen die Anfänge der armenisch-apostolischen Nationalkirche auf die Missionstätigkeit der Apostel Thaddeus und Bartholomäus im 1. Jh. (»Kleine Mission«) zurück. Die umfassende und dauerhafte Christianisierung erfolgt dagegen unter König Trdat III., dem Großen (287–330), im Jahre 301, der mit römischer Unterstützung auf den Thron gelangt. Von Grigor dem Erleuchter bekehrt, erhebt Trdat das Christentum zur Staatsreligion. Armenien ist somit der älteste bestehende christliche Staat. (Im römischen Reich wurde das Christentum durch das Mailänder Toleranzedikt von 313 nur als gleichberechtigte Religion anerkannt.)

389
Erste persisch-oströmisch/byzantinische Teilung Armeniens: vier Fünftel gehen an das sassanidische Persien, der Rest an Ostrom/Byzanz.

405
Der Mönch Mesrop Maschtoz entwirft im Auftrag des Königs und des Katholikos das armenische Nationalalphabet. Es ermöglicht die Übersetzung der Bibel (433 abgeschlossen) sowie ein reiches armenisches Schrifttum im Mittelalter, vor allem im 7. Jh. (Die Bibelübersetzung Martin Luthers ins Deutsche erfolgte elf Jahrhunderte später [1521/22].)

26. 5. 451
Armenisch-persische Glaubensschlacht bei Awarajr. Märtyrertod des Feldherrn Wardan Mamikonjan.

451
Konzil von Chalcedon endet mit erster christlicher Kirchenspaltung. Die sogenannten »Monophysiten« bzw. vorchalcedonensischen Ostkirchen (Syrer, Kopten, Abessinier, Armenier) lehnen die Beschlüsse ab. Nach ihren Nationalsynoden von Dwin (505/6 und 554) verwirft auch die armenische Kirche, die wegen des Religionskrieges mit Persien nicht am Konzil teilnehmen kann, unter syrisch-orthodoxem Einfluß das Chalcedonense. Unionsversuche von byzantinischer wie auch armenischer Seite bleiben ohne dauerhaften Erfolg.

639
Arabische Invasion in Armenien, das bis 885 von arabischen Stadthaltern regiert wird.

885−1045
Armenische Dynastie der Bagratiden in Ostarmenien mit der Hauptstadt Ani.

908/914−1021
Armenische Dynastie der Arzruni in Südostarmenien (Waspurakan bzw. Wan).

1021−1080
Dynastie der Arzruni in Sebaste (Sebastia; heute Sivas) in Kleinarmenien.

19. 8. 1071
Seldschukisch-byzantinische Entscheidungsschlacht bei Manaskert (Manzikert); Armenien fällt erstmals unter türkische Herrschaft; Massenflucht nach Kleinarmenien und Kilikien.

1080
Aufstand von Prinz Ruben (aus dem Geschlecht der Bagratiden) gegen die Byzantiner in Oberkilikien. Begünstigt durch die benachbarten fränkischen Kreuzfahrerstaaten etablieren sich

Ruben und seine Nachfolger als Barone und seit der Krönung Lewons I. (6. 11. 1198) als Könige Kilikiens.

1235/36
Mongolen erobern Armenien.

1342–1375
Durch Einheirat herrschen die französischen Lussinjan (Lusignan) aus Zypern als Könige über Kilikisch-Armenien.

1375
Die ägyptischen Mameluken erobern die kilikisch-armenische Hauptstadt Sis.

1441
Armenische Synode beschließt die (Rück-)Verlegung des Katholikats von Sis nach Etschmiadsin (Ostarmenien); die Weigerung des Amtsinhabers führt zur Entstehung des »Hohen Hauses von Kilikien« und zur Spaltung der armenischen Kirchenverwaltung.

1453
Eroberung der byzantinischen Hauptstadt Konstantinopel durch den osmanischen Sultan Mehmed II. Fatih (der Eroberer).

1461
Osmanen etablieren ein armenisch-apostolisches Patriarchat in ihrer neuen Hauptstadt Konstantinopel, dem sie zunächst alle monophysitischen Christen unterstellen.

1472
Der Großteil Armeniens gerät unter persische Herrschaft.

1487
Osmanen erobern Kilikien.

23. 8. 1514
Persisch-türkische Entscheidungsschlacht bei Tschaldiran (Çaldiran); Osmanen nehmen den Safawiden die Hälfte Armeniens ab. Sultan Selim I. läßt kurdische Nomaden in Armenien ansiedeln.

1639
Vertrag von Diyarbakir: Zweite persisch-türkische Teilung Armeniens, bei der dem Iran nur die östlichen Provinzen Jerewan und Nachitschewan bleiben.

Oktober 1827
Rußland erobert das persisch beherrschte Ostarmenien.

1829
Zar Nikolaj I. faßt seine armenischen Territorien teilweise zum »Armenischen Gebiet« zusammen; die Auflösung des »Gebiets« erfolgt 1840 und zerstört armenische Hoffnungen auf die Wiederherstellung einer nationalen Staatlichkeit.

1839
Die Osmanische Verfassungscharta von Gülchane stellt alle osmanischen Bürger ungeachtet ihrer Religion gleich.

1860—1880
Die Einwanderung islamischer Flüchtlinge aus dem Nordkaukasus und Georgien nach (West-)Armenien wird von der osmanischen Regierung zur »Verdünnung« der christlichen Bevölkerungsgruppen gefördert. Neue Verwaltungseinteilungen trennen künstlich armenische Siedlungsgebiete.

23. 12. 1876
Osmanische Verfassung bekräftigt Rechtsgleichheit aller Bürger, wird jedoch unter dem despotisch regierenden Sultan Abdul Hamid II. (31. 8. 1876—23. 7. 1908) schon 1877 außer Kraft gesetzt.

24. 4. 1877−31. 3. 1878
Russisch-türkischer Krieg wird auf armenischem Territorium ausgetragen; prorussische Sympathien vieler Armenier lösen blutige Vergeltungsmaßnahmen der Osmanen aus; ca. 1100 Opfer allein in Pajasat (Bayazid).

13. 7. 1878
Berliner Friedensvertrag bekräftigt u.a. die Abtretung der westarmenischen Bezirke Kars und Ardahan an Rußland (bis Ende 1917); Artikel 61 des Vertrages verpflichtet die Türkei zu Reformen in ihren westarmenischen Provinzen und macht damit Armenien zum internationalen Streitobjekt.

1881−1892
Gründung armenischer Befreiungsorganisationen und Parteien im Ausland sowie in Armenien.

1884−1886
Nach der Ermordung des liberalen Zaren Alexander II. (1882) verstärkte Russifizierungsmaßnahmen im Trankaukasus, u.a. Schließung der bislang von der armenischen Kirche beaufsichtigten armenischen Schulen.

1893
Massenverhaftung von Armeniern im Osmanischen Reich.

1894−1896
Staatlich gelenkte Armenierpogrome im Osmanischen Reich (300 000 Opfer).

23. 7. 1908
Jungtürkischer Militärputsch zwingt Sultan Abdul Hamid II. zur Abdankung.

April 1909
Armenierpogrome in Kilikien (30 000 Opfer).

30. 10. 1914
Eintritt des Osmanischen Reiches in den I. Weltkrieg als Verbündeter Deutschlands und Österreich-Ungarns; auf türkischer Seite kämpfen zunächst 60 000 Armenier, auf russischer 100 000–300 000 Armenier (an verschiedenen Fronten). Seit Kriegsbeginn in Westarmenien Razzien und Folterungen unter dem Vorwand von Waffenbeschlagnahmungen.

Ende Februar 1915
Auf Befehl des osmanischen Innenministers Talaat Abzug aller armenischen Soldaten von Kampfpositionen; armenische Offiziere werden erschossen. Suspendierung armenischer Beamter.

20. 4.–18. 5. 1915
Armenische Einwohner der Stadt Wan verteidigen sich bis zum Einzug der Russen gegen türkisches Militär.

24.–26. 4. 1915
In Konstantinopel Verhaftung und spätere Ermordung von 600 armenischen Intellektuellen sowie Politikern; außerdem werden etwa 5000 armenische Arbeiter ermordet. Der 24. April gilt darum als Beginn des türkischen Völkermordes an der armenischen Bevölkerung des Osmanischen Reiches und wird seither als alljährlicher Trauer- und Gedenktag begangen.

Ende März 1915–Februar 1917
Jungtürkisches Komitee »Einheit und Fortschritt« organisiert Massaker und Deportation der armenischen Bevölkerung. Etwa zwei Drittel (= 1,5 Mio.) von 2,5 Millionen Armeniern im Osmanischen Reich fallen dem Genozid zum Opfer.

November 1917
Nach der Oktoberrevolution und dem Zerfall des Russischen Reiches Gründung des Transkaukasischen Kommissariats in Tbilissi; freiwilliger Zusammenschluß von Georgien, Aserbeidschan und Armenien.

Ende 1917−Mai 1918
Russische Truppen ziehen aus Westarmenien ab. Anschließend türkische Gegenoffensive: Zunächst Rückeroberung Westarmeniens, dann Invasion Ostarmeniens. Dabei kommt es zu erneuten Massakern.

22.−26. 5. 1918
Armenier stoppen den türkischen Vormarsch nach Ostarmenien bei Sardarapat (30 km vor Jerewan).

28. 5. 1918
Nach dem Zerfall der Transkaukasischen Föderation erklärt sich das ehemals russische Gouvernement Jerewan zur unabhängigen Republik Armenien.

Winter 1918/19
In der von Hunderttausenden Flüchtlingen überfüllten Republik verhungern und erfrieren 200 000 Armenier.

1919
Alliierte repatriieren 120 000-200 000 armenische Flüchtlinge aus Syrien und anderen Staaten nach Kilikien.

Februar−Juni 1920
Türkische Nationalisten vertreiben französische Mandatstruppen aus Kilikien. Bei Übergriffen auf die Zivilbevölkerung bzw. bei Rückzugsgefechten sterben etwa 20 000 Armenier.

10. 8. 1920
Friedensvertrag von Sèvres sichert der Republik Armenien große Teile Westarmeniens. Von der türkischen Nationalistenregierung in Ankara unter Mustafa Kemal wird diese Regelung heftig bekämpft.

23. 9. 1920
Kemalisten greifen die Republik Armenien an.

2./3. 12. 1920

Unter dem Eindruck hoher Niederlagen gegen die Türkei übergibt die armenische Regierung offiziell die Staatsgewalt einem prosowjetrussischen militärischen Revolutionskomitee. Anschließend massenhafte Festnahmen und Verschleppungen von ehemaligen Regierungsmitgliedern.

16. 3. 1921

Russisch-türkischer Vertrag von Moskau: Sowjetrussischer Verzicht auf Westarmenien über die Köpfe der Armenier hinweg.

5. 7. 1921

Trotz gegenteiliger Zusagen an Sowjetarmenien beschließt das Plenum des kaukasischen Büros des Zentralkomitees der Kommunistischen Partei Rußlands, das armenische Gebiet Arzach (Karabach) unter (sowjet-)aserbeidschanische Verwaltung zu stellen.

13. 10. 1921

Sowjetarmenien wird in Kars zu der Unterzeichnung eines »Freundschaftsabkommens« mit der Türkei gezwungen, in dem es den sowjetrussischen Verzicht auf Westarmenien bekräftigt.

20. 10. 1921

Französisch-türkischer Separatfrieden sieht den militärischen Rückzug aus Kilikien vor. Unter chaotischen Bedingungen versucht Frankreich, die christliche, vor allem armenische Bevölkerung aus Kilikien zu evakuieren.

8. 9. 1922

Türkisches Militär erobert die ionisch-griechische Hafenstadt Smyrna (türk.: Izmir); Massaker der Sieger unter den christlichen Flüchtlingen (Griechen und Armeniern) mit 100000 Opfern; 100000-160000 weitere Christen werden von den Türken ins Landesinnere verschleppt.

24. 7. 1923
Friedensvertrag von Lausanne: Verzicht der westlichen Alliierten auf einen armenischen Nationalstaat in Westarmenien oder Kilikien; Armenier werden fortan in der Türkei nur noch als »christliche Minderheit« geduldet.

30. 12. 1936
Nach Auflösung der 1922−1936 zwangsweise gebildeten »Föderativen Sozialistischen Transkaukasischen Sowjetrepublik« erlangen Armenien, Georgien und Aserbeidschan ihren Status als Unionsrepubliken der UdSSR.

1936−1939
Im Zuge der stalinistischen »Säuberungen« Massenfestnahmen, Willkürurteile, Verbannung und Todesstrafen.

24. 4. 1965
Inoffizielle Manifestationen anläßlich des 50. Gedenktages an den Völkermord von 1915−1917 in der sowjetarmenischen Hauptstadt Jerewan; Beginn einer weltweiten politischen Renaissance der Armenier.

1973−1985
Armenische Anschläge vorwiegend auf türkische Einrichtungen und Diplomaten aus Protest gegen das internationale »Verbrechen des Schweigens«.

1983
Als erste internationale Organisation verurteilt der Weltkirchenrat den türkischen Völkermord an den Armeniern.

29. 8. 1985
Die Unterkommission der UN-Menschenrechtskommission verabschiedet trotz elfjähriger türkischer Proteste und Störversuche eine Neufassung des Völkermordberichts von 1974, in der u.a. der Genozid an den Armeniern Erwähnung findet.

18. 6. 1987
Das Europäische Parlament verabschiedet eine»Resolution zur
politischen Lösung der armenischen Frage«und macht damit
den Beitritt der Türkei zur Europäischen Gemeinschaft u.a.
von deren Bereitschaft abhängig, den Genozid von 1915 zuzugeben.

Februar/März 1988
Regierung und Partei des autonomen Gebiets Berg-Karabach
(Armenisch: Arzach; SSR Aserbeidschan) beschließen den An-
schluß an Sowjetarmenien. Beginn der Protestbewegung der in
Sowjetarmenien und Karabach lebenden Armenier für größere
nationale Selbstbestimmung.

27.–29. 2. 1988
Armenierpogrom in der aserbeidschanischen Industriestadt
Sumgait als Vergeltung für den»Aufstand«der Karabacher
Armenier. Beginn der Massenflucht von ca. 350 000 Armeniern
aus Aserbeidschan.

November 1988
Antiarmenische Ausschreitungen; Willkürakte und erneute
Pogrome in verschiedenen aserbeidschanischen Städten, vor
allem in Kirowabad (seit 1989: Gandsche). Massenexodus der
aserbeidschanischen Minderheit (ca. 194 000) aus Armenien.

7. 12. 1988
Das heftigste Erdbeben der Neuzeit verwüstet Nordarmenien;
nach offiziellen Angaben 23 000 Todesopfer, vermutlich weitaus mehr.

12.1.–28.11.1989
Das Autonome Gebiet Berg-Karabach wird unter direkte
Verwaltung der sowjetischen Zentralregierung gestellt, bis
Aserbeidschan im Obersten Sowjet seine»Rechte«wieder
durchsetzt.

September 1989

Beginn aserbeidschanischer Blockade- und Boykottmaßnahmen (Erdöl, Erdgas) gegen Armenien und Karabach. Der Wiederaufbau in den Erdbebengebieten kommt zum Stillstand. Armeniens Wirtschaft bricht zusammen.

12.–19.1.1990

Etwa 100 Armenier sterben bei Pogromen in Baku.

Anfang 1990

Aserbeidschanische Nationalistenmilizen greifen das Grenzgebiet der Sowjetrepublik Armenien an.

4.8.1990

Lewon Ter-Petrosjan (HHSch) wird in freien Wahlen zum ersten nichtkommunistischen Parlamentspräsidenten seit 1920 gewählt.

6.4.–6.6.1991

KGB- und OMON-Angehörige Aserbeidschans vertreiben mit sowjetischen Streitkräften 5000 Armenier aus 25 Arzacher Dörfern (Bezirke Schahumjan, Hadrut, Schuschi); Ansiedlung von Aserbeidschanern; schwere Menschenrechtsverletzungen (Verschleppungen, Foltern, Töten von Armeniern).

30.8.1991

Das aserbeidschanische Parlament erklärt die Unabhängigkeit Aserbeidschans sowie seinen Austritt aus der UdSSR.

2.9.1991

Daraufhin erklären die im Autonomen Gebiet Berg Karabach und dem nördlich angrenzenden Bezirk Schahumjan lebenden Armenier diese Regionen zur unabhängigen Republik Berg-Arzach innerhalb der UdSSR; eine Volksabstimmung vom 10.12.1991 legitimiert diese Entscheidung mit 98,2% der abgegebenen Stimmen.

21.9.1991
Bei einem Volksentscheid stimmen 92 Prozent für Armeniens Austritt aus der UdSSR.

17.10.1991
Wahl Lewon Ter-Petrosjans zum armenischen Staatspräsidenten (er erhielt über 80% der abgegebenen Stimmen).

26.11.1991
Das aserbeidschanische Parlament hebt den Autonomiestatus Berg-Karabachs auf.

Anfang Dezember 1991
Rückzug sowjetischer Truppen aus Transkaukasien und Arzach; Beginn aserbeidschanischer Militärangriffe zur Rückeroberung Arzachs.

31.12.1991
Offizielle Auflösung der UdSSR.

Mitte Mai 1992
Den eingeschlossenen Armeniern Arzachs gelingt die Eroberung der strategisch wichtigen ehemaligen Arzacher Hauptstadt Schuschi und danach bei der Kleinstadt Latschin die Durchbrechung der Blockade; ein »humanitärer Korridor« entsteht, der Arzach mit der Republik Armenien verbindet.

Juni 1992
Im Zuge aserbeidschanischer Gegenoffensiven kommt es zur Eroberung der wirtschaftlich bedeutenden Bezirke Schahumjan und Mardakert; Massenflucht und -vertreibung von 50000 Armeniern; Beginn aserbeidschanischer Luftangriffe auf zivile Ziele in Arzach. Dabei auch Einsatz international geächteter Splitterbomben. Russische und ukrainische Söldner fliegen Bombenangriffe, hochrangige türkische Militärs beraten Aserbeidschan strategisch.

Dezember 1992
Beginn aserbeidschanischer Luftangriffe auf die Republik Armenien. Nach Quellen des amerikanischen Außenministeriums starben 1992 im Verlauf des Krieges 4000 Aserbeidschaner und 3500 Armenier.

Benutzte und weiterführende Literatur

Allgemeines, Reiseführer, Reiseberichte

Ananikjan, R.: *Jerewan: Reiseführer.* Moskau 1982

Aufbruch nach Armenien: Reise- und Forschungsberichte aus dem Lande Urartu-Armenien. (Hrsg.) Editha Wolf-Crome. Berlin 1985

Bitow, Andrej: *Armenische Lektionen: Reisebilder.* Berlin 1975

ders.: *Armenische Lektionen: Eine Reise in ein kleines Land.* Frankfurt/Main 1989

Bock, Ulrich: *Georgien und Armenien: Zwei christliche Kulturlandschaften im Süden der Sowjetunion.* Köln 1988

Hofmann, Tessa: *Armenien — Georgien: Zwischen Ararat und Kaukasus.* Leer/Ostfriesland 1990

Kaspar, Elke; Kaspar, Hans-Dieter: *Urartu — ein Weltreich der Antike: ein Reisehandbuch.* Hausen 1986

Lynch, H.F.B.: *Armenia: Travels and Studies.* Vol. 1.2, London 1901 (Reprint Beirut 1965)

Mandelstam, Ossip: *Die Reise nach Armenien.* Aus dem Russischen von Ralph Dütli. Frankfurt/Main 1983

Nansen, Fridtjof: *Betrogenes Volk: Eine Studienreise durch Georgien und Armenien als Oberkommissar des Völkerbundes.* Leipzig 1928

Parrot, Friedrich W.: *Reise zum Ararat. Unternommen in Begleitung der Herren W. Feodorow, M.B. von Adlerskron, J. Hahn und K. Schiemann.* Berlin 1834 (Neuausgabe: Leipzig 1985)

Renz, Alfred: *Kaukasus: Georgien, Aserbeidschan, Armenien.* (München 1985), 2. Aufl., 1987

ders.: *Land um den Ararat: Osttürkei — Armenien.* 2. Aufl., München 1985

Wegner, Armin T.: *Fünf Finger über Dir: Aufzeichnungen einer Reise durch Rußland, den Kaukasus und Persien 1927/28.* Wuppertal 1979

Geschichte und aktuelle politische Situation

Afanasyan, Serge: *L'Arménie, l'Azerbaidjian et la Géorgie de l'indépendance à l'instauration du pouvoir soviétique 1917-1923.* Paris 1981

Akcam, Taner: *Türk ulusal kimligi ve ermeni sorunu* (Die türkische Nationalidentität und das armenische Problem; türk.). Istanbul 1992

Armenia and Karabagh: The Struggle for Unity. (Hrsg.) Christopher Walker. London 1991

Armenia at the Crossroads: Democracy and Nationhood in the Post-Soviet Era. (Hrsg.) Gerard Libaridian. o.O. 1991

Armenien: Völkermord, Vertreibung, Exil; 1979-1987: Neun Jahre Menschenrechtsarbeit, neun Jahre Berichterstattung über einen verleugneten Völkermord. (Hrsg.) Tessa Hofmann u. Gerayer Koutcharian. Göttingen 1987

Brentjes, Burchard: *Drei Jahrtausende Armenien*. 3. Aufl.; Wien, München 1984

Burney, C.; Lang, D.M.: *Die Bergvölker Vorderasiens: Armenien und der Kaukasus von der Vorzeit bis zum Mongolensturm.* Essen 1975

Chaliand, Gérard; Ternon, Yves: *The Armenians: From Genocide to Resistance.* London 1983

Dadrian, Vahakn N.: »Documentation of the Armenian Genocide in Turkish Sources«. In: *Genocide: A Critical Bibliographic Review,* Vol. 2, London/New York 1991, S. 86-138

ders.: »The Role of Turkish Physicians in the World War I Genocide of the Ottoman Armenians«. In: *Holocaust and Genocide Studies,* Vol. 1, No. 2, 1986 (S. 169-192)

Deutschland und Armenien 1914-1918: Sammlung diplomatischer Aktenstücke. (Hrsg.) Johannes Lepsius. Reprint d. Ausg. Potsdam 1919. Bremen 1986

Donabédian, Patrick; Mutafian, Claude: *Artsakh: Histoire du Karabagh.* Paris 1989

Les Grandes Puissances, l'Empire Ottoman et les arméniens dans les archives françaises (1914-1919): Recueil de documents. (Hrsg.) Arthur Beylerian. Paris 1983 (Publications de la Sorbonne. Série *Documents.* 34.). LXIV

Gust, Wolfgang: *Der Völkermord an den Armeniern: Die Tragödie des ältesten Christenvolkes der Welt.* München 1993.

Hilsenrath, Edgar: *Das Märchen vom letzten Gedanken.* München, Zürich 1989

Hovannisian, Richard G.: *Armenia on the Road to Independence, 1918.* Berkeley/Los Angeles 1971

ders.: *The Republic of Armenia.* Vol. 1 (The First: Year 1918-1919). Berkeley/Los Angeles 1971

The Karabagh File: Documents and Facts on the Question of Mountainous Karabagh 1918-1988. (Hrsg.) Gerard J. Libaridian. The Zoryan Institute for Contemporary Armenian Research and Documentation. Cambridge, Toronto March 1988

Kazemzadeh, Firus: *The Struggle of Transcaucasus (1917-1921).* New York/Oxford 1951

Koutcharian, Gerayer: *Der Siedlungsraum der Armenier unter dem Einfluß der historisch-politischen Ereignisse seit dem Berliner Kongreß 1878: Eine politisch-geographische Analyse und Dokumentation.* Berlin 1989 (Freie Universität Berlin, Abhandlungen des Geographischen Instituts — Anthropogeographie. 43.)

Lang, David Marshall: *Armenia: Craddle of Civilization.* London 1968

Lepsius, Johannes: *Bericht über die Lage des armenischen Volkes in der Türkei.* Potsdam 1916 (weitere drei Aufl. u.d.Titel: *Der Todesgang des armenischen Volkes in der Türkei während des Weltkrieges*)

ders.: *Armenien und Europa.* 4. u. 5. Aufl. Westend, Berlin 1897

Limper, Bernhard: *Die Mongolen und die christlichen Völker des Kaukasus: Eine Untersuchung zur politischen Geschichte Kaukasiens im 13. und beginnenden 14. Jahrhundert.* Diss., Köln 1978

Matossian, Mary Kilbourne: *The Impact of Soviet Policies in Armenia.* Leiden 1962 (Diss., Stanford 1955)

Morgan, Jacques du: *Histoire du peuple arménien depuis les temps plus reculés de ses annales jusqu' à nos jours.* Paris 1919 (Reprint Venedig 1981)

Mosesova, I.; Ovnanjan, R.: *Vandalizm Baku* (Wandalismus in Baku; russ.). Erevan 1991 (über den Armenier-Pogrom im Januar 1990)

Mouradian, Claire: »Sowjetarmenien nach dem Tode Stalins.« Köln 1985. (*Berichte des Bundesinstituts für Ostwissenschaftliche und Internationale Studien.* 11, 1985)

Nalbandian, Louise: *The Armenian Revolutionary Movement: The Development of Armenian Political Parties through the Nineteenth Century.* Berkeley/Los Angeles 1963 (Diss., Stanford 1959)

Panzer gegen Perestrojka: Dokumentation zum Konflikt in und um »Arzach« (»Karabach«). Mit e. Einl. von Tessa Hofmann. Bremen 1989

Pasdermadjian, H.: *Histoire de l'Arménie.* 2. Aufl., Paris 1964

Das Reich Urartu: Ein altorientalischer Staat im 1. Jahrtausend v. Chr. (Hrsg.) Volker Haas. (Xenia. Konstanzer Althistorische Vorträge. 17.) Konstanz 1986

Sarkisyanz, Emmanuel: *Geschichte der orientalischen Völker Rußlands.* München 1961

ders.: *A Modern History of Transcaucasian Armenia: Social, Cultural and Political.* Nagpur/Leiden 1975

Sumgaitskaja tragedija v svidetel'stvach očvevidcev (Die Sumgaiter Tragödie nach Augenzeugenaussagen; russ.). (Hrsg.) Samwel Schachmuradjan. Erevan 1989. (Franz. Ausgabe: *La tragédie de Soumgait: un pogrom d'Arméniens en Union soviètique.* (Hrsg.) Samuél Chahmouradian; Roland Mehl. Paris 1991

Ternon, Yves: *Tabu Armenien: Geschichte eines Völkermords.* Berlin 1988

The Treatment of the Armenians in the Ottoman Empire 1915-16: Documents presented by Viscount Grey of Falladon, Secretary of State Foreign Affairs. London 1916 (2. Aufl., Beirut 1979)

Das Verbrechen des Schweigens: Die Verhandlungen des türkischen Völkermords an den Armeniern vor dem Ständigen Tribunal der Völker (Paris, 13.-16.4.1984). Göttingen 1985

Vierbücher, Heinrich: *Was die Kaiserliche Regierung den deutschen Untertanen verschwiegen hat: Armenien 1915; die Abschlachtung eines Kulturvolkes durch die Türken.* Reprint der Ausgabe Hamburg-Bergedorf 1930. 2. Aufl., Bremen 1987

Der Völkermord an den Armeniern vor Gericht: Der Prozeß Talaat Pascha; Gerichtsprotokolle mit Augenzeugenberichten und Regierungsbefehlen zur Vernichtung der Armenier 1915-18. Berlin 1921. (Hrsg.) Tessa Hofmann. 3. Aufl. Göttingen, Wien 1985

Werfel, Franz: *Die vierzig Tage des Musa Dagh.* Frankfurt/Main 1990

Zürrer, Werner: *Die Nahostpolitik Frankreichs und Rußlands 1891-1898.* Wiesbaden 1970

ders.: *Kaukasien 1918-1921: Der Kampf der Großmächte um die Landbrücke zwischen Schwarzem und Kaspischem Meer.* Düsseldorf 1978

Auslandsarmeniertum

Arlen, Michael J.: *Passage to Ararat.* London 1976

Hofmann, Tessa: »Exil ohne Perspektive? Zur Lage der Auslandsarmenier 1985«. In: *Orient*, S. 285-306, 27. Jahrgang, Juni 1986, Nr. 2

Kuderna, Michael: *Christliche Gruppen im Libanon: Kampf um Ideologie und Herrschaft in einer unfertigen Nation.* Wiesbaden 1983 (S. 315-375: über Armenier im Libanon)

Lang, David Marshall: *The Armenians: A People in Exile.* London/Boston (u.a.) 1981

Maibaum, Matthew: »Armenians in California«. In: *Patterns of Prejudice*, S. 25-32, Vol. 19, 1985, No. 1

Religion, Kirche

Abeghian, Manuk: *Der armenische Volksglaube.* Diss., Leipzig 1899

Armenien: Tragödie ohne Ende. Zusammengestellt von der CCIA in Zusammenarbeit mit dem Internationalen Projekt des Rates der Kirchen im Mittleren Osten (MECC). Genf 1984. (Zu beziehen über: Kommission der Kirchen für internationale Angelegenheiten, Ökumenischer Rat der Kirchen. 150, Route de Ferney, CH-1211 Genf 20)

Baumer, P. Beda: *Endzeit armenisch: Die Kraft der Hoffnung eines bedrängten Volkes.* Einsiedeln, Trier 1988

Gamber, Klaus; Nyssen, Wilhelm: *Verweilen im Licht: Kult und Bild der Kirche Armeniens.* Köln 1986 (Schriftenreihe des Zentrums patristischer Spiritualität Koinonia-Oriens im Erzbistum Köln)

Garsoian, Nina G.: *The Paulician Heresy: A Re-Evaluation of the Evidence.* Diss., Columbia 1959

Haas, Volker: *Hethitische Berggötter und hurritische Steindämonen: Riten, Kulte und Mythen; eine Einführung in die altkleinasiatischen religiösen Vorstellungen.* Mainz 1982

Heiser, Lothar: *Das Glaubenszeugnis der armenischen Kirche.* Trier 1983

Inglisian, V.: »Armenisches Klosterleben«. In: *Morgenländisches Christentum: Wege zu einer ökumenischen Theologie.* (Hrsg.) Paul Krüger und Julius Tyciak. Paderborn 1940

Ishkol-Kerovpian, K.: »Mythologie der vorchristlichen Armenier«. In: *Wörterbuch der Mythologie.* (Hrsg.) H.W. Haussig. Bd. IV, 1. Teil, 11. Lieferung: Kaukasische Völker. Stuttgart 1973

»The Key of Truth: A Manual of the Paulician Church of Armenia. (Arm. u. engl.) Faks. d. Ausg. Oxford 1898). Ann Arbor, Mich.; London/Univ. Microfilms Int., 1981. CXCVI

Koriun: »Beschreibung des Lebens und Sterbens des Hl. Lehrers Mesrop«. In: *Ausgewählte Schriften der armenischen Kirchenväter.* Bd. 1. (Hrsg.) Simon Weber. München 1927

Nersessian, Vrej: *The Tondrakian Movement: Religious Movements in the Armenian Church from the 4th to the 10th Centuries.* London 1987, Monterey 1988

Ormanian, Malachia: *The Church of Armenia: Her History, Doctrine, Rule, Discipline, Liturgy, Literature and Existing Condition.* 2. Aufl. London 1955 (1. Aufl. Frankreich 1910)

Sarkissian, K.: *The Council of Chalcedon and the Armenian Church*. London 1965 (Diss., Oxford 1959)

Thopdschian, H.: »Die Anfänge des armenischen Mönchtums mit Quellenkritik«. In: *Zeitschrift für Kirchengeschichte*. Bd. 25, Heft 1, Gotha 1904 (S. 1-32; Reprint: New York, London 1968)

Kunst

Alpago Novello, Adriano (u.a.): *Die Armenier: Brücke zwischen Abendland und Orient*. Stuttgart, Zürich 1986

Armenische Kunst: Die faszinierende Sammlung des armenischen Patriarchats in Jerusalem. (Hrsg.) Bezalel Narkiss. Stuttgart, Zürich 1980

Bock, Ulrich: *Die armenische Baukunst: Geschichte und Problematik ihrer Erforschung*. Diss., Köln 1983. (Veröffentlichung der Abteilung Architektur des Kunsthistorischen Instituts der Universität zu Köln.25.)

Documenti di architettura armena (Documents of Armenian Architecture). (Hrsg.) Milan Polytechnic University, Department of Architecture, Humanities Institute; Armenian SSR, Academy of Sciences. Milano
Bd. 1: Haghbat. 3. Aufl.
Bd. 2: Khatchkar. 3. Aufl. (über Kreuzsteine) 1977
Bd. 3: Sanahin. 3. Aufl.
Bd. 4: S. Thadei' Vank. 2. Aufl. 1974
Bd. 5: Amberd. 2. Aufl.
Bd. 6: G(h)eghard. 2. Aufl.
Bd. 7: Goshavank. 2. Aufl.
Bd. 8: Agth'amar. 1974
Bd. 9: Ererouk. 1977
Bd. 10: S. Stephanos. 1980

Bd. 11: Ketcharis. 1982
Bd. 12: Ani. 1984
Bd. 13: Haghartzin. 1984
Bd. 14: Amaghu Noravank'. 1985
Bd. 15: K'asakh Vank'er. 1986
Bd. 17: Ganzasar. 1987
Bd. 18: Sevan. 1987
Bd. 19: Gharabagh. 1988
Bd. 20: Sorhul. 1989
(Texte in italienisch, englisch und armenisch; zahlr. Abb. u. graph. Darst. Zu beziehen über: OEMME Edizioni, 6, Via Giovio, I-120144 Milano)

Eichler, Seyyare: *Götter, Genien und Mischwesen in der urartäischen Kunst.* Berlin 1984. (Archäologische Mitteilungen aus Iran. Erg.-Bd. 12)

Gantzhorn, Volkmar: *Der christlich-orientalische Teppich: Eine Darstellung der ikonographisch-ikonologischen Entwicklung von den Anfängen bis zum 18. Jahrhundert.* Köln 1990 (Zugl. Diss., Tübingen)

Ipsiroglu, M.S.: *Die Kirche von Achtamar.* Berlin, Mainz 1963

Kunst des Mittelalters in Armenien. Mitarb.: Burchard Brentjes, Stepan Mnazakanjan, Nona Stepanjan. Berlin (DDR) 1981

Mkrtčjan, Šagen: *Istoriko-architekturnye pamjatniki Nagornogo Karabacha* (Die historischen Architekturdenkmäler Berg-Karabachs; russ.). 2. Aufl. Erevan 1989

Neubauer, Edith: *Armenische Baukunst vom 4. bis 14. Jahrhundert.* Dresden 1979

Nickel, Heinrich L.: *Kirchen, Burgen, Miniaturen: Armenien und Georgien während des Mittelalters.* Berlin (DDR) 1974

Skerst, Hermann von: *Der Gralstempel im Kaukasus: Urchristentum in Armenien und Georgien.* Stuttgart 1986

Stepanjan, Nonna: *Iskusstvo Armenii: Čerty istoriko-chudožestvennogo razvitija* (Die Kunst Armeniens: Grundzüge der geschichtlich-künstlerischen Entwicklung; russ.). Moskva 1989

Strzygowski, Josef: *Die Baukunst der Armenier und Europa: Ergebnisse einer vom kunsthistorischen Institut der Universität Wien 1913 durchgeführten Forschungsreise.* Bd. 1.2., Wien 1918

Teichmann, Frank: *Der Gral im Osten: Motive aus der Geistesgeschichte Armeniens und Georgiens.* Stuttgart 1986

Thierry, Jean-Michel; Donabédian, Patrick: *Armenische Kunst.* Freiburg, Basel, Wien 1988 (*Ars Antiqua —große Epochen der Weltkultur,* Serie IV, Bd. 1)

Tombos, E.; Gink, K.: *Die Baukunst Armeniens.* Leipzig 1972

Buchmalerei

Armenische Buchmalerei des 13. und 14. Jahrhunderts: Aus der Matenadaransammlung Jerewan. Leningrad 1984

Buschhausen, Heide und Helmut: *Armenische Handschriften der Mechitharisten-Congregration in Wien.* Katalog zur Sonderausstellung in der Östereichischen Nationalbibliothek. 2. Aufl. Wien 1981

Durnowo, Lydia A.: *Armenische Miniaturen.* Köln 1960

Hakobjan, Hraward: *Arzach-Utiki manrankartschutjune 13-14 dd.* (Die Miniaturmalerei in Arzach-Utik im 13. und 14. Jh.; armen.) Jerewan 1989 (engl. Zusammenfassung)

Izmajlova, T.A.: *Armjanskaja miniatjura XI veka* (Die armenische Miniaturmalerei im 11. Jh.; russ.) Moskva 1979

Kazarjan, V.O.; Manukjan, S.S.: *Matenadaran. T. 1: Armjanskaja rukopisnaja kniga VI-XIV vekov* (Der Matenadaran. Bd. 1: Das handgeschriebene armenische Buch im 6. bis 14. Jh.; russ.). Moskva 1991

Sprache

Pedersen, Holger: *Kleine Schriften zum Armenischen.* (Hrsg.) Rüdiger Schmitt. Hildesheim, New York 1982.

Schmitt, Rüdiger: *Grammatik des Klassisch-Armenischen mit sprachvergleichenden Erläuterungen.* (Innsbrucker Beiträge zur Sprachwissenschaft. 32.) Innsbruck 1981

Solta, G.R.:»Die armenische Sprache«. In: *Handbuch der Orientalistik.* Abtlg. 1, Bd. 7: *Armenisch und kaukasische Sprachen.* S. 82-128. Leiden/Köln 1963

Literatur

Aßfalg, Julius:»Die christlichen Literaturen des Orients: Armenisch«. In: *Kindlers Literatur-Lexikon.* Dtv.-Ausg. Bd. 1: Essays. S. 72-74. München 1974

Froundjian, Bedros: *Entstehung und Entwicklung der armenischen Presse und ihr Einfluß auf die neuarmenische Schriftsprache und die politische Meinungsbildung.* Diss., Berlin 1961

Hofmann, Tessa:»Literaturbrief aus Jerewan«. In: *Litfass: Berliner Zeitschrift für Literatur.* S. 74-78, Nr. 13, April 1979 dies., »Am Kreuzweg der Welten und Zeiten«. In: *Lebenslieder, Todesklagen: Lesebuch vergessener Völker*. S. 204-208, (Hrsg.) Klemens Ludwig. Wuppertal 1988

Die Horen: Zeitschrift für Literatur, Kunst und Kritik.
Nr. 119 (1980), S. 133-186
Nr. 160 (1990), S. 93 (Essays und Übersetzungen)
Bremerhaven

Inglisian, Vahan: »Die armenische Literatur«. In: *Handbuch für Orientalistik*. S. 156-250. Abtl. 1. Bd. 7: *Armenisch und kaukasische Sprachen*. Leiden, Köln 1963

Martirosjan, Artašes: *Maštoc* (Maschtoz; russ.). Erevan 1988

Nalbandjan, V.S.; Nersisjan, V.S.; Bachčirjan, G.G.: *Armjanskaja srednevekovaja literatura* (Kratkaja istorija). (Die armenische Literatur des Mittelalters: ein kurzer Abriß; russ.). Erevan 1986

Übersetzte Literatur

Ananjan, Wachtang: *Armenische Jagderzählungen*. Dt. von Juri Elperin. Moskau o. J.

Die armenische Nachtigall: Lieder des Nahapet Kutschak. (Hrsg.) Hans Bethge. Berlin 1924

Armenische Novellen. Gesammelt von J.S. Chatschatrjanz. Aus d. Russ. von Ena v. Baer; bearb. von Walther Bergsträßer. Berlin (DDR) o.J.

Die Berge beweinen die Nacht meines Leides: Klassische armenische Dichtung. (Hrsg.) Lewon Mkrttschjan. Nachdichtung: Annemarie Bostroem. Berlin (DDR) 1983

Howsepjan, Ruben: *Die karminrote Schildlaus.* Aus dem Russ. von Ingeborg Schröder. Berlin (DDR) 1986

Issahakjan, Awetik: *Der Glockenton der Karawane.* Nachdichtung: Annemarie Bostroem. Berlin (DDR) 1978

Krakuni, Zareh (d.i. Sareh Chrachuni): *Von den Steinen Armeniens.* Aus d. Armen. übertr. von Raffi Kantian. Berlin 1990

Khutschak, Nahapet: *Hundert und ein Hajren.* Übs. ins Russ. von Levon Mkrtschjan. Übers. aus d. Russ. von Horst Teweleit. Jerewan 1988

Matewosjan, Hrant: *... aber sonst ist alles reine Wahrheit: Erzählungen.* Aus d. Russ. von Charlotte Kossuth. Berlin (DDR) 1988

ders., *Das Schelmenstück der Hammeldiebe.* Aus d. Russ. von Marianne Schäfer. Berlin (DDR) 1969

ders., »Mutter fährt den Sohn verheiraten«. Aus dem Russ. von Marianne Kossuth. In: *Erlesenes. 3. Kaukasische Novellen.* Berlin (DDR) 1978

Die Nachtigall Tausendtriller: Armenische Volksmärchen. Ausgew. und aus dem Armen. übers. von Tessa Hofmann und Gerayer Koutcharian. Berlin 1983

Sewak, Parujr: *Hohelied.* Übertr. aus d. Armen. von Raffi Kantian. München 1983

ders.: *Der Schmerz, der weitertreibt.* Hrsg. von Christian Links. Berlin (DDR) 1987

Tumanjan, Howhannes: *Das Taubenkloster: Essays, Gedichte und Verslegenden, Poeme.* Hrsg. von Elke Erb. Ins Dt. übertr. von Wolf Endler. Berlin (DDR) 1972

© 1993, DA Verlag Das Andere GmbH, Nürnberg
Alle Rechte vorbehalten

Titel:
Die Armenier. Schicksal, Kultur, Geschichte

Autorin: Tessa Hofmann

Layout: Prof. Hans Fick
Redaktionelle Leitung: Lucyna Lodter

Lektorat: Heidrun Schoppelrey, Rainer-Michael Rahn
Fachredaktion: Aschot Isaakjan
Herstellung: Michael Nagler
Layout-Realisierung: Dieter Koch

Karten: Kartographie Huber, München
Satz: Typo Tausend, Nürnberg
Litho: P+S Repro-Service, Nürnberg
Druck: Druckerei Pfahler, Nürnberg

ISBN 3-922619-25-8

Alle Aufnahmen stammen von Tessa Hofmann mit Ausnahme
folgender Abbildungen:

Armen Haghnazarian: Titelfoto, S. 33, S. 86/87, S. 172/173
Wolfgang Kunz/Bilderberg: S. 28/29, S. 44/45, S. 90/91, S. 94, S. 97, S. 124,
S. 150, S. 154, S. 157, S. 180, S. 242/243, S. 248/249, S. 309, S. 318 oben
Gerayer Koutcharian: S. 53 (unten), S. 100/101, S. 327, S. 331
Aschot Isaakjan: S. 118, S. 176, S. 228/229
Handschriftenarchiv Matenadaran, Jerewan: S. 259, S. 262, S. 264, S. 267,
S. 270, S. 273, S. 281, S. 283, S. 285, S. 287, S. 288, S. 291
Informations- und Dokumentationszentrum Armenien: S. 301, S. 306
Gisela Prieß: S. 252/253
Wostok Verlag: S. 64
Deutsches Literaturarchiv Marbach/Neckar.
Sammlung Armin T. Wegner: S. 37
Documenti di archittetura armena: Ani. Edizione Ares, Milano 1984: S. 24/25
Documenti di archittetura armena: Garabagh. Edizione Ares,
Milano 1988: S. 53, S. 59
Documenti di archittetura armena: Gandzasar. Edizione Ares,
Milano 1987: S. 141